我国居家养老政策支持研究

任娜◎著

中国社会出版社

国家一级出版社·全国百佳图书出版单位

图书在版编目（CIP）数据

我国居家养老政策支持研究 ／ 任娜著．－－ 北京 ：
中国社会出版社，2023.9（2024.10 重印）
ISBN 978-7-5087-6831-1

Ⅰ．①我… Ⅱ．①任… Ⅲ．①养老－社区服务－政策
支持－研究－中国 Ⅳ．① D669.6

中国国家版本馆 CIP 数据核字（2023）第 126588 号

出 版 人：程　伟　　　　　　　终 审 人：魏光洁
策划编辑：金　伟　　　　　　　责任编辑：卢光花
责任校对：张翠萍　　　　　　　封面设计：李　尘

出版发行　中国社会出版社　　　地　　　址：北京市西城区二龙路甲 33 号
邮政编码：100032　　　　　　　编 辑 部：(010)58124837
网　　址：shcbs.mca.gov.cn　　发 行 部：(010)58124836
经　　销：新华书店

印刷装订：北京虎彩文化传播有限公司　开　　本：170 mm×240 mm　1/16
印　　张：17.5　　　　　　　　　字　　数：253 千字
版　　次：2023 年 9 月第 1 版　　印　　次：2024 年 10 月第 2 次印刷
定　　价：45.00 元

中国社会出版社天猫旗舰店　　　　　中国社会出版社微信公众号

前　言

2021 年底，我国迈入中度老龄化社会，养老服务成为广受关注的公共政策议题。居家养老是最符合人性需求和老年人意愿的养老方式。我国悠久的家庭养老文化传统，以及接近 99% 的老年人在家养老的现实格局，都证明了居家养老是符合我国绝大多数老年人价值偏好的选择。

自"十一五"时期提出养老服务体系建设任务以来，公共资源投向长期以支持建设和发展机构养老为主，对居家养老缺乏实质性支持。在理论学术界，养老服务研究的视角也多以机构养老为主，长期忽视居家养老的研究，致使居家养老服务政策缺乏必要的理论支持。目前，居家养老面临着家庭规模小型化、人口流动性等带来的家庭保障功能弱化的现实挑战，高龄、失能老年人因得不到有效照护而使生活质量下降或成为家庭成员沉重负担的现实困境，以及空巢老年人去世多天却无人知晓的极端个案，既反映了养老问题的难点和痛点，也暴露了当前制度安排和政策实施的盲点。因此，调整养老服务政策支持着力点，优化资源配置结构，建立以支持老年人居家养老为方向的政策体系，既关系到老年人及其家庭的基本权益，也对化解社会养老风险、防止冲击底线事件发生，扎实推进老年人走向共同富裕具有重要意义。

基于以上背景和认识，本书以居家养老政策为研究对象，以老年人的需求作为研究的逻辑起点，目的是通过梳理居家养老政策发展历程、解析政策内容、总结政策实施，来检视政策对支持老年人居家养老需求的成效与不足，为重构居家养老政策支持体系提供理论依据和政策建议。

本书的核心问题是如何通过政策支持满足老年人居家养老需求，可分解为两个问题：一是老年人居家养老的需求是怎样的；二是我国居家养老政策是否回应和支持居家养老需求。具体问题包括：分析老年人居家养老的需求、资源供给和分层分类；考察居家养老政策制定和发展历程；分析居家养老政策体系、文本内容和结构；评估政策支持效果；提出完善积极的居家养老政策支持体系的政策建议。

为了回答上述问题，本书运用公共政策分析研究方法，对居家养老政策展开了全面、系统且深入的研究。

第一，分析居家养老和政策支持需求。以调查数据为基础分析老年人对居家养老服务的需求，探讨满足居家养老需求的主体，从理论层面上对居家养老进行分层分类，基于照护依赖程度和照护资源供给双重维度构建居家养老类型，并建立回归模型，验证和分析影响分层分类的主要因素；最后从老年人、家庭、社会服务供给主体三方面阐述对居家养老政策支持的需求。

第二，分析政策发展历程。运用文献分析法，着眼于1982—2021年国家层面居家养老政策，以居家养老概念的提出、政策支持内容的出现等具有重要意义的关键政策出台为节点进行阶段划分，分析每个阶段的背景、政策议题和制定主体，总结我国居家养老政策发展的进程与特点。

第三，解构政策内容。运用政策文本分析法，分析居家养老政策主题词的变化趋势；描述政策的五层体系结构和六条内容主线，分析居家养老政策工具使用情况。

第四，考察政策实施。以"十三五"时期地方层面开展的居家养老服务实践做法为基础，围绕老年人核心需求，梳理政策支持的措施；选取具有代表性的广州市老年助餐政策进行典型案例分析，通过"解剖麻雀"的方式分析居家养老政策落实的障碍和解决之策。

第五，进行政策评估。通过设立多维度指标，对居家养老政策支持效果进行客观评估，总结居家养老政策支持的成效，分析政策支持的不足以及由此导致的居家养老发展面临的困境。

第六，重构政策体系。居家养老政策支持体系的建构应建立"重视家庭、需求导向、法治引领"的原则，参考借鉴国外经验，提出构建系统协同的居家养老政策支持体系的框架建议，围绕六条主线提出支持内容的具体建议，强调综合使用政策支持手段，建立政策运行良性机制。

通过以上分析，本书的主要发现有5点：

第一，通过对调查数据的分析发现，老年人的居家养老服务需求包括经济保障需求、照护服务需求、健康医疗需求、精神文化需求、设施和环境适老化需求。由于身体状况、经济水平、家庭照护资源的差异，不同老年人对服务有不同的需求。居家养老有"家庭协助型""家庭支撑型""社会协助型""社会支撑型"，居家养老政策应优先满足刚需群体的需求，并以多层次、多样化的服务满足不同老年群体的需求。

第二，我国居家养老服务由国家政策性文件和地方性法规主导。在国家层面，居家养老法律法规缺失，主要依靠政策性文件规范和引导，具有以行政部门主导、自上而下部署和倡导的特点。地方层面表现得更为积极，多个省市制定了地方性的居家养老法规或行政规章，为国家层面法律和有关政策的制定提供了支撑，形成了自下而上促进政策完善的机制。

第三，我国居家养老政策存在体系不健全、内容结构失衡等问题。政策支持呈现出"重供方、轻需方"，"重社会养老、轻家庭养老"等特点，整体上未能针对老年人不同类型的养老需要精准发力。在政策工具的使用上，供给型政策工具使用偏多，环境型政策工具使用严重不足；需求型政策工具中基于评估的支持政策较为缺乏。

第四，居家养老政策实施存在"最后一公里"问题。法制的缺失导致制度难以定型和相关主体权益不明确；条块分割的管理体制、部门职能的交叉等因素，带来了政策"碎片化"和"打补丁"等现象；部门分割治理和资源整合不到位，是影响居家养老政策实施、降低政策支持整体效能的主要因素。统一领导、部门协同共治将明显推动政策实施的广度、深度和速度。

第五，居家养老政策已经取得一定成效，实践效果也初步显现，但仍存在支持不足的问题。主要表现在：政策目标和理念仍然模糊；政策规制性弱，尚未形成支持体系；政策精准性不足，引导方向有待进一步明确；

政策支持存在缺位和越位，居家养老面临现实困境；政策落实受限于条块分割体制，政策效能打折扣等方面。

　　本书的基本结论是：我国居家养老政策在支持老年人居家养老方面取得了一定成效，但仍存在严重不足，亟待重构政策支持体系，以切实解决居家养老面临的困境，保障老年人有尊严、高质量地在家养老。具体包括：第一，明确居家养老政策支持的基本原则是以老年人需求为核心，重视家庭和非正式照护者的价值，以保障有需要者的生活质量为目标。第二，完善居家养老政策支持体系急需加强法治引领。通过立法实现"赋权明责"，建立基本养老服务制度，确立居家养老的重要基础性地位，同时建立健全政府积极引导、社会力量充分参与的实施机制，满足老年人的基本服务需要。第三，加强部门协同共治，强化资源整合，破除条块分割、部门分治的管理体制对政策实施带来的障碍，解决政策落实难题、提高政策效能。第四，基于居家老人服务需求的差异性和动态性，建立以评估为基础的瞄准机制，分层分类满足不同老年人居家养老需求；支持社会和市场主体提供多样化服务，通过扶持政策保障社会服务供给的可持续性。第五，完善居家养老政策支持内容，综合使用政策支持手段，建立政策运行良性机制，以保障政策支持实效。

任　娜

2023 年 8 月

目 录

图表索引

—— 第 1 章 ——

导　论

本书旨在梳理我国居家养老政策发展进程及实践效果，从中透视出养老服务政策议题和理念的变迁，寻求居家养老政策支持体系的完善之路。

◉ 1.1　研究背景和意义

1999 年，我国 60 岁及以上人口占总人口比例达 10%；2000 年，65 岁及以上人口占总人口比重达 7%。这两个指标表明，我国于世纪之交正式进入人口老龄化社会。此后，老龄化进程加快，2021 年底，65 岁及以上人口占总人口的比重达 14.2%，标志着我国由轻度老龄化迈向了中度老龄化社会。在整个 21 世纪，人口老龄化都将成为我们不得不面对的一个基本国情。党的十九届五中全会将积极应对人口老龄化上升为国家战略。贯彻落实国家战略，完善养老服务制度安排和政策体系，满足老年人养老服务需求，是当前和今后一个时期我国面临的重要课题。

1.1.1　居家养老是老年人的普遍选择

古今中外，在家中颐养天年是符合老年人价值观念的普遍选择与朴素追求。一方面，我国有着深厚的家庭养老传统和悠久的尊老敬老文化传统。《孝经》的"夫孝，天之经也，地之义也，民之行也"，提出尊重和孝

1

敬老年人是"天经地义"的。《礼记》① 也从礼制的层面记载了国家尊老的制度。到汉代以后，在"家国同构"的体制和思想下，确立了以孝治天下的理念（王长坤，2005）。孝的观念不仅体现在对于长者的供养和尊敬方面，还体现在对于逝去长者的哀思和礼葬方面（任德新 等，2014），所以，"善事父母"的儒家孝道思想既包括"事生"，也包括"事死"。如此，在儒家文化的影响下形成了关于孝道的理论——孝治，以及敬老、养老和终老的孝行要求。传统的儒家孝道思想至今对于家庭养老和尊老敬老仍然发挥着极其重要的作用，血缘和亲情关系等孝道的基础，并不会随着生产方式和生活方式、家庭结构和家庭关系的变化而突然消失（费孝通，2001；许萍 等，2015）。另一方面，居家养老是老年人出于伦理道德的需求，是符合人道的选择。老年人的需求既包括经济需求、服务需求，还包括心理需求，而且在一定程度上，心理需求反映的情感归属是关系到晚年生活幸福的更关键因素。家庭中源自亲情纽带的关怀和照顾，以及"含饴弄孙、天伦之乐"的氛围对老年人情感和心理需求的满足，是机构照护无法替代和比拟的。所以老年人对居家养老的选择，不仅仅是源自"养儿防老"的传统观念，最根本的还是因为居家养老方式符合人道的需要。

从现实层面来看，国内外老年人都倾向于选择居家养老。对于西方国家而言，无论是自由主义福利体制国家，还是社会民主主义福利国家，抑或是保守主义福利体制国家，老年人都偏好在熟悉的环境中养老，所以出现了从机构化到"在地养老"的养老政策和实践转型，表现出养老政策以维护老年人在家庭养老的偏好为出发点。德国长期护理保险的待遇支付，从 2015 年起，支付居家养老人数与机构养老人数的比例一直稳定在 79：21 左右②。美国等西方国家虽然与中国的家庭养老存在着"接力模式"与"反哺模式"（费孝通，1983）的代际关系模式差异，但是长期以来，部分研究过于夸张美国现代社会家庭淡化（Family Decline）的意识形态，忽视了在美国 95%以上的家庭由家庭成员给予老年人以支持和帮助的现实（葛

---

① 《礼记》中记载的"五十养于乡，六十养于国，七十养于学，达于诸侯，八十拜君命，一坐再至，瞽亦如之，九十使人受"，可以看作是当时关于尊老敬老的国家制度。

② 德国联邦健康部 . https：//www. bundesgesundheitsministerium. de/en/ministry. html.

兰娜·斯皮羡 等，1989）。

东亚国家尤为偏好居家养老，且在我国表现得更加突出。根据 2019 年中国城乡老年人生活状况监测调查对总样本量约 2 万的老年人进行抽样调查的数据显示，共有 82.4% 的老年人选择"在家里"（79.8%）和"白天在社区晚上回家"（2.6%）的居家养老方式。在"中国知网期刊全文数据库"搜索 1997—2021 年，以"养老意愿"为主题的来源于核心期刊和中文社会科学引文索引的文献有 329 篇，其中关于各层次、各地区老年人养老意愿调查结果的统计，调查数据均支持绝大多数老年人选择居家养老的结论。此外，截至 2021 年 11 月底，我国养老机构床位数为 499.7 万张，即使不考虑现实的高空置率问题，选择入住养老机构的老年人数也仅占老年人总数 2.64 亿的 1.89%，其余超过 98% 的老年人仍是居家养老，这一数据客观反映了我国老年人对居家养老的选择。

1.1.2　老年人居家养老面临诸多现实困境

根据国家统计局公布的数据，截至 2021 年底，我国 65 周岁及以上老年人口占总人口的比重达 14.2%，比 2000 年的 6.96% 增长了 7.24 个百分点[①]，年均增长达 3.06%；尤其是 2010 年以来的十多年间，65 岁及以上老年人口年均增长 4.53%，且占比将持续提高。[②]"十四五"时期，我国已进入中度老龄化阶段，与"十二五"和"十三五"的 10 年相比，老龄化程度不仅逐步加深，还呈现出高龄和失能化特点，并伴随着家庭小型化和少子化、人口高流动性和人户分离比例高等时代因素，家庭养老功能持续弱化，老年人居家养老面临诸多挑战。

首先，高龄化和失能化直接导致居家照护困难加大。新中国成立 70 多年来，随着人民群众生活水平和医疗卫生水平的提高，居民人均预期寿命

---

① 国家统计局. 中国统计年鉴 2019［M］. 北京：中国统计出版社，2019；国家统计局. 中华人民共和国 2019 年国民经济和社会发展统计公报［N］. 光明日报，2020-02-29.

② 中国发展研究基金会. 中国发展报告 2020：中国人口老龄化的发展趋势和政策［EB/OL］.［2022-06-21］. https://www.cdrf.org.cn/laolinghua/index.htm.

由 1949 年的 35 岁增长至 2020 年的 77.3 岁①。历次人口普查结果显示，80
周岁及以上老年人占总人口的比重和占 60 周岁及以上老年人的比重持续攀
升（如表 1-1 所示）。而随着年龄增长，老年人失能、半失能风险增加，
60~69 岁年龄段老年人的失能率约 5.3%，70~79 岁年龄段上升至 8.8%，
80 周岁及以上年龄段上升至 12.7%②。据测算，目前我国约有 4063 万失
能、半失能老年人③，老年人空巢和独居比例超过 50%。

表 1-1　历次人口普查 80 周岁及以上老年人比重

单位:%

时间	"四普"	"五普"	"六普"
80 周岁及以上老年人占总人口比重	0.68	0.95	1.57
80 周岁及以上老年人占 60 周岁及以上老年人比重	8.96	9.09	11.8

资料来源：根据历次人口普查数据整理。

其次，家庭小型化和少子化意味着家庭照护资源的缩减和养老压力的
加大。我国家庭结构呈现明显的小型化和核心化趋势，户均规模由 2000 年
的 3.44 降至 2020 年的 2.62（如图 1-1 所示）。根据 2015 年全国 1%人口
抽样调查数据，一代户和二代户的数量占总户数的比例高达 79.8%；一人
户、二人户和三人户占总户数的比重达 64.85%。2018 年，这一比重上升
到 68.38%④。与此同时，出生人口数不断减少。国家统计局数据显示，
2016 年至 2019 年我国出生人口数量连年下降⑤，少子化现象日益明显，生
育率长期维持在较低水平。2016 年全面实施"二孩"政策，出生人口数经

① 中国政府网.2019 年我国卫生健康事业发展统计公报［EB/OL］.（2021-04-09）［2021-12-18］.http：//www.gov.cn/guoqing/2021-04/09/content_ 5598657.htm.
② 中国保险行业协会.2017 中国长期护理调研报告［EB/OL］.（2021-11-15）［2021-12-18］.https：//max.book118.com/html/2021/1115/7100150161004042.shtm.
③ 民政部.第四次中国城乡老年人生活状况调查报告［EB/OL］.（2016-10-20）［2022-06-21］.http：//www.cmw-gov.cn/news.view-794-1.html.
④ 国家统计局社会科技和文化产业统计司.中国社会统计年鉴（2018）［M］.北京：中国统计出版社，2019.
⑤ 2016 年至 2019 年我国出生人口分别为 1786 万人、1723 万人、1523 万人和 1465 万人。

历了短暂的增长后，再次转为下降，并且 2016 年的总和生育率①仅为 1.624，远低于当年世界平均水平的 2.439②，也低于国际上公认的人口正常世代更替水平 2.1③。而"三孩"政策的放开对刺激生育的效果仍有待观察。此外，国内的老年抚养比持续升高，2000—2020 年由 9.9% 升高到了 19.7%。持续攀升的老年抚养比与不断降低的人口出生率的现实，客观上提示了当前与未来一段时期，养老照护压力不断增加，依靠传统家庭照护资源难以满足老年人需求。

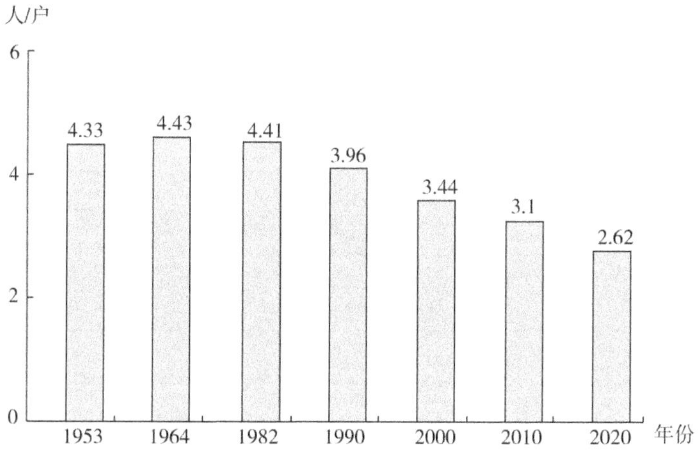

图 1-1　我国家庭户均规模变化（1953—2020 年）

再次，人口流动和人户分离带来新的养老难题。我国加速的城镇化进程与快速的老龄化叠加，人口流动与人户分离现象正在塑造新型家庭形态和新型家庭代际关系。根据"七普"数据，截至 2020 年 11 月，全国人户

---

① 总和生育率：是指一定时期（如某一年）各年龄组妇女生育率的合计数，说明每名妇女按照某一年的各年龄组生育率度过育龄期，平均可能生育的子女数，是衡量生育水平最常用的指标之一。

② 实时社会生活百态. 国家卫健委：取消计划生育，鼓励"二孩"生育提高总和生育率，什么是总和生育 [EB/OL].（2018-09-11）[2021-12-18]. https://www.sohu.com/a/253269537_100269776.

③ 更替水平：是指同一批妇女生育女儿的数量恰好能替代她们本身。一旦达到生育更替水平，出生和死亡将逐渐趋于均衡，在没有国际迁入与迁出的情况下，人口将最终停止增长，保持稳定状态。这个过程所需的时间依人口年龄结构的不同而不同。一般认为，总和生育率为 2.1 即达到了生育更替水平。

分离人口达 4.93 亿人，流动人口 3.76 亿人①，均为 2000 年相应规模的 3 倍以上（见表 1-2）。高速的人口流动与常态化的人户分离现象，使得传统孝道的组织基础削弱，传统家庭养老保障功能的发挥面临挑战。一方面，"养儿防老""父母在，不远游"等传统孝道观念不再为年轻人所固守；另一方面，家庭养老责任与家庭照护能力的差距，使得子欲养而力不从，家庭养老的资源保障和情感基础都在一定程度上淡化。"养儿防老"的反哺式家庭养老文化和模式在历史发展过程中有其形成的经济基础，在经济根基发生变化的情况下，此模式将随之改变（费孝通，1983）。

表 1-2　中国 2000—2020 年的人户分离数

单位：万人

普查年份	人户分离人口	流动人口
2000	14439	12107
2010	26139	22143
2020	49276	37582

资料来源：国家统计局官网。

最后，独居、空巢老年人等特殊困难老年人群体及其养老难题，暴露出目前居家养老服务的短板。近年来，居家老年人在家中跌倒发生意外，尤其是独居、空巢老年人在家中去世后无人知晓的极端事件，以及大学退休教授虽有丰厚养老金却难以买到适宜养老服务而老年生活境遇悲惨、子女照顾家中患有认知症的父母而苦不堪言等社会现象频繁见诸报端。随着基本养老保险制度和社会救助制度的完善，经济保障逐渐完备，服务保障的短板开始显现。高龄、失能、独居、计划生育特殊困难家庭老年人，以及"老漂族"等新型困难老年人群体对照护服务的需求是不可忽视的刚性需求，急需专业机构和组织提供高质量、可持续的照护服务，满足这部分老年人的养老服务需要。

---

① 国务院第七次全国人口普查领导小组办公室. 2020 年第七次全国人口普查主要数据［M］. 北京：中国统计出版社，2021.

1.1.3　居家养老的基础性地位有待加强

我国养老服务供给体系由主要针对特殊或困难老年人的福利机构服务，发展到具备社区、居家、机构、医养和互助等多形式的服务体系雏形（郭林，2019），初步确立了以居家为基础、社区为依托、机构为补充的发展思路。然而，相对于老年人群体多层次和多元化的服务需求，我国养老服务供给仍存在总量不足、质量不高、结构失衡、社会参与不足等问题。尤其表现在对居家养老的基础性地位的巩固和支持不足，服务供给与老年人需求有结构性偏差，财力、物力和人力资源配置未能有效支持老年人居家养老等方面。

养老服务体系建设长期偏重机构养老，对居家养老服务网络建设投入不足，居家养老在养老服务体系中的基础作用仍停留在传统家庭养老，以及政府为困难群体购买居家养老服务的局面。"十一五"和"十二五"期间，养老服务体系建设的政策支持和资金投入都侧重机构养老服务，突出养老机构的支撑作用，长期将千名老年人拥有的养老床位数作为重要考核指标。这一方面引起了机构设施建设风潮，其后果是造成高达近50%的机构床位空置率；另一方面造成了资源和政策上对居家养老的忽略，使得老年人居家养老面临诸多困境。"十三五"期间，为强化居家和社区养老的基础性重要地位，中央财政每年列支10亿元专项彩票金，支持地方开展居家和社区养老服务改革试点，开启了国家公共资源向居家养老倾斜的尝试，但对居家养老系统化、体系化的支持政策仍未建立。

在理论层面和政策层面，对养老服务的性质、居家养老的定位、责任主体的边界等一系列问题尚未形成定论。居家养老地位的基础性是体现在家庭养老的兜底性功能，还是体现在政府的基本责任；基础是指保障水平的基础，还是内容或服务对象的窄口径；以及对刚需和刚需群体的认定不清晰等问题，都导致政策层面对居家养老支持的不足。这一局面在"十四五"时期应得到扭转，让社会化养老服务进入家庭并支持老年人居家养老，应当成为积极应对人口老龄化的新政策取向（郑功成，2020）。

1.1.4 研究意义

建立完善支持老年人居家养老的政策体系，是关系到所有老年人以及老年人家庭的现实问题。本书以老年人的需求作为研究的逻辑起点，通过梳理居家养老政策发展历程、解构政策内容、总结政策实施特点，检视政策支持满足老年人居家养老需求的成效与不足，为重构居家养老政策支持体系提供理论依据和政策建议，具有一定的理论意义和实践意义。

首先，理论意义。第一，丰富了我国居家养老研究成果。目前，我国理论学术界对居家养老的研究日益关注，研究议题包括概念辨析、影响因素、服务主体、服务供需等，但对于居家养老政策过程的研究却非常缺乏，既有研究以分散化、阶段研究居多，少有系统化、全过程的研究。本书恰恰弥补了这一不足，从而丰富了我国居家养老服务研究成果。第二，提出了对居家养老进行分层分类的理论模型。将居家养老分为"家庭协助型""家庭支撑型""社会协助型""社会支撑型"，为建立居家养老优先保障对象瞄准机制，并发展多层次、多样化服务提供理论支撑。

其次，实践意义。第一，有利于调整养老服务政策支持着力点。居家养老是最符合人性需求和老年人意愿的养老方式，我国有超过98%的老年人选择在家养老。高龄化和失能化导致居家照护困难加大，家庭小型化、人口流动和人户分离，使得传统的家庭养老面临诸多挑战。而我国的养老服务体系建设和政策制度安排长期忽视居家养老，对居家养老没有实质性资金和政策支持。现实中养老问题的难点和痛点暴露了当前制度安排和政策支持的盲点。因此，本书对调整养老服务政策支持着力点，优化资源配置结构，建立以支持老年人居家养老为方向的政策体系具有重要现实意义。第二，提出了具有参考价值的政策建议。本书通过对国家与地方居家养老政策全过程的考察和综合评估，发现了现行政策体系存在的法制化不足、部门分割导致落实难、政策支持存在缺位和越位等问题，有针对性地提出了完善建议，这些建议能够为政策完善的实践提供有价值的参考。

◆ 1.2 关键概念

本书的研究对象为居家养老政策，核心研究问题为：养老服务公共政策应如何支持老年人居家养老？可分解为问题一"老年人居家养老的需求"和问题二"我国居家养老政策是否回应和支持居家养老需求"。为此，本书将考察居家养老政策制定和发展历程；分析居家养老政策体系、文本内容和结构；评估政策支持效果；提出完善积极的居家养老政策支持体系的政策建议。基于以上问题，本书对以下关键概念进行界定。

1.2.1 养老

之所以对"养老"这一司空见惯的概念进行界定，首先是出于对什么是"老"的讨论。随着我国人口老龄化形势的加快发展和医疗卫生保健体系的完善，人口平均寿命不断延长，人口结构发生了明显改变。"老"到底是一个绝对年龄的概念，还是一种随身体机能变化呈现的相对状态？这一问题在学术界有着争议，在政策领域也莫衷一是，反映出对老年的认识存在观念误区和认识偏差。

根据《中华人民共和国老年人权益保障法》，我国将老年人界定为60周岁以上的公民。在学术研究中，常对比和引用联合国关于老年的界定，即以年满65周岁为起点界定老年人。在政策实践尤其是老年人优待政策实施中，诸多地方也将年满65周岁作为享受待遇的条件。可见，对于老年起点的界定在我国和国际上有着不同的标准，进而会出现不同的统计数据和政策含义。老年人口年龄起点的界定应反映老年人口变化对社会经济的影响，以及我国老年人负担的实际情况（杜鹏，1992）。在20世纪90年代，我国采用60岁作为统计学意义上的老年人年龄起点，符合当时的社会经济意义。然而，在国家人口年龄结构发生重大变化、人口预期寿命大幅度提高的背景下，从老龄化对经济社会的影响的角度讨论老年的起点就具有必要性。因为在立法政策方面，关于国家是否有能力"负担"老年人的讨论，既是关于老年人的生产力的讨论，也是关于他们对服务，特别是医疗保健的要求的辩论（ROWE et al.，1997）。与"老"的年龄相关的政策界定还有退休年龄和领取养老金年龄的界定，有学者提出了将老年年龄界定、退休年龄界定、领取养老金年龄界定三者分离开来的建议。退休年龄和领取养老金年龄的界定与调整涉及人口结构、代际关系、社保基金平衡等多方面因素，是复杂的社会经济政策（青连斌，2018），其基础都是对老年起始年龄的认定。所以对老年的界定不仅关系着统计意义上的老年人口规模，更对准确把握老年人的实际需求、测算养老需要的资源、配置养老资源，进而科学制定相关制度和规划具有重要意义（关信平，2013）。

从老年年龄设定的标准方面来看，有自然生理状态上的"老"、伦理道德意义上的"老"和法令政策方面的"老"三个层面（郑尚元，2020）。有学者提出心理年龄、生理年龄和年代年龄三个维度，但生理年龄和心理年龄因人而异，应该以年代年龄来衡量老年人的起始年龄（杜鹏，1992）。也有学者提出年龄的度量方法应包括日历年龄、生理年龄、心理年龄、社会年龄四种（顾大男，2000）。个体的衰老是一个逐渐演化的过程，涉及生理、心理、社会适应等多方面的变化，是一个多层次、多维度的变化过程，不应仅以日历年龄作为衰老的标志，否则将难以全面反映个体的老化状态，且易导致对老年人的刻板印象和年龄歧视（翟振武 等，2019）。无论是以 60 岁还是 65 岁界定老年人，都只是笼统地从年龄标准进行概括，却从根本上忽视了这一群体在基本行为模式、生存健康状况、个体需求等方面存在很大差异（柳森，2017）。在我国香港地区和广东省，老年人被尊称为长者，相应的老年服务称为"长者援助服务""长者食堂"等，与英文的 senior care（老年服务）含义相同，即将"老"作为一种相对状态，把老年人视为有更多经验和资历的人群。

在一定的社会环境下，老年人不会被他们的家人和朋友认为是"老朽"，他们也不会认为自己"老"，只要他们在一些有意义的事情上保持活跃和多产（KAUFMAN，1986）。所以，是否年老的最关键标准应该是生理、心理机能和活动能力的衰退程度（关信平，2013），即使有必要确定老年的起点年龄标准，也应根据人口平均衰老程度的推后而不断调整。有学者提出以期望余寿后推一定年限的方式界定老年（郭振威，2013；吴连霞，2018；卢敏 等，2018），但余寿期限的设定应在充分考虑老年健康状况的基础上设定（翟振武，2019）。从健康角度界定的老年与 ADL 和 IADL① 反映的自理状态有一定区别，有学者提出了自理预期寿命占预期寿命比例（杨胜慧，2017）、健康累积赤字指数（顾大男，2009）、虚弱指数（巫锡炜 等，2019）等评测方式。在健康基础上考虑功能的发挥，以能否实现某种功能作为判断是否"变老"的依据，多层面确定老年起点，才能真正反映老化程度。从成功老龄化的角度，老年的界定应包括三个不同的领域：避免疾病和残疾、保持高身体功能和认知功能、持续参与社会和生产活动（ROWE et al.，1997；边恕 等，2019）。

其次，关于"养"字的认识误区。"养"字在《新华字典》(第 12 版)中，作为动词并以人作为对象的解释主要有三层含义：一是抚育、供给生活品，比如抚养、赡养；二是培养，比如，他养成了爱劳动的好习惯；三是使身心得到滋补和休息，比如养病、休养。所以相应地，养老也就有不同的含义，如赡养、抚养、扶养，主要取决于照护服务提供者的身份角色不同，而使用不同的概念。老有所养，既包括经济上供给生活品，也包括服务上提供照料服务，以及道德上的尊敬和精神上的赡养。由于社会政策蕴含着公共资源的配置，所以社会政策视域下的"养"具有一定的政策选择意涵，即满足有需要老年人的实际需求，以照护需求为核心，在经济、环境、服务等方面予以资源支持。

基于以上分析，本书认为"老"是身体机能相对衰弱的状态，"老年"的界定不应以年龄界限"一刀切"，而应综合考虑人口结构、平均期望寿命、自理余寿以及劳动力供需等因素，其核心为是否需要依赖他人完成日常生活活动，认定这一核心的方法即综合能力评估。从这个意义上讲，老

---

① ADL 即日常生活活动能力，是指人维持最基本的生活所必需的每日反复进行的活动，包括自理活动和功能性移动两类；自理活动包括进食、梳妆、洗漱、洗澡、如厕、穿衣等，功能性移动包括翻身、从床上坐起、转移、行走、驱动轮椅和上下楼梯等。IADL 即工具性日常生活活动能力，是指人维持独立生活所必需的一些活动，包括使用电话、购物、做饭、家务处理、洗衣、服药、使用交通工具、处理突发事件以及在社区内的休闲活动等，这些活动需要使用一些工具才能完成。这两个指标通常被用来测量和反映老年人的身体自理状况。

年人应该是"照护需求者"（尽管照护需求者不一定是老年人）。以照护依赖来判断老年人，对于测定服务需求、配置服务资源具有现实意义。相应地，养老的内涵是满足有需求的老年人的需要，予以照护资源配置和全面政策支持。

1.2.2 居家养老

居家养老（home-based senior care）概念起源于英国的社区照顾实践。在界定居家养老时，家庭养老常被作为对照比较的对象。本书认为，在对任何一种养老模式或方式进行概念界定之前，首先要明确的是概念界定的维度和角度，在这一框架和原则下进行不同概念的阐述。养老模式的划分有三个基本维度：养老的经济来源、地点以及服务供给（陈友华，2012）。从服务资源角度分析，有学者提出养老模式可分为自我养老、家庭养老和社会养老三类（陈友华，2012；穆光宗，2000）。家庭养老的核心是血亲价值，强调的是家庭成员承担赡养、照料、慰藉老年人的责任，而居家养老是一种与机构养老相对的养老方式（姚远，1999），是将社会化养老的理念注入家庭养老，为家庭养老提供服务支持，并为家庭养老赋能（钱宁，2015）。从服务地点角度看，居家养老是家庭养老方式中的组成部分，是家庭养老的居住形式（姚远，2001）。

常见的对居家养老的定义有强调社会提供照护服务的资源说、强调老年人居住在家庭的地点说，以及二者综合考虑的混合说。此外，还有以社会资源为主，家庭成员提供服务为辅的"主辅说"。这些定义都能反映居家养老的特征，但同时又不具有全面性和准确性，而且存在概念层次不清的问题。比如，资源说中"社会化的家庭养老"不能准确概括居家养老的特点和实质。因为除社会化服务之外，以家庭成员为照护者的家庭抚养，以及老年人自我照顾的自我养老，仍然是居家老年人养老的最主要形式。实质上，居家养老继承和发展了家庭养老，既不同于传统意义上的家庭养老，又体现了在养老问题认识上的转变和养老机制的转变（同春芬 等，2017）。

从资源提供和责任承担的角度看，养老方式包含居住方式、服务提供方式、经济支持方式、精神慰藉方式等在内的一整套行为方式，表述的是在哪里、由谁来向老年人提供什么样的服务和怎么提供服务的方式。而养老形式是由更具体的服务对象、服务内容、服务供给、服务递送等元素组成的措施，是面向一定对象提供适宜服务的过程，也就是服务的过程。养老模式是在一定文化模式和价值观念下形成的相对固定的一种行为传统。比如，家庭养老是与我国几千年的孝文化观念紧密联系的一种养老传统，其内含的反哺模式更是我国基于传统家庭保障模式下，区别于西方家庭养老的一个特征。显然，在我国，居家养老更多体现在养老方式的安排上，所以当作为一种养老方式表述时，应规范表述为"居家养老方式"而非形式或模式。从上述角度出发，就容易理解家庭养老和居家养老概念的异同。家庭养老是一种文化和责任模式，居家养老是一种具体的养老方式，二者虽有广义和狭义之分，在内涵和外延上有交叉，但是属于不同层次的两个概念。二者的共同之处是养老地点主要在老年人熟悉的家庭环境之中；差异则体现在服务提供主体方面，家庭养老的全部养老资源都来自家庭成员和老年人自己，支持主体相对单一，不依托外界资源。居家养老虽然仍然以家庭为核心，老年人居住在原有的家庭环境，需要来自家庭成员的照料，但同时强调通过专业养老护理人员提供上门服务、老年人到社区养老服务设施用餐、日间照料等形式，使老年人享受到生活照料、医疗康复、精神慰藉等服务，充分调动了家庭成员、社区、机构等多方主体优势，支持主体多元化。

居家养老在我国各地出台的政策和开展的实践中有因地制宜的"特色"表述，比如无锡市探索的"原居养老"、研究常用的"就地养老"（aging in place）和"在地养老"，这些概念都突出表示老年人在熟悉的环境中养老。"就地养老"是在快速老龄化背景下，欧美国家难以应对日益增长的高昂机构养老费用，以及在尊重老年人养老意愿的基础上提出的政策导向，是养老服务"去机构化"和"再家庭化"的结果。显然，"原居养老""就地养老""在地养老"更多体现的是"地点说"，强调老年人生活的物理环境，而居家养老更侧重社会化养老服务对于传统家庭养老的补充。尽管几个概念产生的政策背景和动机略有不同，但政策导向和内容没有本质的差别。从语境和内涵上，居家养老更符合我国的国情。因此，本书中有关就地养老政策的论述等同于居家养老政策。

本书认为，"居家养老"强调的是居住和接受服务的状态，强调除家庭之外的社会服务资源的介入，与之相对的是机构养老；"家庭养老"相对的是社会养老，强调的是服务提供的主体和责任。所以本书对"居家养老"的定义，是指老年人在家庭或家庭周边熟悉的环境中，以家庭成员养老或自我养老为基础，社区、养老机构和组织等多元主体提供服务的养老方式。

有关研究和政策中常出现"居家养老""居家养老服务""社区居家养老服务"等概念混用甚至错用现象。界定居家养老服务的前提是区分养老的形式和内容。服务是一种无形产品，是提供一系列活动的行为过程。根据全国老龄办等多部门联合印发的文件①，居家养老包括"到社区为老服务设施接受服务和参加活动"，以及"专人上门包护"两种形式，服务内容涵盖生活照料、家政服务、康复护理、医疗服务、精神慰藉等。从这个界定可以分析，居家养老服务是居家养老的具体形式和内容，既包括养老机构或组织上门提供各项照料、护理服务，又包括老年人走出家门到社区养老服务设施享受助餐、日间照料等服务。比如，为老年人提供助餐服务，既可以采取送餐上门形式，也可以是社区开办老年餐桌，身体状况允许的老年人到社区用餐；提供照护服务，既可以是由专业护理员上门提供照护服务，也可以是老年人到社区享受日间照料服务。如此，居家养老和居家养老服务两个概念的区别显而易见。本书研究的居家养老政策是针对居家养老这种养老方式，而非居家养老服务具体的服务形式和内容。

居家养老服务有广义和狭义之分。狭义的居家养老服务指照护服务（care service）；广义的居家养老服务除照护服务外，还包括精神慰藉、医疗服务、文体娱乐等。社区居家养老服务的概念在国内研究和政策中的使用语境有两种情况：一是居家和社区养老服务的简称；二是突出基于社区

---

① 2008年全国老龄办联合国家发展改革委、民政部等10部门印发的《关于全面推进居家养老服务工作的意见》（全国老龄办发〔2008〕4号）。

服务设施提供居家养老服务。对此，本书认为，社区养老并非一种单独的养老方式。因为从养老服务设施的类型划分上，设立在社区的养老服务设施有两类：一是设有床位、老年人可以长期居住或短期托养的社区嵌入式养老机构；二是未设床位、只能提供日间托养的社区养老服务设施。显然，对于老年人的居住状态来讲，只有在家庭中或在家庭外两种情况，前者以及短期托养在机构的都属于居家养老，后者中长期居住在养老机构的属于机构养老。所以，从养老服务供给实践角度来说，宜摒弃居家、社区、机构养老的三分法，而作居家养老和机构养老二维划分。

1.2.3 政策支持

政策（policy）和公共政策（public policy）并没有一个标准定义。参考已有研究，公共政策是国家或政党为实现一定历史时期的路线和目标而制定的行动准则，是一系列法令、办法、方法、条例等的总称（陈振明，2016；何为东 等，2021）。政策的分类有多个维度：依据领域不同分为经济政策、社会政策、文化政策等；依据政策空间层次不同分为总政策、基本政策等；依据政策内容分为宏观政策、中观政策、微观政策；根据政策制定主体的层级可分为中央政策、地方政策等。

居家养老政策是针对居家老年人建立的包含服务供给、管理、规范、筹资等一系列的政策体系和实践体系。居家养老政策的制定主体是中央和地方各级人民政府及有关部门，实施主体包括政府各有关职能部门以及各类市场、社会主体。在本书中，居家养老政策并不限于以居家养老服务为题的专项政策，还包括涉及此内容的各项综合性养老服务政策。

从政策的功能角度来看，不同政策发挥着引导、协调、抑制等不同作用。政策支持即通过特定的政策，发挥支撑和鼓励的作用，强调起到支持作用的主体是政策，以及通过政策起到支持作用的客体是需要得到支撑的对象。居家养老政策支持即通过政策议程的启动、内容的设定和实施，对居家养老起到支撑作用，涉及支持主体、对象、内容、手段和效果 5 个基本问题。所以，本书不仅研究居家养老政策本身，还将落脚在政策支持的效果和政策支持体系（见图 1-2）构建上。

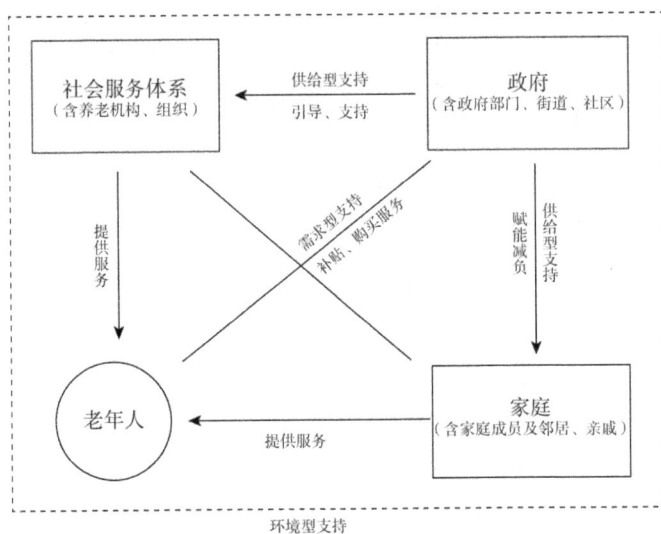

图1-2　居家养老政策支持体系示意图

1.3　文献述评

1.3.1　养老服务研究

自我国进入人口老龄化社会以来，学术界对养老服务研究的视角、内容和方法逐渐多元，成果颇为丰硕。通过"中国知网期刊全文数据库"搜索养老服务主题显示，1999—2021年10月，仅来源于学术期刊的文献就有26436篇（见图1-3）；其中，"养老服务""医养结合""居家养老"为排名前三的主题（见图1-4）。从学科分布看，对养老服务的研究起初以人口学视角为主，探究人口老龄化背景下，人口结构的变化以及相应的养老模式的转变。随后，关于养老服务细分领域的研究逐渐增多，学科上涵盖管理学、经济学、政治学。内容上包括养老服务发展历程（陈颐，2010；杨立雄，2017；朱浩，2017；田瑞靖 等，2017）、现状和问题（王莉莉 等，2015；张乃仁，2015；贾玉娇，2017）、政策目标定位（林卡 等，

2014）、养老服务体系和模式的探索与设计、对农村养老服务的关注，以及居家、社区、机构三分法的体系存在的问题及优化建议。尤其是在 2013 年之后，关于提高服务质量、加强服务监管，以及养老服务业和养老服务产业（刘晓静 等，2013；武赫，2017；杨立雄 等，2019）等的研究成果逐渐丰富和多元。

发文量（篇）

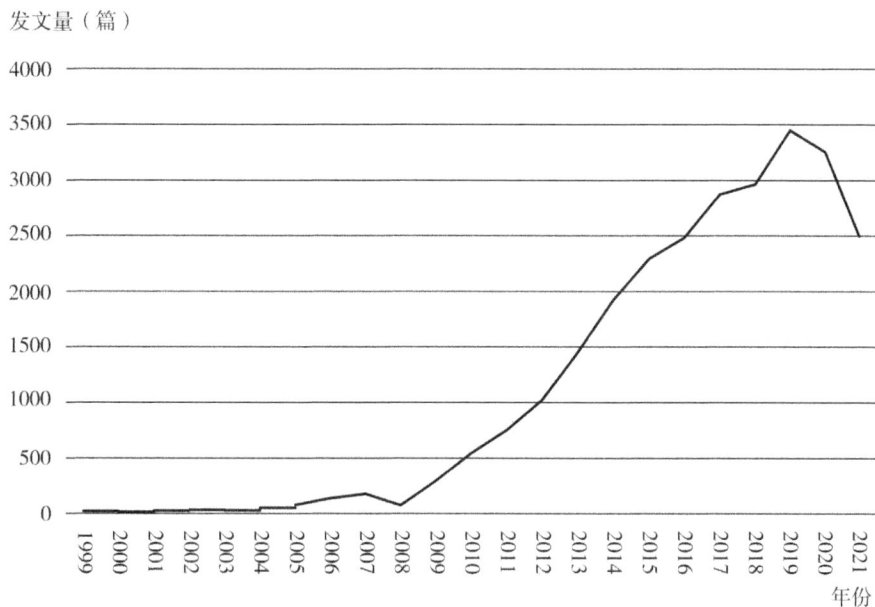

图 1-3　1999—2021 年以养老服务为主题的文献数量年度分布

　　关于养老服务体系构建的研究。张世峰（2008）提出，我国养老服务制度框架由服务保障和资金保障组成，前者是政府和社会通过发展养老服务事业，建立完善养老服务体系，为全社会老年人提供基本的养老服务；后者是根据老年人的经济状况实现有差别的资金保障措施。从发展思路的层面看，我国养老服务体系的建设以居家为基础、社区为依托的定位不变，机构养老的定位和体系的内容则发生了变化，先后经历了从居家为基础、社区为依托、机构为支撑，到机构为补充、医养相结合，再到居家社区机构养老相协调、医养康养相结合的转变（青连斌 等，2021）。从构成要素的角度看，养老服务体系主要由需求体系、供给体系、管理体系、支持体系等子系统组成，应按照一定标准将养老服务对象进行区别与划分，

文献数（篇）

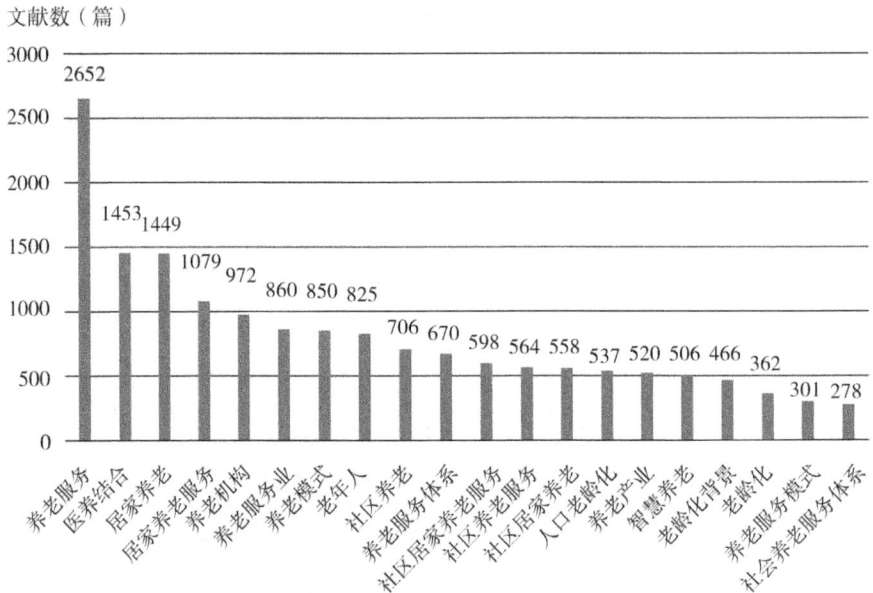

图 1-4　1999—2021 年养老服务文献的研究主题分布（前 20 名）

实现分层养老，增强养老服务供给的瞄准率与可及性（席恒，2015）。从城乡布局的视角看，农村养老服务是养老服务体系建设的短板（陈功 等，2021），应健全服务设施网络、健全协作机制，同时把城镇居家和社区养老服务向农村延伸和拓展，走一条农村养老服务发展之路，与城市养老服务紧密相连又有区别（青连斌，2016；宋娜，2017）。参照养老金制度的多支柱理念，有学者提出包括补缺性养老服务、工具性养老服务、日常性养老服务和选择性养老服务等的"多支柱"养老服务体系设计（姚俊，2015）。此外，通过"机构社区化"实现机构专业服务功能的拓展，通过"社区机构化"达到社区服务能力的提升，实现居家、社区和机构养老服务的融合发展，这是人口老龄化背景下养老服务方式的创新（李玉玲，2016）。

　　关于养老服务主体的研究。我国养老服务提供主体呈现多元态势，逐渐形成"政府主导下的混合经济养老服务"模式（李兵 等，2015）。我国的养老服务体系与西方的"福利多元主义"不同，呈现出的是"多元一体"的特点，"多元"参与者相对于政府主导的"一体"是从属关系（房

莉杰 等, 2020)。即使在中国社会变迁和家庭养老资源缺乏的情况下, 目前中国超过一半的老年人仍更加倾向于自己的子女承担养老照料责任, 家庭成员尤其是儿女对老年人的照料是社会化养老服务无法替代的, 因为其中的感情寄托和心理信任无可比拟, 所以社会并不能完全取代家庭养老责任 (侯慧丽, 2018)。政府在养老服务中发挥着对特殊困难群体需求满足的 "兜底" 责任, 市场化养老服务是老年人提升生活质量的途径。一般来说, 在不同财政能力和政策取向下, 财政对养老服务的支持力度影响养老服务体系建设的水平。除财政补贴质量要求外, 老年人的偏好和支付意愿, 也在一定程度上影响养老机构的运营管理决策和政府财政补贴政策的决策 (郭倩 等, 2018)。

政府职责定位是养老服务研究中的重要议题。有学者将我国的养老服务发展划分为三个不同的阶段: 政府和家庭承担养老责任、家庭和个人养老, 以及政府为主导的体系化养老服务阶段, 政府职责呈现了从 "福利救济" 到 "责任弱化", 最后到 "责任凸显" 的变化特点 (武玲娟, 2018)。也有学者从政府行为与市场机制的关系角度, 提出我国养老服务经历了从国家福利性供给, 到社会多主体供给和市场多元化供给的发展历程 (张思锋, 2021)。

其他养老服务专题研究包括医养结合、特殊群体服务保障、新科技在养老服务中的应用以及服务队伍建设等。针对医养边界和标准不清, 以及与智能化结合等问题, 有学者提出建设整合性医养结合健康养老服务体系的思路, 即基于生命历程的视角, 着眼于满足全体老年人的 "医养结合" 健康养老服务需求, 发展整合性 "医养结合" 养老服务, 需要充分整合各方资源, 同时做好理念倡导、资源整合、制度准备和人才储备四方面相关的准备工作。破除当前 "医养结合" 的制约因素, 应该以健康老龄化为中心, 遵循老年人健康状况和意愿, 优化居家、社区和机构三种服务模式, 并给予理念、政策、制度、人才四方面的战略支持, 为老年人提供可利用、可获得的综合医疗保健与养老照护, 以延长老年人的 "健康余寿", 缩短其带病生存期, 使老年人以良好的身心健康状况保持独立 (赵晓芳, 2014)。此外, 新技术在养老服务领域应用的研究逐渐增多, 包括 "互联网+养老服务" (青连斌, 2021)、区块链技术在养老服务中的应用 (孙文灿, 2019；王力平 等, 2021), 以及信息技术的适老化发展研究 (刘伊琳, 2021) 和消除银色数字鸿沟 (王吉 等, 2013；潘君豪 等, 2021) 等。

1.3.2　居家养老研究

自 2001 年从国家政策层面正式提出"居家养老"以来, 全国各地逐步开启了各具特色的本土化的居家养老实践探索, 积累了一定的实践经验, 学术研究成果日益丰硕。在"中国知网期刊全文数据库"搜索居家养老主题显示, 1999 年至 2021 年 10 月 7 日的文献共计 11563 篇。从时间上看, 2010 年和 2017 年的研究文献增长速度最快 (见图 1-5)；从研究主题上看, "居家养老 (服务)""养老服务""社区居家养老 (服务)"共计占比 50% 以上 (见图 1-6)。

发文量 (篇)

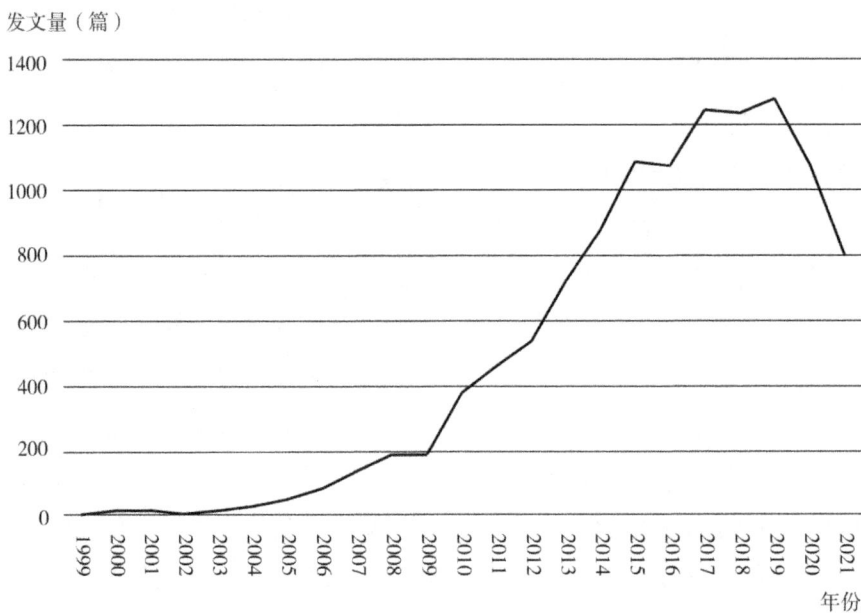

图 1-5　1999—2021 年以居家养老为主题的文献数量年度分布

关于居家养老和家庭养老的理论探讨由来已久, 包括从居家养老概念出发, 探讨居家养老与家庭养老、居家社区养老、社区养老等的内涵和外延 (穆光宗, 2000；姚远, 2001；童星, 2015)；从居家养老传统, 阐述

文献数（篇）

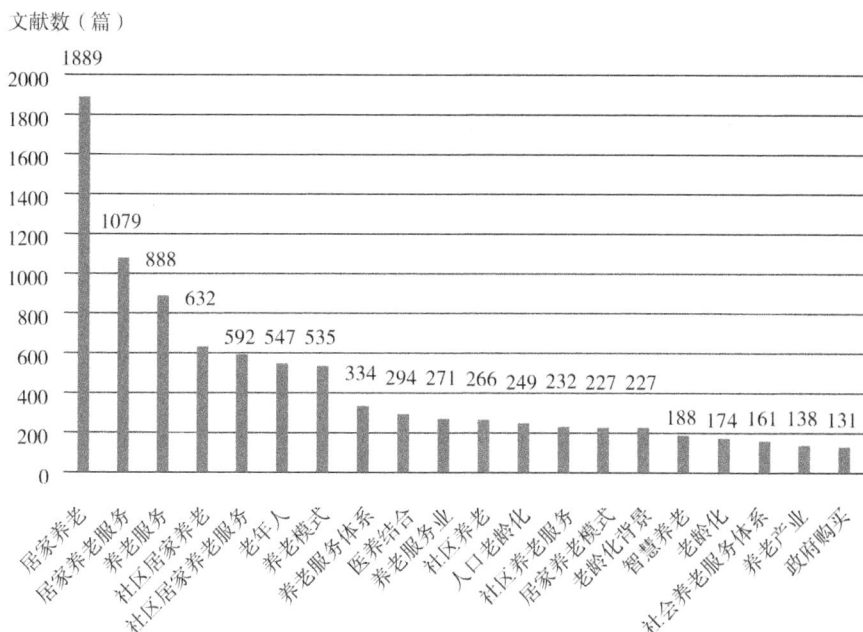

图 1-6　1999—2021 年居家养老文献的研究主题分布（前 20 名）

孝道家庭伦理（陈功，2009；杨真真，2017）、养老观念（纪竞垚，2016），以及家国责任（姚俊，2017）。作为适合我国国情的养老方式（青连斌，2016），无论经济社会如何变迁，居家养老的基础性地位没有变化，而家庭提供养老服务却面临现实困境（龙玉其 等，2019）。

关于居家养老影响因素的研究。一是基于人口学特征探究老年人的居家养老偏好，如老年人的健康状况、年龄、婚姻状况等因素。老年人的居家养老偏好与身体健康状况有关，包括是否可以独立行走、独立生活、进餐和无障碍交流等（OKABE，2016；何婷，2019）。健康状况较差的失能老年人，其养老服务需求强烈（杜鹏 等，2016），需要社会提供更多的养老服务。随着年龄的增长，老年人照护需求不断增强，对社会居家养老服务的需求随之增长（孔唯鑫，2018；王建云 等，2019；丁志宏 等，2019），教育水平往往通过影响老年人的认知能力，进而影响到老年人的健康水平（吴敏 等，2021）。不同婚姻状态和户籍状态的老年人，其养老安排也往往不同，独居老年人更依赖于来自社会的照护资源（张莉，

2021）。二是关注经济水平对老年人居家养老安排的影响。老年人的经济水平会影响老年人的养老支付意愿，养老支付意愿水平的高低会影响老年人的居住决策，从而影响到养老安排（徐隽倬 等，2019），老年人的经济水平越高，养老支付意愿也越高。经济状况会影响到老年人的健康状况，进而影响到老年人的居家养老选择（姚虹 等，2018）。三是从社会参与的角度分析老年人的居家养老模式。现有研究或从社区组织、社会活动的角度测量老年人的社会参与（牛荣华 等，2019），或从社会、政治、经济等方面分析老年人的社会参与，将老年人归纳为"高参与型""低参与型""家庭照顾型"等类型（谢立黎 等，2019）。有研究从社会支持角度出发，认为老年人的社会支持网络可以为老年人提供不同程度的物质支持和精神慰藉（秦俭，2013），满足老年人的部分养老需要。此外，城市中年子女往往会将与其年龄相仿的同伴的赡养方式作为孝行标准，受传统孝道观的影响和同伴认可标准的压力，他们更倾向于选择居家养老作为赡养父母的首选方式，因为选择机构养老方式赡养父母的将被认为孝行水平较低（李琬予 等，2014）。

关于居家养老服务供需研究。居家养老服务的提供主体应多元化，不仅包括家庭成员，还包括政府、社区、养老服务机构和企业，以及志愿者和义工等，它们各司其职、相互合作以提供多种多样的养老服务（青连斌，2021）。从政社关系角度看，居家养老服务的提供有"政府主管、组织参与""政府主导、组织运作""政府允许、社会企业运作""政府支持、康复机构运作"等形式（曲绍旭，2020）。有组织地发动邻里、志愿者等社会力量，可以提高老年人的社会网络资本，实现低成本的养老服务（刘妮娜，2019）。而专业居家养老服务模式可以缓解家庭照护养老压力，提高服务质量（IKUKO，2007）。家庭护理逐渐成为越来越有前途的选择，为与老年、残疾和慢性病特别相关的疾病提供卫生和社会护理（TARRICONE et al.，2008）。在服务供给内容方面，我国居家养老服务供给以上门服务与日间照料两种形式为主（成海军，2019）。基于"市场-福利"理论，居家养老可划分为福利主导、福利市场并重、福利投资、市场补贴、市场主导等类型（李辉 等，2018）。

在需求方面，老人对医疗服务的需求程度最为迫切（王琼，2016；王震，2018；张卫红，2016），紧接着是日常照料、精神慰藉服务以及文化教育等服务（张卫红，2016）。对于能够自理的老年人，便民服务为位列第一的服务需求，助医、文娱等服务紧随其后（陆杰华，2019），老人对服务的满意比例仅占半数左右，与理想水平仍有较大差距。

1.3.3　居家养老支持研究

随着老年社区护理服务计划的不断健全与发展，老年人将更加倾向于首选居住在自己家中接受社区照顾（谷薇，2018）。居家养老服务发展需要完善相关的政策支持，才有可能成为养老的主力（MSC，2003；苏珊·特斯特，2002）。政府应对老年人居家养老服务进行重新规划和扩展，不断健全相关政策，提高政策质量（HENDERSON，2008）。参考发达国家经验，在丹麦，以社区为基础的家庭护理和老年人住房新模式试验的成功导致了一项全国决定，即取消新的养老院建设，增加公共资助的家庭护理（STUART et al.，2006）。在瑞典，国家采用中央政府、地方政府、市场这三者联合生产的方式来保障老年人居家养老服务供给（MEINOW，2005）。

国内系统研究居家养老支持的论文不多，更多是从家庭养老或家庭政策角度，讨论家庭养老功能的恢复，强调家庭政策支持的作用。导向并支持居家养老是长期照护保险制度的基本原则之一（陈芳芳，2019）。在发展社会养老过程中，应重视家庭作用，制定有利于老年人居家养老的对策，强化家庭作用，支持居家养老（袁缉辉，1995）。养老服务政策支持体系，应包括经济支持、技术支持和文化支持（席恒，2015）。我国社会对家庭养老服务支持政策需求十分迫切（郭金来，2021），但现有家庭养老支持政策的对象范围仍比较狭窄，并未形成多层次支持政策框架（魏彦彦，2014），且法律体系对于以家庭为基本单位的支持政策存在严重缺失（李连友 等，2020），支持居家养老的政策导向效果不显著。

构建家庭养老支持体系，需厘清家庭养老与其他养老服务的主次关系，依托制度建设，做好家庭养老和社会养老资源的分配（马姗伊，2021）。政府应发挥主导力量，体现在制定宏观战略规划、政策上给予相应的支持、加大资金与人力投入等方面（汪泳，2020），并做好家庭整体型支持与老人个体型支持二者的平衡。

1.3.4 积极老龄化研究

2002年，世界卫生组织提出了积极老龄化概念。此后，积极老龄化的理念被多国纳入应对人口老龄化的政策框架中。根据世界卫生组织的定义，积极老龄化是指人到老年时，为了提高生活质量，使健康、参与和保障尽可能获得最佳机会的过程（世界卫生组织，2003）[①]。它不仅适合于个体，还适合于群体。在个体层面，它表现为老年人对自己需求、意愿、自身能力的认知，以及保持个人机能、养成健康生活习惯等，强调的是"需求"和"需要"；在社会和群体层面，则体现在社会对老年人群体需求的积极反应，在老年人"需要帮助之际"给予充分的保障，突出的是满足有需要者的需要，保障老年群体的福利权。

从研究内容上看，我国学者对积极老龄化的研究基本延续了世界卫生组织"健康""参与""保障"的"三支柱"划分，主要内容包括否定传统消极老龄观、建立积极老龄化理论与政策框架、推进积极老龄化政策及其实践、凝练积极老龄化核心价值要素四个方面（同春芬 等，2017）。关于"健康""参与""保障"三者的关系，参加生产、参与社会活动对老年人健康有利还是不利，在研究领域并无确切结论。大部分研究此方面的学者认为，适当地参与社会活动利于老年人的健康，但也有部分学者认为，这二者之间的关系无法明确（邬沧萍 等，2018）。积极老龄化旨在更新老龄化的旧观念，其内涵包括积极的理念和积极的行动指引。前者涉及看待老年人和人口老龄化的态度，转变原本看待老年人的一种消极观点（陆杰华，2016），后者体现在通过支持系统（包括政府、社会和家庭等主

---

① 世界卫生组织．积极老龄化政策框架［M］．中国老龄协会，译．北京：华龄出版社，2003：7.

体）及时回应老年人的需要。

1.3.5　简要评论

通过以上对养老服务和居家养老有关研究的梳理，可以看到已有研究具有以下特点：

一是概念比较和辨析多，具有操作性的分层分类研究少。比较居家养老和家庭养老异同的学理性研究较为常见，在以老年人为对象的研究中呈现出从较为宽泛强调满足老年人需要逐渐开始强调对老年人进行分类研究的趋势。基于老年人能力水平和服务依赖程度等因素，对居家养老现状进行类型划分，并在理论层面进行界定，分析不同类型老年人需求的差异性，进而提出精准的支持对象瞄准机制的研究较为少见。

二是政策研究关注家庭养老多，系统的居家养老支持关注少。从研究对象上看，无论是养老服务研究还是居家养老研究，都呈现出从单一关注老年人到关注各类服务提供者的特点，尤其是对家庭政策、非正式照护者的支持逐渐增多。但正如在关键概念界定部分的分析，居家养老与家庭养老内涵和外延有所不同，居家养老支持政策是包括面向老年人的支持、对家庭成员等非正式照顾者的支持、对社会服务供给的支持，以及养老服务环境支持的庞大体系，对这一政策体系的系统研究较欠缺。

三是分散分阶段研究问题和政策设计多，系统研究政策过程全貌少。现有文献多为分散研究居家养老需求供给、影响因素、面临的困难和问题，系统化研究居家养老政策全过程的少。总体上，缺少从过程视角考察居家养老政策发展进程、制定、实施和效果的研究。

针对上述研究不足，本书对居家养老政策兴起和发展的过程、政策制定和内容变迁、政策实施以及效果评估的过程进行全面考察，以弥补居家养老研究领域的空白。

◎ 1.4 研究方法和理论基础

1.4.1 研究方法

本书是以居家养老政策为研究对象的探索性和描述性研究。整体上采用政策分析方法，对居家养老支持政策的制定、演变和发展进行综合、全面和系统的分析，整合理论研究和政策研究，既有描述和解释，也有定义和验证。从严格意义上来讲，在公共政策学领域，政策分析（Policy Analysis）不是一种独立的研究方法，而是采用各种研究或论证方法，产生和转变与公共政策相关的信息，以协助决策者发现问题，并提出解决方案的分析过程（周垚，2010），由多种学科、多种理论、多种模型和多种方法组成，具有学科交叉、理论和实践结合、丰富的研究背景、多元的研究理论等特点（谢明，2004），是典型的混合研究法。

本书综合使用了定性和定量研究方法，既注重政策、理论等文字资料的定性分析，也注重使用已有调查数据进行定量统计分析，具体来说包括以下方面：

实证研究。本书定量数据主要采用 2019 年中国城乡老年人生活状况监测调查数据。该调查由国家统计局批准、全国老龄工作委员会领导，全国老龄办组织，旨在摸清老年人生活状况和养老服务需求现状与变化情况，与本书的研究目的契合度高。2019 年的调查为追踪调查，对象是曾参加过 2018 年中国城乡老年人生活状况抽样调查的城乡居家老年人，共涉及全国 31 个省（区、市）和新疆生产建设兵团抽选的 243 个县（市、区），总样本量约 2 万。本书使用 SPSS 统计软件，以该监测数据为基础，分析老年人在照料服务、经济、社会参与等方面的需求，提出了老年人居家养老影响因素和居家养老分类设想，从人口学变量因素、经济水平因素与社会支持网络因素三个方面探究老年人居家养老类型的影响因素，提出假设并建立 Logistic 回归模型对自变量系数进行估计，验证假设。

　　文献研究。首先，本书广泛收集了中央和地方层面公开发布的居家养老有关政策文件，以深入研究政策制定和发展历程。政策文件收集的渠道包括中国政府网、国务院和各部委、各地方政府和有关部门门户网站，以及"北大法宝"法律法规数据库。此外，本书采用的文献资料还包括"十三五"时期，中央财政支持开展的居家和社区养老服务改革试点地区的试点工作经验总结、典型案例等材料，以及全国老龄办、民政部、卫健委、国家统计局有关老年人的统计和调查数据分析资料。其次，本书回顾和梳理了养老服务和居家养老服务研究文献。文献包括纸质书籍和电子期刊文献，其中期刊文献主要来自中国人民大学图书馆电子资源平台的数据库，包括中国知网期刊全文数据库、万方数据资源系统、JSTOR 电子期刊等。

　　政策文本分析。本书将政策文本关键词分析、内容分析和量化统计分析方法相结合。首先，通过政策文本计量与词频分析的方法，使用 ROST 软件，对居家养老政策文本进行数量、关键词频等多角度分析，探析居家养老政策制定逻辑的演变。其次，以政策工具理论为基础，按照需求型、环境型和供给型的分类，整理国家层面居家养老政策文本内容分析单元，并进行逐一编码和归类，通过统计三种类型政策工具的数量和比例，分析结构均衡程度，以及政策工具组合对政策实施产生的影响。最后，本书选取部分省市发展居家养老的政策文件进行案例分析，对同类支持政策的制定背景、内容、实施和效果进行比较研究。

1.4.2　理论基础

1.4.2.1　积极老龄观

　　积极老龄观并不是一个理论，而是指导老龄化政策制定和实施的理念与原则。之所以将积极老龄观作为本书的基础理论支撑，是由于"理念优于制度，制度优于技术"，只有树立先进的理念，才可能设计出合理的制度安排，进而全面发挥优良技术方案的正功能（郑功成，2015）。养老服务的制度安排和政策方案设计亦需理念先行，以明确不同的政策倡导和支持方向。

1991 年，联合国大会第 46/91 号决议①提出"独立、参与、照顾、自我充实、尊严"五项原则。"独立"体现在老年人通过自助和家庭、社会支持，实现基本生活保障、拥有工作的机会和退出工作的自由、生活在安全且适合个人选择的环境，以及尽可能长时间住在家里；"参与"体现在融入社会并具有为社会服务的机会；"照顾"则强调老年人享有家庭和社区照顾，他们对正式照顾和非正式照顾的选择权应受到尊重；"自我充实"原则鼓励老年人发挥潜能服务社会；"尊严"则是对以上所有原则的总结，强调老年人生活的尊严，不应受歧视和剥削虐待（联合国，1991）。

2002 年，世界卫生组织在联合国第二届世界老龄大会提交《积极老龄化政策框架》报告，提出"积极老龄化"理念和政策计划以来，积极老龄化受到各国政府关注。积极老龄化的"三支柱"组成部分为"健康""参与""保障"（世界卫生组织，2003），与联合国确定的老年人五项原则一脉相承。其中，"健康"既包括身体健康，还包括精神健康、心理健康及具有适应和融入社会的能力。"参与"既包括生产性活动，又包括志愿性服务，是对老年人参与经济、政治、文化社会生活活动的总称。"保障"则包含了从安全保护、社会救助，到经济保障、长期照护、医疗保障、养老服务供给，以及保障参与和发展的全面保障。

常用来与积极老龄化作比较的是健康老龄化（healthy aging）。健康老龄化强调从整体上促进老年人健康，包括体力、精神、脑力、心理等方面均衡发展，是为了维护老年健康生活所需的功能，并使其充分发挥作用的过程（世界卫生组织，2016）。它的目标是整体提高老年群体的生命长度和生活质量（邬沧萍，1993、2007），强调从生命历程的角度，改善老年人健康状况，延长健康寿命，充分发挥老年人的内在能力，通过公共卫生服务政策的支持与长期照护体系的保障，使老年人保持基本生活的能力，学习、活动的能力，以及作贡献的能力，从而促进老年人功能的发挥。积极老龄化的概念外延比健康老龄化丰富，健康老龄化是基于老年人群的身心需求提出的理论，反映在积极老龄化的个体层面。而积极老龄化是以老

① 指 1991 年联合国大会通过的《联合国老年人原则》。

28

年人群的社会权利为基础提出的理论（宋全成 等，2013；张耀华，2018），且以联合国关于"独立、参与、照顾、自我充实、尊严"的原则为基础，认识到除健康照料以外的因素对老年人的影响（世界卫生组织，2003），具有更为深刻的政策启示。

与积极老龄化相近的老龄化理念还有成功老龄化（successful aging）及生产性老龄化（productive aging）。四个老龄化理念的界定存在一定交叉，但所倡导的政策发展导向和关注点仍然有较大的差异（林卡 等，2016）。健康老龄化强调的是个体的健康以及通过公共政策促进老年人的健康维持，政策倡导突出医疗服务和生活保障。成功老龄化与健康老龄化的界定存在一定交叉，但前者更加强调老年人的社会功能和幸福感，在政策倡导上强调文化养老、老有所学。生产性老龄化在鼓励老年人积极参与经济生活方面与积极老龄化理念是一致的，但是其更强调老年群体的"资源性"和"生产性"，显而易见地区别于积极老龄化。

本书以积极老龄化作为理论基础和指导理念，强调以下认识：一是改变对老年人和老龄化的认识：老年人既是当前经济社会发展成果的享受者，也是贡献者。其贡献不仅体现在生产性活动，更体现在越来越多的老年人以有报酬或无偿的方式参与社会、文化、经济和政治方面的活动，对家庭和社区生活发挥作用。二是基于积极老龄化理念的养老服务供给的出发点是老年人的需求，目标是满足有需要者的实际需求。所有老年人都将有养老服务的需要，但是并非所有老年人都有现实需求。所以满足有需要者的需求，既强调了通过服务的提供为其赋能，保障健康和参与，又对瞄准目标群体提出了要求。三是积极老龄化强调多方主体的共识和行动合作，政府及其各部门的积极作为，社会、市场的积极参与，以及家庭和老年人个体的积极行动，都是这一理念的应有之义。积极应对人口老龄化国家战略的提出，是应对数量型人口红利减弱，充分开发我国低龄老年人口资源，把握宝贵的人口红利期的现实需要，也是促进"老有所为"，践行积极老龄化理念的具体体现。所以本书将积极老龄观作为理念指导，明确各方主体在居家养老服务发展中的不同职责作用，为如何更好满足老年人居家养老需求提供思路。

1.4.2.2　老年生态理论

老年生态理论（ecological theory of aging）是由 Lawton 和 Simon（1968）提出的，着眼于生态学视角来解释老年人与其所处环境之间的相互作用。Lawton 提出，随着年龄的增长，人们将越来越依恋他们所居住的地方，同时对社会和物理环境会变得更加敏感和脆弱。Lawton 同时提出的还有环境顺应假说（environmental docility hypothesis）。这两个理论的核心观点都认为，环境的影响随着老年人机体功能的下降而增加。进而，Lawton 和 Nahemow（1973）提出胜任力－环境压力模型（competence－environmental press model），认为个人能力与社会和物理环境条件之间的相互作用决定了一个人能够适应在地养老的程度。根据这个模型，个人能力和环境压力之间需要适当匹配，进而才能产生积极的结果；二者的不匹配则会导致适应能力差（LAWTON，1989）。事实上，老年人的适应反映了个人特征和环境特征之间的相互作用，为了实施就地养老，必须使当前和附近的环境中没有阻碍独立功能的障碍。

然而，Lawton 的理论模型因其局限性而受到批评。第一，它没有提供一个精确的理论策略来衡量人与环境的联系。第二，该模型声称环境控制个人的行为，它与个人属性无关，如个性、个人和社会资源；但是它没有注意到，一方面，老年人如何操纵环境以减少其需求，另一方面，人们如何利用环境作为一种资源来满足他们的需求，以及家庭环境如何促进或阻碍家庭生活质量（GITLIN，2003；GOLANT，2003）。第三，该模型是一个相当静态的模型，没有给老年人居住和老化的社区发生的变化适当的关注。

与 Lawton 的理论相似，环境老年学（environmental gerontology）也是以生态学视角来解释养老地点选择和影响因素的理论。在西方社会生态与老年学的交叉学科研究中，环境老年学的观点较为流行，尤其是用来解释"就地养老"的兴起与发展。Rowles（1978，1983）提出了一种内在性理论（a theory of insideness），将人们对地方的依恋概念化，这与三个维度有关：一是物理内在性，这意味着在某个地方生活很长一段时间，通过创造一种特殊的节奏和常规来形成一种对环境的控制感；二是社会内在性，即一个人与他人发展的社会关系，既认识和了解他人，也被他人了解认识；三是自传内在感，也与老年人对地方的依恋有关，因为他们的记忆塑造了自我认同。因此，与居住地有强烈联系的老年人会有更强的掌控感、更安全的感觉，也有更积极的自我意识。

Burns 等人（2012）发现，在发生剧烈变化的社区中，即使老年居民仍在社区中，但他们中的一些人也会经历疏离感、不安全感和社会排斥感，而另一些人则会对社区产生强烈的社会内在感。这表明，不同群体的老年人对环境变化的反应可能不同，从而影响他们的就地养老选择。一篇综述文章（WAHL et al.，2009）通过指出家庭环境特征、周围环境和个人功能结果之间的联系，为生态模型提供了经验证据。然而，要使就地养老得以实现，必须做出消除环境障碍的行动。这些行动包括通过室内物理改造和住宿以提高家庭环境的可达性和可用性，提高安全性，减少活动表现的困难（PETERSSON et al.，2008），以及提供正式和非正式的社会支持与护理服务，以提高老年人的独立性（JOHANSSON et al.，2009）。其策略是进行物理环境改造，例如，在楼梯上安装坡道，在浴室里安装安全栏，并使房屋和设施更容易接近和使用。然而，如果不能适应变化的情况，可能会导致养老地点转移到长期护理机构中。

环境老年学的理论框架从人与环境关系的角度，一方面，解释了老年人为何偏好于居家养老。居住在家中既是满足情感需要的感性选择，也是缓解老年人离开工作岗位后由于物理场所变化带来的不适应感的理性选择，有助于老年人适应社会角色的变化，维持原有社会关系的同时重新扩展社会融入，以及保持安全感、自主性和归属感。熟悉环境包括老年人自己的家庭环境，以及延伸出去一定距离的生活社区环境。另一方面，环境老年学理论为如何通过政策支持老年人居家养老提供了理论支撑和框架，明确了支持老年人和服务供给者"人"的维度，以及支持设施建设、规范监管、老年友好社会建设等"环境"维度。

1.4.2.3　政策工具理论

政策工具是为了解决社会问题或达成一定的政策目标而采用的政策手段和方式。政策工具的选择与政府能力有一定的适配关系，通过分析政策文本中使用政策工具情况，可以看出政策制定者所依赖和偏废的工具类型，并可用以分析政策内在短板（曲纵翔 等，2021）。在政策工具研究内容方面，有学者从政府的干预程度和政策的强制力水平、政策目标与政策选择之间的关系等角度对政策工具作了分类。其中，Rothwell 和 Zegveld 根据政策作用特点，将政策工具分为供给型政策工具、环境型政策工具和需求型政策工具。本书之所以采用此政策工具分类方法进行阐述和分析，是因为该分类注重政策对供给和需求双方的影响作用，与本书的分析角度较为契合。此外，该分类可以根据分析对象的特点，调整确定具体政策工具，相对比较灵活，避免了只重政策内容与强制性而轻政策功能的缺陷，有利于探索政策的结构，并且在医养结合、儿童福利、安宁疗护等领域的文本分析中，该分类运用得相对较为成熟。

本书在部分章节应用政策工具理论，并在政策工具维度划分方面采用了 Rothwell 和 Zegveld 的分类方式，通过将居家养老政策文本进行编码和归类，呈现政策工具分布情况，以此判断政策制定者对政策工具使用的偏好，为分析政策理念和评估政策效果提供一个工具视角。具体来说，居家养老需求型政策工具是政府通过给予补贴、购买服务等方式，降低居家养老服务对象的负担，对老年人选择居家养老、购买适当服务起到一定的"拉力"作用。环境型政策工具是政府通过制定目标规划、提供规制和标准等政策为居家养老服务提供发展环境，来间接推进居家养老服务的发展。供给型政策工具是政府通过各类保障和支持措施，培育供给主体、塑造市场、改善服务供需对接，对居家养老服务市场发展起到一定的"推力"作用。

1.5 研究思路和章节框架

1.5.1 研究思路

本书整体研究思路是：居家养老是最符合老年人人性需求的养老方式，但在现代社会面临现实困境，并从个体问题上升为社会层面的问题，急需政策支持予以解决。政策支持的核心是满足老年人的需求，为此需研究两个问题：一是明确老年人居家养老需求，二是分析居家养老政策对需求满足的情况。图 1-7 为本书的研究思路图，具体解释如下：

第一，积极老龄观是本书的基础理念，积极老龄化着眼于老年人的需要和权利，强调国家对老年人需求的回应，当老年人有需要时能够及时提供保障，突出满足有需要者的实际需求。国家、社会和家庭等多元主体协同共治，支持老年人以积极的状态延长健康预期寿命、参与社会，并保持生活尊严和生命质量。环境老年学理论提供了政策支持部分具体分析框架，对每一类政策支持对象的支持内容都将从支持人与支持融入环境两个维度进行分析。

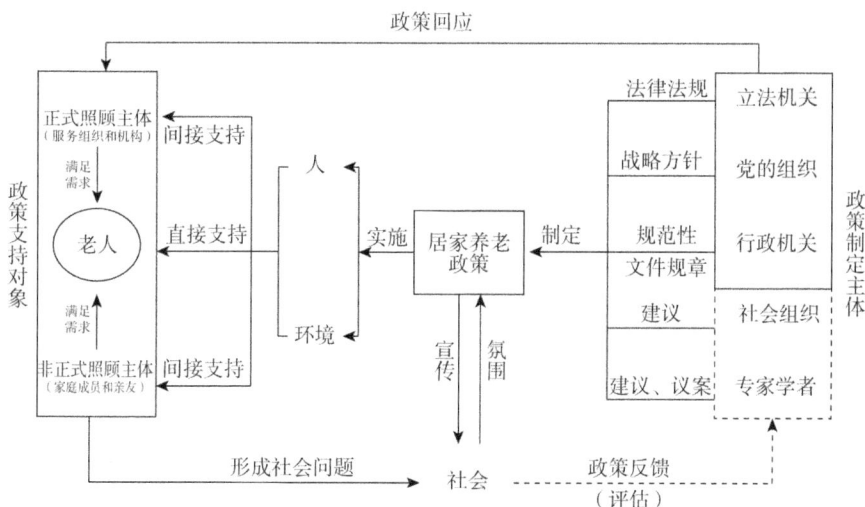

图 1-7　居家养老政策支持研究思路图

第二，本书逻辑起点是老年人的需求。不同老年人由于身体状况、经济水平、家庭照护资源的不同而有差异化的养老需求。满足老年人需求的资源供给主体有老年人、家庭成员及亲友、服务组织和机构。在一定的需求和资源供给条件下，老年人呈现出不同的居家养老状态，对居家老年人进行分层分类，以筛选和瞄准真正需要政策支持的目标群体，提高政策的精准性。居家养老政策除直接支持老年人并以刚需群体为重点外，还应通过支持供给端鼓励发展多层次、多样化的专业服务，以满足不同层次老年群体的需求。

第三，本书对居家养老政策的考察分为发展历程和政策内容体系两部分。从居家养老政策萌芽、出现、初步形成和发展的历程，分析政策背景、制定主体、理念变化；对政策内容体系的考察采用政策文本分析法，描述政策主题词的变化趋势，并分析政策工具使用的均衡性。

第四，本书的逻辑终点为检验居家养老支持政策的效果，提出政策支持体系的完善建议。政策的生命在于实施，通过对地方层面政策实践的梳理和典型案例的分析，剖析影响政策落地实施的因素，进而评估现有政策是否及时、积极保障了老年人居家养老需求，为家庭照护者赋能和减负，并有效扶持和引导社会主体可持续性地、高质量地提供居家养老服务。

综上所述，在积极老龄观理念的统领和环境老年学理论的支撑下，本书基于需求，首先，提出了政策支持的对象是老年人、非正式照顾主体（家庭成员及亲友）和正式照顾主体（服务组织和机构）。其次，从居家养老政策发展历程，以及文本内容等方面分析政策历史和现状。再次，从地方实施居家养老政策的实践层面，梳理经验做法，分析典型案例，评估居家养老政策支持的效果。最后，提出完善我国居家养老政策支持体系的建议。

1.5.2　章节安排

本书分为 8 个部分，主要章节的逻辑框架见图 1-8。

第 1 章导论介绍了研究的背景和意义、关键概念界定和已有文献综述，阐述本书的研究方法和理论基础、研究思路和章节安排。

第 2 章分析居家养老的供需和现状。以调查数据为基础分析老年人对居家养老服务的需求；从理论层面上探讨服务资源供给和居家养老的分层分类，基于照护依赖程度和照护资源供给双重维度构建居家养老类型，并建立回归模型，验证和分析影响分层分类的主要因素；最后，结合人与环境的维度，从老年人、家庭、社会服务供给主体三方面阐述居家养老政策需求。

第 3 章分析居家养老政策的发展历程。运用文献分析法，着眼于 1982

研究背景	中度人口老龄化+普遍的居家养老	第1章
研究问题	如何通过政策支持满足老年人居家养老需求	
需求分析	老年人居家养老的供需和现状	第2章
政策制定历程	居家养老政策的发展历程	第3章
政策内容变迁	居家养老政策的内容体系	第4章
政策实施	居家养老政策的实践和案例	第5章
政策评估	居家养老政策的效果评估	第6章
重构建议	居家养老政策体系重构	第7章
总结	结论与不足	第8章

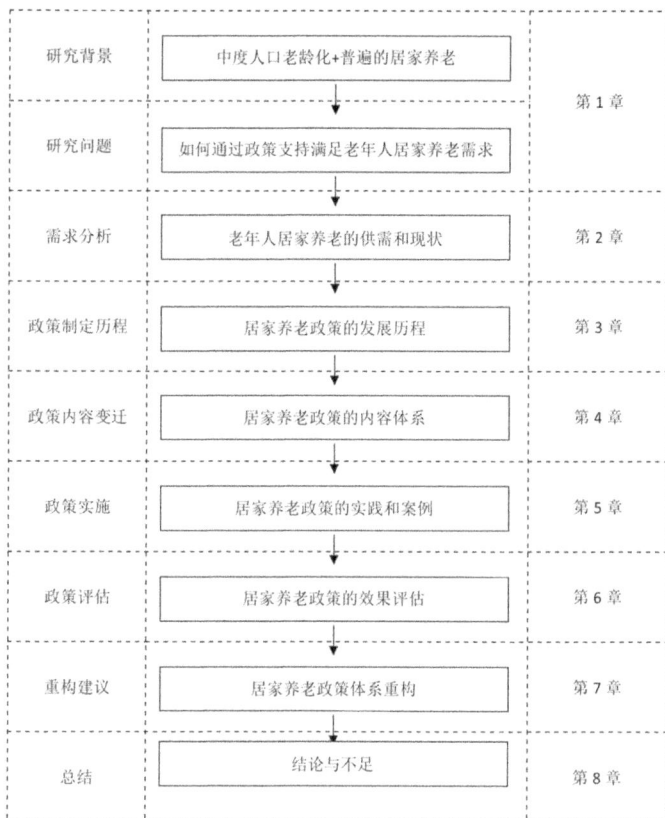

图 1-8　本书主要章节安排图示

年至 2021 年国家层面居家养老政策，以居家养老概念的提出、政策支持内容的出现等具有重要意义的关键政策出台为时间节点，将政策发展划分为不同阶段，分析每个阶段的经济社会背景、政策议题和制定主体，总结我国居家养老政策发展的进程与特点。

第 4 章解构居家养老政策的内容体系。运用政策文本分析法，分析居家养老政策主题词的变化趋势；描述政策的五层体系结构和六条内容主线，分析居家养老政策工具使用情况。

第 5 章考察居家养老政策的实施。以"十三五"时期地方层面开展的居家养老服务实践做法为基础，围绕老年人核心需求，梳理政策支持的措施；选取具有代表性的广州市老年助餐政策进行典型案例分析，通过"解剖麻雀"的方式分析居家养老政策落实的障碍和解决之策。

第 6 章进行居家养老政策的效果评估。设立指标对居家养老政策支持效果进行客观评估，总结居家养老政策支持的成效，分析政策支持的不足以及由此导致的居家养老发展面临的困境。

第 7 章为完善我国居家养老政策支持体系的建议。居家养老政策支持体系的建构应建立"重视家庭、需求导向、法治引领"的原则，参考借鉴国外经验，提出构建系统协同的居家养老政策支持体系的框架建议，围绕政策支持的五个方面提出具体建议，强调综合使用政策支持手段，建立政策运行良性机制。

第 8 章为结论与不足，阐述本书的主要研究内容和核心观点，并总结本书存在的不足和下一步的研究方向。

1.6 研究贡献

本书的贡献主要体现在以下三方面：

第一，首次对我国居家养老政策制定和发展进程进行过程考察，弥补了既有研究的不足。通过对已有研究进行梳理发现，学界对居家养老的研究理论探讨多，政策分析少；影响因素研究多，效果评估探讨少；阶段化、分散研究某一环节的多，系统化研究全过程的少。总体上，缺少从全过程的视角全面考察居家养老政策发展进程的研究。本书对居家养老政策兴起和发展的过程、政策内容的变迁、政策实施以及效果评估的全过程进行全面考察，在居家养老研究领域属于首例，弥补了研究视角和内容的空白。需要说明的是，由于目前我国国家层面对居家养老还没有统一的制度安排和政策规划，所以本书不是选取某一特定政策作微观的过程分析，而是将国家层面涉及居家养老的关键政策作为一个整体，考察其制定和发展阶段的特征，包括议题、理念、制定主体的变化和内容主题的变迁，审视政策落实，评估政策效果，进而提出政策体系重构建议。

第二，通过对居家养老政策发展及其实施的客观评估，获得了一些新的结论。如通过政策落实阶段的案例分析得出：部门分割和资源整合不到位将导致政策落实"最后一公里"问题；法制缺失、政策性文件主导，行政部门发挥主要作用，则是导致这一问题的根本原因；针对老年人需求得不到满足，但大量居家养老机构和组织运营难以为继这一矛盾现象，提出居家养老政策引导不清晰以至于供给结构失衡而非总量过剩，是导致供需错位、老年人需求不能有效满足的原因。这些结论对于我们全面认识我国居家养老服务政策的现状及问题具有很强的针对性，它也为居家养老服务政策走向完善提供了基本依据。

第三，对居家养老服务发展提出了有价值的建议。包括：提出政策制定的出发点不是改造老年人的既有观念，而应尽可能顺应并根据老年人的意愿满足其个性化需求；针对居家养老政策存在的落实难题，提出加强法治、强化协同共治和资源整合以提高政策实效的建议；针对当前政策支持中家庭视角的缺失和对家庭非正式照护价值的忽视，提出居家养老政策支持的对象不仅是老年人，还应包括家庭和家庭成员，建议将"家庭友好"作为居家养老政策支持体系构建的原则之一，通过政策支持为家庭赋能的同时，实现家庭成员照护压力的减负，提高老年人及其家庭整体生活质量。

—第 2 章—
居家养老的供需和现状

如前所述，我国人口快速老龄化，在造成人口结构变化的同时，也会带来消费结构、就业结构、产业结构的变化，乃至会影响整体社会生态。解决养老问题，不仅仅是老年人和家庭个体层面的需要，还是社会层面的迫切需要，应及时、有效、综合应对。在我国，解决老年人养老的问题，核心是解决占老年人绝大多数的居家老年人的养老问题。然而，即使同为居家养老，年龄、健康水平、家庭结构、居住状况不同的老年人的需求亦有明显差异。

精准满足真正有需要老年人的实际需求，是养老服务发展的政策取向，而满足需求的前提是识别需求。本章从需求分析入手，利用已有调查数据进行量化分析，对不同层次、不同类别老年人的差异化需求和养老现状进行分析，建立分体系、分类支持策略，为满足老年人差异化需求，提高公共资源配置的效率，提升政策支持的精准度提供支撑。本章具体探讨以下几个问题：第一，不同人口和社会特征的老年人养老需求的差异；第二，探讨满足老年人需求的供给资源及优先顺序；第三，基于居家老年人需求和供给资源的不同，提出居家养老分层分类模型，并分析养老现状和影响因素；第四，提出建立老年人居家养老的政策支持体系的三个维度。

▶ 2.1 老年人居家养老需求

2.1.1 受访老年人的社会统计特征

本节对 2019 年中国城乡老年人生活状况监测调查数据进行量化分析，同时结合其他已有调查数据和研究成果，探讨老年人的居家养老服务需求。2019 年 "中国城乡老年人生活状况抽样调查" 的调查对象为 60 周岁及以上的中国城乡老年人，调查范围为 31 个省（区、市）和新疆生产建设兵团，内容涵盖老年人的经济水平、健康程度、照护服务、精神文化、宜居环境等诸多方面，总样本量为 18094。受访老年人的基本社会统计特征如表 2-6 所示，男性占比 50.8%，女性占比 49.2%。年龄在 60~64 岁的占比 4.1%，65~69 岁的占比 33.8%，70~74 岁的占比 25.6%，75~79 岁的占比 16.5%，80 岁及以上的占比 20%。配偶健在的老年人占比 70%，丧偶老年人占比 27.8%，离婚和从未结婚的老年人分别为 0.8% 和 1.4%。

2.1.2 老年人居家养老需求调查统计结果

根据乔纳森·布拉德肖（Jonathan Bradshaw）提出的社会需要（Social Need）理论，社会服务中最重要的问题是如何界定社会需要，并且社会服务与社会需要有天然内在的联系（BRADSHAW，1972）。参考布拉德肖对社会需要的分类，本书将调查中受访老年人的需求界定为感觉性需要（Felt Need）和表达性需要（Expressed Need），包括老年人表达出或期望的具体需要，以及调查结果反映出的生活困难和未被满足的需要。此外，调查设置了老年人是否接受某项支持或帮助的问题，如果老年人表示接受某项支持或帮助，本书也认为老年人在此方面具有需求。

2.1.2.1 经济保障需求

老年人的可支配收入水平，决定其购买能力和消费水平，进而影响其可享受到的服务数量甚至质量，所以为居家的老年人提供制度普惠但水平有差异的经济支持，是保障老年人居家颐养天年的关键（任娜，2015）。根据受访老年人自评经济状况，有一半以上（63.0%）的老年人表示基本够用，非常宽裕的老年人占比最少，仅为2%，比较宽裕的占比14.2%，比较困难和非常困难的分别为17.1%和3.7%。但对"您和老伴有没有存一笔养老钱"的回答，有接近七成（69.7%）的老年人表示没有此项存款，其余表示有此存款的老年人的养老存款均额为7万~8万元。

关于"若入住养老机构，您（和家人）每月最多能承担的费用"这一问题，有超过一半（54.3%）的老年人表示仅能承担1000元以下的费用；可以负担2000元以下的占78.8%，也就是说，仅有两成多（21.2%）的老年人表示可以承担2000元及以上的机构养老费用。可以从侧面反映出老年人的经济状况和可支配收入状况，购买养老服务还存在一定经济压力。

2.1.2.2 照护服务需求

随着老年人生理机能的衰退，自我照料能力下降而产生的生活照护需求涉及吃、穿、住、用、行等方面。生活照护服务不同于医疗服务，是为维持和提高老年人日常生活自理能力而提供的照料护理服务（任娜，2015）。老年人对生活照护服务的需要涉及两个方面：一方面为养老地点的选择，另一方面为具体的服务内容需求。数据统计结果显示（见表2-1），对于养老地点①，绝大多数（82.4%）老年人选择居家养老，包括"在家里"（79.8%）和"白天在社区晚上回家"（2.6%）两种方式。对居家养老服务需求方面②（见表2-2），有效回答此问题的老年人有13019人，其中需求比例最高的服务项目为上门看病（32.1%），排前五名的需求还包括上门做家务（13.9%）、助餐服务（10.5%）、健康教育服务（9.4%）、日间照料（9.2%），分别反映出老年人对健康医疗、生活照料、社区服务，以及精神关爱方面的需求。

---

① 养老地点由调查问卷中"D6 如果需要，您最愿意在哪里接受照料护理服务"的回答情况来反映。

② 老年人对服务项目的需求由问卷中"D7 您对以下社区老龄服务项目的需要情况"的回答情况来反映。

表 2-1　被访老年人对养老地点的意愿

	女性		男性		合计	
	人数	占比（%）	人数	占比（%）	人数	占比（%）
	（N＝18094）					
在家里	7158	39.6	7283	40.3	14441	79.8
白天在社区晚上回家	233	1.3	245	1.4	478	2.6
在养老机构	362	2.0	385	2.1	747	4.1
视情况而定	1156	6.4	1272	7.0	2428	13.4
合计	8909	49.2	9185	50.8	18094	100.0

注：因四舍五入，统计数据存在轻微的偏差，下同。

表 2-2　被访老年人对居家养老服务的需求

	计数	百分比（%）
	（N＝13019）	
上门看病	4173	32.1
上门做家务	1806	13.9
助餐服务	1369	10.5
健康教育服务	1222	9.4
日间照料	1196	9.2
心理咨询／聊天解闷	1178	9.0
康复护理	980	7.5
助浴服务	654	5.0
老年辅具用品租赁	348	2.7
其他	93	0.7
合计	13019	100

2.1.2.3 健康医疗需求

随着老年人身体机能的衰退，患病概率上升，其对健康医疗的需求将增加。调查显示，接近七成（69.7%）的老年人在前一年住过院；86%的老年人患有至少一种慢性病；只有7.7%的老年人认为自己的健康状况非常好，24.3%的老年人认为比较好，接近七成（68%）的老年人健康自评一般或较差。

老年人最常去的养老机构的距离可以反映出医疗服务的便捷性，我们将1千米以内可达的定义为"很便捷"，距离1~3千米的为"较便捷"，3~5千米的为"不太便捷"，超过5千米的为"很不方便"。统计显示，分别有37.9%和32.6%的老年人前往的医疗机构便捷，很不方便的占20%。受访老年人就医过程中遇到的问题排名前三的分别为排队时间太长（17.9%）、收费太高（13.25%），以及手续烦琐（10.2%），侧面反映出老年人对医疗机构提升服务和降低价格的需求。

受访老年人有超过七成（74.8%）在使用至少一项老年辅助用品，排名靠前的为老花镜（47.9%）、假牙（35.8%）、血压计（25.1%）、拐杖（13.1%）和按摩器具（6.34%），反映出老年人在通过辅助器具保持健康生活方面的需求。

2.1.2.4 精神文化需求

老年人对情感的满足、尊重的需要、对精神文化的追求，以及对自我实现的需要，是属于较高层次的需求（任娜，2015）。从生态老年学的角度来看，老年人退休后，生活节奏和社会活动环境的变化，让老年人失去对环境的掌控感，进而会产生紧张情绪、孤独感，甚至降低自我认同，需要家庭和社会的关注。受访老年人有接近三成（27.4%）感到孤独（见表2-3），其中女性孤独感（31.7%）高于男性（23.1%），并且呈现出明显随年龄递增孤独感增强的特点。而对生活幸福感的评价方面，73.5%的老年人感到生活幸福，不同性别、年龄段和城乡的老年人差异不大。

表 2-3 被访老年人的孤独感

		经常		有时		从不	
		计数	占比（%）	计数	占比（%）	计数	占比（%）
		（N=18094）					
性别	女	542	6.10	2284	25.60	6083	68.30
	男	388	4.20	1738	18.90	7059	76.90
年龄	60~64 岁	26	3.50	139	18.80	576	77.70
	65~69 岁	221	3.60	1067	17.50	4821	78.90
	70~74 岁	233	5.00	955	20.60	3440	74.30
	75~79 岁	174	5.80	721	24.10	2095	70.10
	80 岁及以上	276	7.60	1140	31.40	2210	60.90
城乡	城市	411	4.50	1777	19.30	7034	76.30
	农村	519	5.90	2245	25.30	6106	68.80
总计		930	5.14	4022	22.23	13140	72.63

注：因部分题目答案存在缺失，题目行（列）计数总和不等于总样本量（N=18094）。行（列）占比基于实际有效答案总数计算。

调查设置了是否经常上网、参加公益活动、参加老年协会、向社区提出过建议等问题，来了解老年人的社会参与程度。从活动参与、组织参与和政治参与三方面综合看老年人的社会参与程度，数据显示，绝大多数（97.4%）老年人社会参与度不高，很少一部分老年人能够充分参与社会。

2.1.2.5 设施和环境适老化需求

衰老过程伴随着身体机能和认知机能退化，同时老年慢性疾病的发生，给老年人日常生活带来困难。《联合国老年人原则》提出的独立原则除经济支持和参与工作外，很重要的内容是保障老年人生活在安全且适合个人能力变化的环境，以便于老年人尽可能长期地、有尊严地居住在家中，也为照顾服务提供便利，所以老年生活的尊严和独立需要生活环境的支持，对环境和设施的安全性、功能性和舒适度等有较高要求。

调查结果显示，调查当年曾经发生过跌倒的老年人高达 24.34%，且整体上呈现出随着年龄增长，跌倒风险明显增大的特点，农村老年人跌倒的比例略高于城镇，女性发生过跌倒的比例（29.7%）明显高于男性，反映出老年人生活环境防跌倒功能的不足。老年人跌倒是导致骨折等直接伤害及并发症，进而带来活动受限、心理恐惧等系列问题的最大风险。老年人居住的环境存在安全风险隐患和活动障碍因素，虽然接近七成（68.69%）的被访老年人对现有住房条件表示满意，但是如表2-4所示，缺少呼叫装置、地面障碍、没有扶手、浴室不适老化等问题仍比较突出。

表2-4 被访老年人居住环境存在的问题

		计数	占比（%）
		（N=18094）	
没有呼叫/报警装置		4084	22.57
门槛绊脚或高低不平		1443	16.07
没有扶手		2638	14.58
厕所浴室不好用		1650	9.12
地面太滑		677	3.74
对现在住房条件是否满意	满意	12427	68.69
	一般	4406	24.35
	不满意	1259	6.96

注：因部分题目答案存在缺失，题目行（列）计数总和不等于总样本量（N=18094）。行（列）占比基于实际有效答案总数计算。

2.2 居家养老资源供给

《建立老年人长期照顾政策的国际共识》指出，一个提供持续和全面服务的长期照顾系统必须包括正式提供照顾者和非正式提供照顾者，且有必要确定二者的作用、责任和权利。因为无论在哪个国家，家庭成员仍是最主要的照顾者，长期照顾系统应该支持而不是取代非正式照顾者，包括给予培训、补偿服务。非正式照顾以家庭成员和亲友近邻为供给主体（世界卫生组织，2001）。正式照顾是由养老服务组织和机构提供的专业照顾，供给主体包括各级政府和有关部门，由政府、社会或市场主体兴办的专业养老服务机构和组织。

2.2.1 自我照顾主体：老年人

具有自理能力的老年人是满足自身养老需求的第一主体。将老年人作为福利供给第一主体，并非出于对福利的狭义理解或剩余主义福利制度的视角，而是从积极老龄观出发，"健康"和"参与"两支柱内含着老年人自身保持健康生活方式，积极参与社会活动的个体自主性服务供给。一方面，承担适度的体力活动可以预防机体功能下降，且现实中的大部分低龄和健康老年人仍力所能及地参与社会劳动，或在家庭中承担自我照护，甚至承担照顾子女和孙辈的职责，是重要的人力资源。这既是生活习惯的维持，也是满足自我需求的生存状态，对于充分发挥老年人价值和能动性具有积极意义。另一方面，个人行为决定健康状况，具有自理能力的老年人首先应从自身角度建立自立和健康的生活理念，包括促进健康和预防疾病、健康饮食、坚持慢性病治疗等。《联合国老年人原则》的"独立"原则亦强调，老年人应通过自助和家庭、社会支持享有基本生活保障，将自助置于首要位置。

老年人的自我能力应以能力评估结果为依据判定。将自理老年人作为自我照顾第一主体对扭转政策思维具有重要意义。第一，破除老年人的"身份"标识，建立"能力"标准。长期以来，国家对农村五保老年人实行集体供养制，许多地方敬老院集中供养着相对年轻且具有自理能力的老年人，这与机构照护的原则是相悖的。机构照护资源应更多投向失能、高龄等确有照护需求的老年群体，而对于特困供养对象中的自理老年人宜以邻里照顾基础上的分散供养为主。第二，破除唯家计调查论，建立"照护需求"标准。将基本生活保障与照护需求保障分离开，即经济支持标准与服务保障标准应相对独立。因为对于低保家庭中的失智老年人和失智的大学教授，老年人对专业照护服务的需求和家庭面临的照护技术的难题，并无本质差别。其差别在于为照护服务支付的能力，而这是护理补贴或保险等支付保障制度应解决的问题。所以从不同的社会保障制度安排上讲，低保政策解决基本生活保障，养老服务政策解决有需求老年人的照护服务供给，护理补贴或保险体系则解决照护服务支付问题。从界定居家养老政策支持对象方面讲，核心标准是由自理能力决定的照护服务需求，在此基础上，对不同收入水平的老年人给予不同程度的经济支持，实现政策支持资源的精准配置。如此，不仅各项社会保障制度之间实现功能互补，符合养老服务分层分类满足老年人需求的原则，也是基本养老服务制度和基本养老服务清单构建的核心。

2.2.2 非正式照顾主体：家庭成员和亲友

当老年人自身丧失自我照护能力或经济保障能力时，基于血缘关系的家庭组织天然作为个体外部支持的首要来源，因此家庭成员和亲友作为非正式照顾主体是满足老年人居家养老需求的第二梯队。有实证研究证明，家庭成员和亲友的非正式支持对农村老年人致贫返贫具有显著抑制作用（胡洁怡 等，2016），可以增强老年人抗逆力（翟绍果 等，2020）。当老年人自身没有能力实现照护和经济保障，而家庭的照护和经济支持又短缺时，这部分老年群体就是养老服务公共政策最核心、最紧迫的关注对象。

将家庭作为非正式照顾主体纳入居家养老政策支持主要考虑3个原因：第一，养老责任从政府回归到家庭。家庭照护是实现老年人从机构养老回到居家养老的关键性保障，是政府寻求成本控制、降低财政支出的主要资源。从政府的角度看，家庭养老的直接经济成本要比社会化服务便宜得多，甚至大多数情况下是无偿的服务。第二，家庭照护不能也不可能完全被社会化服务替代。家庭照护被认为是私人领域独一无二的、基于亲情的选择，具有一定的不可替代性。第三，家庭照护服务能够丰富养老服务的供给，更全面地满足老年人需要。家庭作为最主要的"服务来源"之一被认为能够丰富服务供给的多样性。

2.2.3 正式照顾主体：专业服务组织、机构和政府

家庭之外的其他支持，即专业化照护服务组织和机构，以及政府整体

归类为正式照顾主体，是满足老年人居家养老需求的第三主体。政府既是服务提供者，又是规划、引导、规范和监管的主体。前者是指通过投资兴办福利机构收养兜底保障人群。随着公办养老机构改革，采取公办民营或公建民营方式交由社会力量运营，对兜底保障人群的服务保障通过购买服务实现。本书着重讨论政府作为后者的角色，即从政策支持角度，分析政府如何发挥投资、引导、规范监督养老服务发展的职责。专业服务组织和机构从组织性质上分为民办非企业单位、企业、事业单位 3 类，是居家养老服务的主要供给主体，社会力量运营的服务机构和组织也是政府积极培育和支持发展的对象。为表述方便，提供专业照顾服务的企业和非营利机构、组织在本书中统称为社会主体。

需要说明的有：一是社区虽然为居民自治组织，但我国各地社区承担了大量的街道下放的带有行政色彩的职责任务，是贯彻落实政府决策"最后一公里"的组织保障。本书将基于社区的服务设施和组织归为提供正式照顾的社会主体。二是志愿者提供的照护服务应归入正式照护，因为此处志愿者指的是具有资质且备案的社会组织派出的志愿服务人员，而非邻里亲友自发形成的志愿队伍，对其权利义务和责任的要求应等同于有偿的专业服务人员。

2.2.4 居家养老供给资源和形式匹配

从福利制度产生的历史来看，在正式的福利制度安排出现之前，老年人个体可依赖的外部力量主要来自家庭支持，即非正式照顾。在正式的福利制度产生后，个体在社会力量的支持下抵抗社会风险的能力增强，因此对于家庭的依赖，特别是经济的依赖明显减弱。随着现代化进程的加快和社会保障制度的不断完善，来自正式照顾主体的社会支持力度在增加。

从老年人的全生命周期的角度来看，其健康状态从低龄能够自理发展为高龄半自理或完全不能自理，其需求相应发生变化，可以满足需求的资源供给主体也从自身向家庭成员和亲友、专业组织和机构转移。根据积极老龄化的原则，在理想状态下，老年人进入不能自理（完全失能）前应根据其意愿尽可能长地居住在家中，通过上门服务或基于社区的短期托养服务获取相应的服务；进入完全失能状态后，则需要依赖正式照顾主体提供的专业照顾服务，且照顾地点向机构养老转变。如图 2-1 所示的是理论层面上的一种发展趋势，但不是现实意义上的一一对应。实际的老年人照顾需求与照顾服务供给资源的匹配情况，将在下节基于调查数据，建立假设和模型进行分析。

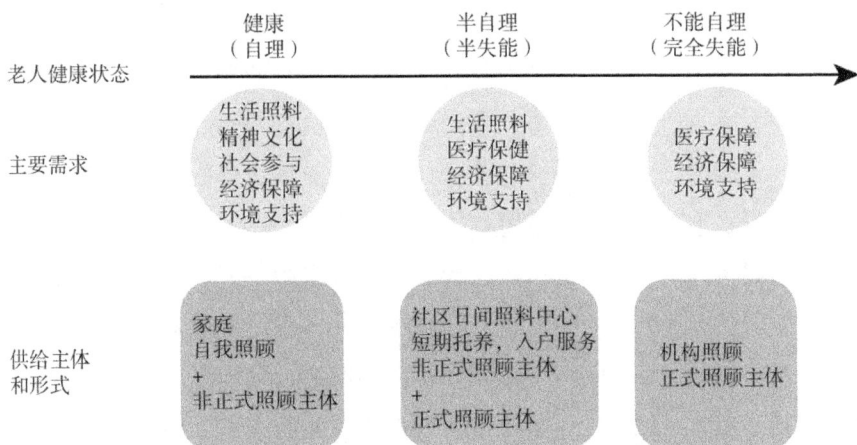

图 2-1　老年人健康状态与养老需求、供给主体和形式的匹配

2.3　老年人居家养老现状分类

本节围绕"供给-需求"，从居家养老服务供给主体与老年人对照护服务的需求依赖程度两个层面，通过建立 Logistic 回归模型，对居家养老状态进行类型划分，分析不同居家养老类型下老年人的特征和政策需求，为精准识别、分类保障居家养老支持对象，提升支持政策效能，提升居家养老老年人的获得感提供依据。

2.3.1　分类标准和模型

从服务提供的角度来看，根据供给主体的不同，居家养老可以分为家庭保障为主型与社会服务为主型。如上节阐述，服务提供主体既包括家庭成员或亲属等非正式照顾资源，还包括正式照顾资源。本书将非正式照顾为主的居家养老命名为家庭保障型（以下简称"家庭型"）居家养老，老人通过家庭成员、亲属、邻里等获得如生活照料、基本护理等养老支持服务；将以政府、社会团体或组织等正式照顾为主的居家养老命名为社会服务型（以下简称"社会型"）居家养老。

从服务需求的角度来看，根据老年人对服务的依赖程度，居家养老可以分为部分协助型与主要支撑型。服务依赖程度指的是老年人对于养老服务依赖的强度，用以衡量老年人需要介助或介护服务来弥补自身正常活动能力不足的程度。身体失能等级低的老年人的服务需求以基本生活照料、精神关爱和无障碍活动等为主，其日常生活活动对服务的依赖程度较低，本书将对服务低依赖性的居家养老界定为"部分协助型"（以下简称"协助型"）。随着老年人因高龄、疾病、伤残等原因，身体部分功能丧失或活动能力缺失严重，生活照护、医疗护理等服务将在弥补其能力缺失、维持其日常生活方面逐渐起到重要支撑作用，将这种较高程度依赖照护服务的居家养老界定为"主要支撑型"（以下简称"支撑型"）。以上服务供给主体与服务需求依赖程度两个维度交叉，构建得出居家养老 4 种类型："家庭协助型""家庭支撑型""社会协助型""社会支撑型"，如表 2-5 和图 2-2 所示。

表 2-5　居家养老类型的构建

提供主体	依赖程度	
	协助型	支撑型
家庭保障为主	家庭协助型	家庭支撑型
社会服务为主	社会协助型	社会支撑型

"家庭协助型"居家老年人自理能力较强，对日常照料服务依赖性较弱，且所需要的照料服务主要来自家庭成员等非正式照顾者。这种养老类型的老年人以与配偶、子女等照顾者共同生活的、身体较为健康的老年人为主。"家庭支撑型"则是半失能、失能老年人居家养老，照护服务深度

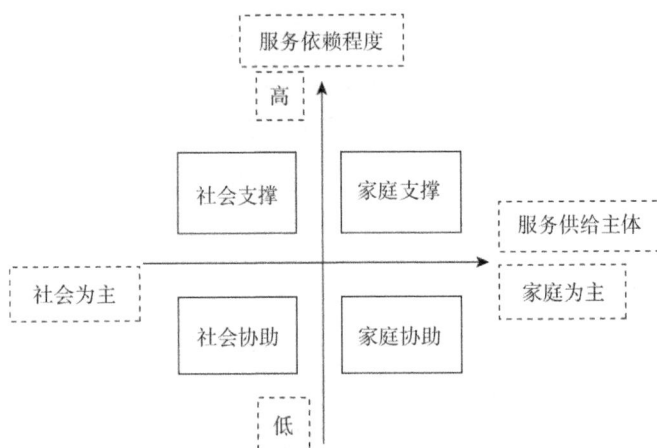

图 2-2　居家养老类型二维象限图

介入其日常生活，且服务主要由家庭成员提供。在这种类型的家庭中，家庭照护者常常不堪照料重负，甚至出现"一人失能，全家失衡"的局面。

"社会协助型"是相对健康的老年人居家养老，且所需要的服务以社会资源为主。这类老年人包括能自理的空巢、独居、丧偶老年人，他们通常是独自居住状态，根据需要接受来自社区的送餐服务、日间照料服务、健康管理等服务。"社会支撑型"则是需要社区、机构提供专业照护服务的半失能、失能老年人。目前多地试点开展的"家庭养老床位"等模式即是应对解决此类居家养老难题的尝试。

2.3.2　影响因素和假设

根据现有的研究，从人口学变量、经济水平与社会参与 3 个角度探究老年人居家养老类型的影响因素（如图 2-3 所示）。

（1）人口学变量。基于人口学特征与居家养老类型的关系，随着老年人年龄的增长，老年人的居家养老服务的需求增加，这使得居家养老服务的供给增加。独居老年人相对更需要社会的照护资源；而已婚并且配偶尚在的老人，可能更依赖于家庭自身的照护资源。因此，结合前述居家养老分类分层，本书提出如下假设——假设 1a：老年人的年龄与其居家养老方式相关。随着年龄的增长，老年人会更多选择"社会型"及"支撑型"的

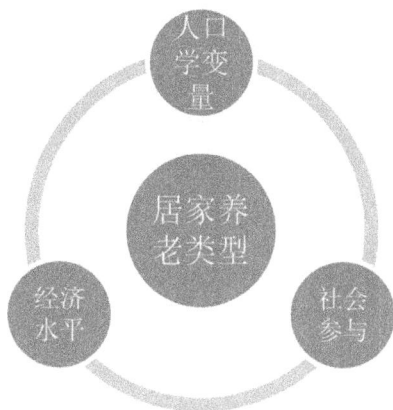

图 2-3　居家养老类型影响因素

居家养老方式。假设 1b：老年人的婚姻状况与其居家养老方式相关。有配偶的老年人会倾向"家庭型"及"协助型"的居家养老方式。

（2）经济水平。基于经济水平与居家养老类型的关系，老年人的经济水平会影响老年人的养老支付意愿，服务购买能力提高，将促进老年人更高程度接受来自社会提供的服务。由此，本书进一步提出假设 2：经济条件越好，老年人更多呈现出"社会型"的居家养老方式，在"协助型"和"支撑型"方面差异不大。

（3）社会参与。根据社会参与与居家养老方式的关系，老年人通过社区活动、社会组织及政治参与等方面参与社会生活，发挥自身价值、实现身份认同，满足其在家庭之外的养老需求。对此，本书提出假设 3：社会参与程度高的老年人，其居家养老方式以"社会型"和"协助型"为主。

2.3.3　数据分析和结果

（1）变量说明

因变量为老年人居家养老类型。根据前述的类型划分，受访者的服务依赖有"支撑型"和"协助型"两层；服务供给有"社会型"和"家庭型"两类。以上信息通过询问老年人的照料需求以及照料提供者的相关问题①获取。

自变量包括人口学自变量、经济水平自变量与社会参与自变量。人口学自变量包括年龄和婚姻状况。经济水平自变量根据受访者自评经济水平生成②：比较困难与非常困难设定为 1，非常宽裕、比较宽裕与基本够用设定为 0。社会参与自变量基于活动参与、组织参与和政治参与 3 个维度生成：同时参加过 3 个维度的活动，设定为 1，表示社会参与程度高；否则为 0，表示社会参与程度低。其中，活动参与维度根据是否上网（I2 您经常上网吗）、参与社区社会治安、社区卫生环境维护等公益活动情况（G1 您经常参加以下公益活动吗）生成：参与半数以上活动设定为 1，表示活动参与程度高；反之为 0，表示活动参与程度低。组织参与维度根据老年人参与老年协会情况生成：参与为 1，未参与为 0。政治参与维度根据参加社区选举及向社区建言献策情况生成：均未参加过为 0，参加过任意一项为 1。

性别、户籍、教育水平和健康状况作为控制变量。其中，教育水平根据文化程度折合成受教育年限③。健康状况基于受访者回答的生活能力量表（Activity of Daily Living Scale，ADL）相关问题④生成，量表满分为 100 分，分数越高，老年人的健康状况越好。

---

① 问卷中相应问题设计为"D4 您是否需要照料/您主要照料护理者是谁"，选项包括：志愿人员、家政服务人员、医疗护理机构人员、养老机构人员、社区工作人员等正式照护者，以及配偶、儿子、儿媳、女儿、孙子女等亲属，以及朋友、邻居等家庭外资源。

② 问卷中相应问题设计为"E18 您觉得自己的经济状况属于下列哪种情况"。

③ 为使得受教育程度归类更为简洁明了，本书将受教育年限进行简单对应，具体为：未上过学为 0 年，小学为 6 年，初中为 9 年，高中/中专/职高为 12 年，大学专科、本科及以上为 15 年。

④ 问卷设计此问题为"D1 您在进行下列日常活动中属于哪种情况"。

（2）变量分析及模型创建

表2-6　描述性统计分析

变量		内容	计数	占比（%）	总计
因变量	居家养老类型	家庭协助型	12372	80.60	15354
		社会协助型	75	0.50	
		家庭支撑型	2741	17.90	
		社会支撑型	166	1.10	
人口学自变量	年龄	60~64 岁	741	4.10	18094
		65~69 岁	6109	33.80	
		70~74 岁	4628	25.60	
		75~79 岁	2990	16.50	
		80 岁及以上	3626	20.00	
	婚姻状况	有配偶	12657	70.00	18094
		丧偶	5022	27.80	
		离婚	153	0.80	
		从未结婚	262	1.40	
经济水平自变量	经济情况	非常宽裕	366	2.00	18094
		比较宽裕	2569	14.20	
		基本够用	11398	63.00	
		比较困难	3087	17.10	
		非常困难	674	3.70	
社会参与自变量	社会参与	低	17629	97.43	18094
		高	465	2.57	

续表

变量		内容	计数	占比（%）	总计
控制变量	性别	女	8909	49.20	18094
		男	9185	50.80	
	户籍	农业	10547	58.30	18094
		非农业	3920	21.70	
		统一居民户口	3627	20.00	
	教育水平	未上过学	5109	28.20	18094
		小学	7735	42.70	
		初中	3394	18.80	
		高中/中专/职高	1312	7.30	
		大学专科	384	2.10	
		本科及以上	160	0.90	
	健康状况	非常好	1400	7.70	18094
		比较好	4391	24.30	
		一般	8346	46.10	
		比较差	3191	17.60	
		非常差	766	4.20	

根据因变量的特征，建立 Logistic 回归模型对自变量的系数进行估计，验证假设。服务提供主体角度的"社会型（设为1）"与"家庭型（设为0）"模型设定如下：

$$\ln\left[\frac{p\,(Society=1)}{1-p\,(Society=1)}\right] = \beta_0 + \beta_1 age + \beta_2 male + \beta_3 rural + \beta_4 minzu + \beta_5 edu +$$

$$\beta_6 marr + \beta_7 unhealth + \beta_8 ecodiff + \beta_9 cultact + \beta_{10} voluact + \varepsilon$$

服务介入程度角度的"支撑型（设为1）"与"协助型（设为0）"模型设定如下：

$$\ln\left[\frac{p\,(Support=1)}{1-p\,(Support=1)}\right] = \beta_0 + \beta_1 age + \beta_2 male + \beta_3 rural + \beta_4 minzu + \beta_5 edu +$$

$\beta_6 marr+\beta_7 unhealth+\beta_8 ecodiff+\beta_9 cultact+\beta_{10} voluact+\varepsilon$

（3）模型估计结果

模型检验结果（见表2-7）显示：老年人的家庭成员、亲属等非正式
照顾者仍然是居家养老服务的主要供给主体（"家庭型"98.5%），无论是
对于身体比较健康的老年人（"家庭协助型"80.6%），还是健康程度较差
的老年人（"家庭支撑型"17.9%），享受来自家庭以外社会主体供给的居
家养老服务（"社会型"1.5%）都较少，这一结论与国家统计数据推算的
老年人居家养老比例基本一致。具体的检验结果如下：

表2-7　居家养老分类影响因素模型预估结果

		Model（1）logit 回归	Model（2）logit 回归
因变量		社会型=1，家庭型=0	支撑型=1，协助型=0
自变量	（常量）	0.041***	130.966***
		(0.846)	(0.459)
	年龄	1.030***	1.080***
		(0.009)	(0.004)
	男性	0.996	0.920
		(0.152)	(0.060)
	农业户口	0.425***	1.092
		(0.153)	(0.059)
	受教育年限	1.544***	0.995
		(0.061)	(0.030)
	有配偶	0.158***	0.496***
		(0.163)	(0.066)
	ADL 得分	0.975***	0.883***
		(0.002)	(0.003)
	经济困难	1.199	1.733***
		(0.166)	(0.063)
	社会参与	0.352	0.481***
		(0.719)	(0.237)
	样本量	15354	15354

注：＊＊＊代表 $p<0.01$；＊＊代表 $p<0.05$。

从年龄来看，随着年龄的增长，更多的老人会呈现出"社会型"及"支撑型"的居家养老方式，验证了假设1a。以模型1和模型2的结果为例，在控制其他变量的情况下，年龄每增加1岁，"社会型"居家养老方式的优势比是"家庭型"的1.030倍，"支撑型"居家养老方式的优势比变为"协助型"的1.080倍，表明随着年龄增长，老年人更多呈现"社会型"及"支撑型"的居家养老方式。

从婚姻状况看，有配偶的老年人居家养老方式呈现出"家庭型"及"协助型"的特点，验证了假设1b。在其他变量一定的情况下，有配偶的老年人，"社会型"的居家养老方式的优势比仅为"家庭型"的0.158倍，"支撑型"的居家养老方式优势比是"协助型"的0.496倍，显示有配偶的老年人更多选择"家庭型"及"协助型"的居家养老方式。

从经济水平因素来看，模型2的结果显示，在其他自变量一定的情况下，"经济困难"的老年人"支撑型"居家养老方式的优势比是"协助型"的1.733倍，"社会型"居家养老方式的优势比为"家庭型"的1.199倍，但"社会型"居家养老方式与经济困难的关系在统计上并不显著。这表明不同经济状况的老年人在服务供给主体方面（"家庭型"和"社会型"）差别不大，但对服务依赖的程度却差异明显，不支持假设2。这是值得关注的结果，它展示了经济困难的老年人的高服务依赖现象。经济状况较差却具有较高服务依赖的老年人在现实生活中多表现为低收入的失能、半失能老年人群体，侧面反映出老年人"因病致贫"现象的存在，这是政策支持应重点关注的现象和应瞄准的群体。

社会参与度高的老人呈现出"协助型"的养老方式，并与"家庭型"的居家养老方式有相关性，但与"家庭型"的关系在统计上并不显著，部分验证了假设3。这显示出：社会参与程度较高的老年人，服务依赖程度低，其居家养老方式既包括由家庭成员照顾，也包括来自社会的组织和机构提供的服务。

此外，户籍类型与文化水平反映在"社会型/家庭型"居家养老方式上的差异在统计上是显著的，农村户籍比非农村户籍的老年人，其"社会型"的优势比仅为"家庭型"的0.425倍，显示出在其他变量一定的情况下，农村户籍老年人更多选择"家庭型"的居家养老方式。就文化程度来看，在其他自变量控制的情况下，受教育年限每增加 1 年，"社会型"的优势比变为"家庭型"的 1.544 倍，即较高的文化程度与"社会型"的居家养老方式相关。从健康状况来看，在其他自变量控制的情况下，ADL 得分较高的老年人，即健康状况较好的老年人更多呈现"家庭型"及"协助型"的居家养老方式特点。

从影响因素上看，年龄、婚姻状况、健康状况是与老年人居家养老类型密切相关的主要因素。经济水平、社会参与因素主要与"支撑型/协助型"的居家养老服务依赖程度相关；户籍类型、文化水平与"社会型/家庭型"的居家养老服务供给主体相关。综合来看，年龄较高，健康状况较差，未婚、离异或丧偶，文化水平较高的城市老年人更多是"社会支撑型"的居家养老方式；低龄、配偶健在并共同居住、身体健康、参与社会活动多的农村老年人，主要与"家庭协助型"的居家养老方式相关联。具体的趋势表现为：随着平均预期寿命的不断增长，将有更多老年人的居家养老方式从"家庭型"转向"社会型"，养老服务将更多来自社区、机构、服务组织等社会资源。同时，寿命延长及失能、失智发生率提高，也预示着老年人非健康余寿增长，对专业照护服务的依赖程度将大大提高，从"协助型"转向"支撑型"。同时，丧偶老年人的居家养老方式显示出从"家庭型"向"社会型"的转变，表明老年人丧偶不仅是失去了伴侣，更意味着其精神慰藉、生活照料等服务供给一定程度上的缺失。

以上分析结果证明了不同类别、不同家庭背景的老年人需求和现状不同的结论，揭示了主要影响因素，也侧面说明了养老服务分类施策的必要性。养老服务制度安排应在确保普惠性养老服务的前提下，根据居家老年人的不同类别确立相应的政策体系，配置相应的公共资源并带动市场资源与社会资源，有针对性地提供支持，在持续壮大物质基础的条件下以多层次、多样性的养老服务保障机制满足不同老年人群体的需要。

2.4　居家养老政策支持的三个对象

由政府及各部门和社会向需要长期照顾的老年人提供支持，并为家庭照顾者提供支持，是长期照顾政策的基本原则和国际共识（世界卫生组织，2000）。平衡自我照顾、非正式照顾和正式照顾并给予支持，是养老服务公共政策面临的挑战。由于满足需要的主体从个体、家庭、社会的次序逐渐向以个体的自我满足为核心、家庭与社会共同发挥作用的分工格局过渡，所以政策支持应顺应老年人需求满足次序的逻辑，只有当个体的主观能力和客观条件（资源）之间产生明显的差距，即个人无法通过调动自身和周围的资源（发挥个体的主观能动性和天然的家庭保障功能）来满足需要时，属于社会政策需要重点关注的问题。为此，居家养老政策支持的首要直接支持对象即老年人（自我照顾主体），其次是间接支持对象即家庭照顾者和社会服务主体，如表2-8所示。

表2-8　居家养老政策支持对象和内容示意

支持方式	支持对象和内容		环境老年学维度
直接支持（需求端）	自我照顾	老年人	人
		适老化设备和老年产品	环境
间接支持（供给端）	非正式照顾	非正式照顾者：家庭成员及亲友	人
		非正式照顾环境　家庭适老化	环境
		非正式照顾环境　家庭养老文化	
	正式照顾	正式照顾者：专业照护队伍建设	人
		正式照顾环境　服务设施	环境
		正式照顾环境　老年友好社会环境	

2.4.1 支持自我照顾：分层分类满足老年人服务需求

本章第一节通过调查数据结果分析了老年人居家养老需求，包括经济保障需求、照护服务需求、健康医疗需求、精神文化需求、设施和环境适老化需求等。居家养老政策支持满足老年人需求，应关注重点人群，优先解决具有刚性需求群体的需要，即家庭照护资源缺失、迫切需要关怀访视的特殊困难老年人，重点保障高龄独居（包括与重度残疾子女共同居住的老年人）、空巢、留守，以及计划生育家庭特别是特殊困难家庭老年人。为此，首先，要普遍开展老年人能力综合评估，建立识别和瞄准机制，为确定照护服务供给内容及发放相应补贴提供依据，让更多对照护服务具有刚需的"社会支撑型"居家老年人，以及经济状况较差的"支撑型"老年人能够获得相应服务和经济保障。对于需要照护服务支持的独居、留守、空巢老年人，依托居家社区养老服务机构和组织提供专业化服务。其次，探索建立长期照护保障制度，并做好长期护理保险与高龄津贴、经济困难老年人服务补贴、失能老年人护理补贴等现有社会福利政策的衔接，做好与社会救助、社会保险制度的衔接，保障不同层面照护需求。最后，建立特殊困难老年人数据库，完善定期探访记录和台账更新机制，及时发现老年人健康状况、精神状态异常，并消除卫生环境、居住环境安全隐患，织牢特殊困难老年人的保障网。

2.4.2 支持非正式照顾：弥补和巩固家庭养老功能

孝亲敬老、重视家庭伦理和亲情是中华民族的优良传统。儒家文化生发的家国同构、宗族社会，以及孝文化，是我国家庭养老的文化基础。国家对孝道的提倡，对家庭养老的救济自古有之。从商朝出现的甲骨文中的"孝"字，到《礼记·内则》对养老的记载，都表明了国家对家庭养老的保障。[①] 然而，现代家庭的小型化、核心化，以及社会生活节奏的加快、压力的加大，使得传统家庭养老模式面临现实的困境。同时，孝文化的式微使得家庭养老也面临理论的困境。

虽然家庭是现代社会关系中最核心的利益共同体，但家庭在新型社会保障体系中的地位和作用并未得到明确，且家庭本身缺乏足够的社会政策支持（鲁全，2021）。受少子老龄化等影响，家庭规模和结构发生变化，并且失独、空巢、独居等特殊困难老年人不断增多，家庭养老的风险和负担急剧上升（李连友 等，2019）。在社会化养老服务体系中，尽管养老服务机构和组织等社会化主体提供了生活照料、老年餐桌、康复保健等服务，但家庭作为情感维系、精神慰藉的源泉，以及作为兜底保障的功能是没有改变的。对家庭而言，通过居家养老支持政策的重点回归家庭，将有助于实现家庭观念的重建，以及家庭赡养、抚养关系的维持。同时，对家庭照顾者而言，对居家养老支持政策的需要表现在 3 个方面。

首先是支持和赋能的需要，通过养老顾问咨询、家庭成员帮扶、照护培训等政策实施，家庭成员将得到照护咨询、技能及心理辅导等多方面的支持，对于非正式照护的供给形成拉力，从而实现家庭成员及家庭的赋能，避免出现失能老年人因得不到相关服务而导致生活质量下降等问题。

其次是减负的需要，"一人失能，全家失衡"的俗语生动描绘了居家养老的失能老年人为家庭成员带来的沉重负担。而居家养老与家庭养老最本质的区别之一即是政府支持和社会服务的介入。通过老年人护理补贴和服务补贴等老年人福利制度安排，以及长期照护保险等保险政策支持，切实减轻家庭照护的经济负担；通过完善社区服务设施，提供日间照料、喘息服务、短期托养、老年用餐等服务，则直接或间接缓解了家庭的照护负担，减轻了家庭成员的心理负担，保障非正式照顾者的身心健康和工作-照护平衡。

---

① 《礼记·内则》记载："凡养老：有虞氏以燕礼，夏后氏以飨礼，殷人以食礼，周人修而兼用之。五十养于乡，六十养于国，七十养于学，达于诸侯……有虞氏养国老于上庠，养庶老于下庠。夏后氏养国老于东序，养庶老于西序。殷人养国老于右学，养庶老于左学。周人养国老于东胶，养庶老于虞庠，虞庠在国之西郊……"

最后是经济补偿的需要。其包括税制优惠：通过建立基于家庭视角的税收制度，将目前试行的所得税专项附加扣除扩大到"家庭所得税"，可以在一定程度上降低家庭照护成本。家庭住房支持：参考新加坡的做法，探索对与失能老年人同住的子女购房予以一定津贴奖励，以此支持子女承担赡养父母的责任。

2.4.3　支持正式照顾：引导社会服务可持续供给

居家养老政策支持的对象除了老年人及其家庭（成员），还包括提供照护服务的各类市场主体和社会组织。长期以来，在养老服务行业都存在着"看着热、干着冷"的怪圈，养老服务机构和组织普遍存在难以可持续发展的问题。根据北京市组织的摸底普查，截至 2020 年底，北京市有超过八成的社区养老服务驿站亏损（张航空 等，2021）。市场主体和社会组织对居家养老政策的需要表现为：一方面，对优惠扶持政策的需要，通过用地优惠、税费优惠、提供设施和场地、给予租金减免、运营补贴和建设补贴等措施，减轻机构运营管理的负担，使其可以轻装上阵，专心提供优质服务。另一方面，对发展方向和运营指导的需要。通过政策支持和引导市场主体与社会组织理性进入养老服务领域，在发展方向和运营管理模式上给予指导，使其能够健康、可持续发展，破除"进入难和发展难"的不良怪圈。

——第 3 章——
居家养老政策的发展历程

本章主要截取 1982—2021 年国家层面制定出台的 74 项居家养老政策文件，包括全国人大常委会颁布的法律、中共中央（办公厅）、国务院(办公厅)、国务院有关部门（全国老龄办、民政部等）发布的规章、意见、通知等规范性文件，梳理政策发展脉络、背景和议题、制定主体、政策目标和理念等内容，总结我国居家养老政策制定和发展的特点。本书划分政策历程的标准包括：一是居家养老及相关概念在政策文件中是否有出现、内涵是否发生变化；二是具有特殊意义的标志性事件，居家养老是否有实质发展脉络；三是各阶段界限相对清晰。由此，将国家层面涉及居家养老政策发展历程分为"去单位化"背景下的居家养老政策萌芽阶段（1982—1999 年）、社会福利社会化（机构化）背景下的居家养老政策出现阶段（2000—2007 年）、养老服务体系化建设背景下的居家养老政策初步形成阶段（2008—2015 年）、中央财政投入支持的居家养老政策发展阶段（2016 年以来）。

3.1 居家养老政策萌芽阶段：1982—1999 年

3.1.1 "去单位化"背景和社区服务议题

之所以将 1982 年作为一个阶段的起点，是因为在这一年国务院批准成立了"中国老龄问题全国委员会"①,是我国成立的第一个关注老龄问题的国家级政府机构。1995 年 2 月,经国务院批准成立中国老龄协会,是国家专司老龄事业的部门②,也是全国老龄工作委员会办公室的前身。成立如此高规格的单位,更大程度上是出于对接国际社会组织的需要,可以说是国际老龄大会的产物。20 世纪 80 年代初,发达国家的老龄化率已达10%~20%,并已将人口老龄化问题作为社会政治经济领域的重要议题。这是我国制定第一个老龄工作文件的国际背景。

国内背景方面,相对于发达国家进入人口老龄化社会,同时期我国 60 周岁以上老年人口占比为 4%,尚未形成老龄化压力,养老问题也没有凸显,政府和社会对老龄化的认识,更多是源自其他发达国家的外在传导,而非内生需求。在社会层面上,"老龄化"尚未形成社会问题;在国家层面上,养老也未成为重要政策议题。此时期国内另一宏观背景则是整个国家经济体制改革、国有企业和人事制度改革,以及相配套的社会保障制度"去单位化"。经济结构转型要求福利和公益型第三产业企业化转型,并发展生产生活服务行业,让更多的机关分离人员从事服务性行业③。在这样的背景下,社区服务业被当作发展第三产业的重要领域。随着第三产业的发展,社区服务也得到长足发展。虽然养老服务、居家养老的概念还没有提出,但老年人服务等作为社区服务的一部分,已经开始了老年服务项目的实践探索。

3.1.2　主要政策

《关于老龄工作情况与今后活动计划要点》于 1983 年正式发布。其中并没有"养老服务"概念的描述,更没有提及居家养老,而是采用与国际

---

① 前身为老龄问题世界大会中国委员会,后更名为"中国老龄问题全国委员会"。

② 2005 年 8 月,经中央编委批准,中国老龄协会与全国老龄工作委员会办公室实行合署办公,在国内以全国老龄工作委员会办公室名义开展工作,在国际上以中国老龄协会名义开展老龄事务的国际交流与合作(中央编办发〔2005〕18 号)。中国老龄协会,http://www.cncaprc.gov.cn/jgjs.jhtml.

③ 法律图书馆.中共中央、国务院关于加快发展第三产业的决定[EB/OL].[2022-06-21].http://m.law-lib.com/law/law_view.asp?id=54799&page=4.

社会通用的"老龄工作"这一更宽泛和广义的概念来涵盖涉及老年人的教育、参与、生活照顾等内容。明确农村老年人由家庭养老和集体供养，对鳏寡无靠的老年人，由集体经济给予"五保"。针对城市中的老年人提到"各部门可就各自主管的业务范围，开设……老年人家庭病床……开设老年人日间公寓，解决日间无人照顾老年人的困难"①。此后，卫生部发布《关于加强我国老年医疗卫生工作的意见》，也提到了家庭病床的设置。

1986 年，民政部在城市管理中首次引入了"社区"这一概念，并在 1987 年的"全国城市社区服务工作座谈会"上，提出城市社区服务的具体路径是从各群体的便民服务做起，重点开展老年人、残疾人、儿童福利服务，以及针对优抚人员、困难户和以家庭为单位的服务。1989 年 9 月，民政部在"全国城市社区服务工作会议"上提出积极探索开展社区服务工作。这一时期，我国以发展社区服务为主推进社区建设，并以老年人、残疾人、烈军属、困难户等传统民政服务对象为重点，着眼点是解决他们的生活不便问题。《关于加快发展第三产业的决定》（1992）和《关于加快发展社区服务业的意见》（1993）则先后提出社区服务业要为老年人提供社会福利服务。

1994 年，我国 60 岁及以上的老年人超过 1 亿。《中国老龄工作七年发展纲要（1994—2000 年）》（1994）对老年人口的增长速度开始作出预判，并提出坚持家庭养老与社会养老相结合的原则，通过大力增加福利设施和发展社区服务业解决老年人的生活照料问题。② 1996 年，第八届全国人民代表大会常务委员会审议通过了《中华人民共和国老年人权益保障法》，在"家庭赡养与扶养"一章明确提出了家庭养老的责任③，对居家养老的内容没有描述和要求。

---

① 法律快车. 中国老龄问题全国委员会印发《关于老龄工作情况与今后活动计划要点》的通知 [EB/OL]. [2021-04-12]. https：//law. lawtime. cn/d563274568368. html.

② 法律图书馆. 中国老龄工作七年发展纲要（1994—2000 年）[EB/OL]. [2021-04-21]. http：//www. law-lib. com/law/law_ view1. asp？id=59486.

③ 提出的具体内容为："老年人养老以居家为基础，家庭成员应当尊重、关心和照料老年人"，可见此时对老年人养老责任的认定主要在家庭。

3.1.3 特点小结

3.1.3.1 政策制定主体分散，政策对象范围保守

这一阶段居家养老相关政策制定主体（见表3-1），除了全国人大常委会通过了《中华人民共和国老年人权益保障法》以外，其他政策文件均以国务院各部门为主要制定主体。其中，民政部制定出台的政策数量较多，但都以发展社区服务为主题。涉老政策的主导部门则是主管健康工作的卫生部和国务院议事协调机构——全国老龄工作委员会。

表 3-1　1982—1999 年国家层面居家养老政策制定部门

制定部门	政策数量（个）	制定部门	政策数量（个）
民政部	3	国家体改委	1
卫生部	3	计生委	1
全国老龄委	2	中国人民银行	1
国家计委	2	国家税务总局	1
劳动部	2	全国总工会	1
人事部	2	全国妇联	1
财政部	2	国家体委	1
国家教委	2	全国人大常委会	1
建设部	1		

在 20 世纪80 年代，老年人的保障问题仍然停留在传统民政对象保障的层面，政策支持对象以孤寡老人为主。对普通老年人群体的养老，强调家庭的责任，并提出了对赡养老年人确有困难的家庭提供帮助。后面随着社区服务的发展，居家老年人成为社区服务的主要对象，高龄、残疾老年人的生活照料问题开始受到关注。

3.1.3.2 政策制定理念：从消极认识到为产业结构调整服务

由于此时我国尚未进入老龄化社会，对老龄的认识更多源自发达国家

老龄化带来的影响，并且带有消极的倾向。① 随着第三产业的发展，老年人服务则被置于社区服务业态中，在以社区为中心的老龄服务体系建设下，提出了家庭养老和社会养老相结合的思想，以及"日间照料""家庭病床"等关于居家养老的服务项目，可以看作是居家养老服务的萌芽。

社区作为一个治理单元，既是社会治理理念的转变，又承载着支撑第三产业，促进经济发展的任务。以社区服务作为福利事业发展核心内容的背后逻辑有两个：一是经济发展优先理念，社区服务业作为第三产业的组成，在刺激经济增长方面被寄予厚望。二是小政府大社会的理念，为了把在计划经济时期承载着一定政府转移职责的各类企事业单位，从单位保障机制中解脱出来，探索建立社会化的社会保障机制。在政府让位的同时，实现单位的轻装上阵，以更好地迎接市场经济挑战。实现"小政府、大社会"的转变，也可以看作是政府作用的收缩弱化，对老龄化问题是一个管理机制准备和认识形成的开始。

3.1.3.3 政府角色不清和政策内容笼统

虽然在政策中有了"日间照料""家庭病床"的表述，但整体上居家养老在各文件中均未提及，养老服务未提上日程。一方面，在为老年人提供服务的角色定位中，家庭仍然是应对老龄问题的最重要的责任主体，发挥着经济供养、生活照料和精神慰藉的作用，而政府对养老的责任依然不够清晰，甚至是缺位。另一方面，法律和政策关于家庭养老、社区服务内容的规定过于笼统，对于政策的实施未作明确要求。

---

① 此处的"消极"是指认识老年人及老龄化的态度方面，比如，在中国老龄问题全国委员会发布的《关于老龄工作情况与今后活动计划要点》的通知中指出："人口结构变化的趋势……已导致劳动者个人和国家预算的负担日益沉重；同时对生产、消费、储蓄、投资、资源分配也产生了一些难予克服的困难……"可见从政策层面更多将老年人和老龄化作为影响经济社会发展的问题看待。

▶ 3.2　居家养老政策出现阶段：2000—2007 年

3.2.1　福利社会化背景和居家为基础的提出

这一阶段居家养老政策制定的宏观背景之一与上阶段相似，即经济体制改革、为之服务的社会保障制度改革、单位保障逐渐弱化。在这一背景下，企事业单位退休人员的养老保障逐渐从单位脱离，转由社区组织服务和管理。社区服务进一步完善，并提出了服务体系、服务机制、服务网络的概念和要求。另一个宏观背景是我国于 1999 年正式进入了人口老龄化社会①。国家对老年人口数量和增长速度、家庭结构的变化，以及随之而来的对养老服务的需求，都有了认识，引起了党和政府的重视和社会的关注。同时，长期以来我国社会福利事业领域存在的资金不足、设施不足、服务水平低等问题逐渐暴露，福利事业的社会化改革提上政策议题。这一时期，我国综合国力不断增强，人民生活水平逐步提高，经历了社会保障"去单位化"改革后，企业"甩包袱"的一部分职能分离给社会，相应资源也面临与社会闲置资源综合开发利用的需要，从而为福利社会化改革提供了有利条件。在此背景下，养老服务在社区服务和福利社会化的框架下，开始进入政策议题，并逐渐提出服务体系、服务机制、服务网络。居家养老作为服务体系的一部分开始频繁出现在各项政策中。

3.2.2　主要政策

2000 年，中共中央、国务院印发文件②，强调发挥家庭养老的重要作用，并将社区养老作为老年服务体系的重要依托。同年，国务院办公厅转

---

①　通常认为一个国家进入人口老龄化社会的标志是 60 周岁以上老年人口达到 10%，或 65 周岁以上老年人达到 7%。1999 年，我国 60 周岁以上老年人口占总人口比例达 10%；2000 年，65 周岁以上老年人口 0.88 亿，占总人口比例达 7%，均标志着我国进入了人口老龄化社会。

②　指《中共中央 国务院关于加强老龄工作的决定》（中发〔2000〕13 号），该文件提出了"建立家庭养老为基础、社区服务为依托、社会养老为补充"的养老机制。

发《关于加快实现社会福利社会化的意见》，提出了建设社会福利服务网络的具体目标①。2001 年 5 月，民政部部署建立社区老年福利服务体系，为居家养老提供支持②。同年 7 月，国务院印发《中国老龄事业发展"十五"计划纲要》，首次提出逐步优化支持老年人居家养老的社会和社区环境的任务。在设施建设方面，明确列出了城市养老机构的床位数要求，农村敬老院的目标覆盖率，并提出了在社区建立综合性多功能的服务站与服务项目③。

为了贯彻落实国务院办公厅文件，民政部制定出台促进老年福利领域社会化的政策，指出要充分发挥"星光老年之家"的作用，通过社区养老服务网络，在生活照料、文化娱乐、康复医疗、体育健身等方面为老年人提供多方面的服务。随后，民政部启动示范创建活动④。同年，国务院办公厅转发全国老龄办、国家发展改革委和民政部等部门的重磅性文件《关于加快发展养老服务业的意见》（2006），对兴办养老服务业释放了十分积极的信号。尤其是在居家老年人服务方面，提出"向居住在社区（村镇）家庭的老年人提供养老服务"。同年，《国务院关于加强和改进社区服务工作的意见》（2006）提出"为居家的孤老、体弱多病和身边无子女老人提供各种应急服务"等政策措施，对社区社会保障服务作出了更详细的规定。

---

① 此目标具体为：到 2005 年，在我国基本建成以国家兴办的社会福利机构为示范、其他多种所有制形式的社会福利机构为骨干、社区福利服务为依托、居家供养为基础的社会福利服务网络。中国政府网. 国务院办公厅转发民政部等部门关于加快实现社会福利社会化意见的通知 [EB/OL]. [2021-04-21]. http://www.gov.cn/govweb/gongbao/content/2000/content_60033.htm.

② 民政部印发《"社区老年福利服务星光计划"实施方案》，该实施方案要求社区服务设施的建设应在方便社区老人就地、就近享受服务的地方，并列出了入户服务的内容。

③ 该文件还提出了"家庭养老与社会养老相结合"的原则；设施覆盖率的目标具体为：城市养老机构床位数达到每千名老人 10 张，农村乡镇敬老院覆盖率达到 90%，以及在社区建立综合性、多功能的服务站，依托社区老年服务设施，采取上门服务、定点服务等形式，开展看护照料、精神慰藉、家务帮助等服务项目。中国政府网. 国务院关于印发中国老龄事业发展"十五"计划纲要的通知 [EB/OL]. (2016-09-23) [2021-04-21]. http://www.gov.cn/zhengce/content/2016-09/23/content_5111148.htm.

④ 民政部印发《关于开展"全国养老服务社会化示范单位"创建活动的通知》，正式启动示范创建活动。

3.2.3 特点小结

3.2.3.1 政策制定主体层级高，服务对象公众化

这一时期国家层面制定出台的养老服务政策文件不多，但制定主体层级高，且制定部门较为集中。首先，中共中央、国务院共同印发加强老龄工作的决定，这是我国在人口老龄化社会背景下，发展老龄事业的国家意志的体现，不仅是老龄事业发展的纲领性文件，也为制定和实施居家养老政策提供了依据。其次，国务院和国务院办公厅印发或转发了老龄事业发展计划纲要、民政部等部门的社会福利社会化意见、发展养老服务业的意见等，从国家层面对老龄事业给予重视。最后，明确全国老龄办和国务院民政部门是主导制定居家养老政策、养老服务政策的牵头部门。

服务对象公众化是社会福利社会化的内容之一，体现在养老服务领域即社会福利机构在保障特困和"五保"老年人的基础上，也面向社会老年人开放，并根据服务对象的不同情况，提供相应所需服务。

3.2.3.2 政策制定理念：倡导居家养老和责任分担

除 2000 年中共中央、国务院文件使用"家庭养老为基础"并提出家庭、社区、社会共建的机制外，这一阶段其他老龄政策、社区政策，以及福利社会化的政策，均开始出现"居家为基础"或"居家养老（托养）为基础"的表述和家庭、社区、社会的三元养老机制。其中，国务院办公厅转发的福利社会化文件中关于"社会福利机构为家庭服务提供支持"是首次提出"机构辐射家庭"的说法，打破了以往单纯依靠家庭养老，抑或在社区为老年人提供服务的限制，体现了国家层面政策对居家养老理念的倡导。同时，社会化理念始终贯穿在为老服务机制建立和社会福利体系构建中，强调政府主导、社会积极参与兴办，鼓励各类社会力量以多种方式、组建多元化的服务队伍参与福利供给，推动社会福利社会化发展。

3.2.3.3 支持设施化

通过梳理可以发现，尽管各政策文件已频频出现居家养老的表述，以社区为依托、机构为补充的服务内容也逐渐增加，但政府对居家养老缺少

实质支持。承载着扩内需、增就业、带动经济增长期望的福利社会化改革，对服务设施和网点建设、单位福利设施的社会化给予明确的支持，但对居家养老的支持政策缺失，导致在实施中呈现出"设施化"。具有代表性的即各地普遍建设的"星光之家"，是这一时期政策支持的产物。此外，还提出了包括照料服务在内的服务内容，以及入户服务、建立福利服务档案等具体形式。但最终的效果却是照料服务没有发展起来，老年人活动场所阵地也未能保全，大量"星光之家"沦为社区办公场所或社区文体娱乐场所，违背了"为居家养老提供支持"的初衷。可以说，在社会化服务设施不足的前提下，政府投入重点用在基础性福利设施建设上，供给型政策支持的思路无可厚非。问题在于需求型政策支持不能同时跟进，服务体系、管理体制、人才培养等方面存在政策支持短板，最终导致设施化和设施利用的行政化。这不仅是项目运行和管理的失误，更是对当时我国对于怎么发展养老服务、发展社区养老服务尚未形成一个清晰的认识的折射。养老服务的性质、政府在养老服务中的作用，以及政府与社会和市场责任边界不清晰，导致加强居家养老支持政策不具体和不完善。

▶ 3.3 居家养老政策初步形成阶段：2008—2015 年

3.3.1 养老服务体系化建设背景和产业化、规模化议题

2008 年，全国老龄办制定发布了《关于全面推进居家养老服务工作的意见》，是迄今为止我国唯一的国家层面推动发展居家养老服务的专项政策。该意见强调居家养老的基础地位，从体系建设的角度支持居家养老，推动社区养老服务的发展。这一阶段的宏观背景是"双创"① 的社会大环境，所以在养老服务领域也出现了产业化、规模化的政策导向，大量的民间社会资本涌入，形成了"养老服务热"。由于当时对社会力量的参与

---

① "双创"即大众创业、万众创新，出自 2014 年 9 月夏季达沃斯论坛上李克强总理的讲话。

"鼓励有余、规范不足",政策支持"倡导有余、落地不足",所以一度出现了养老服务行业"看着热、干着冷"的怪圈。此外,随着设施建设的加强和服务的发展,养老服务体系化建设成为这一阶段的重要政策议题,并在政策层面确立和强调居家养老的基础性地位。

3.3.2 主要政策

这一阶段进入养老服务各类政策密集出台时期,有关部门围绕机构建设和管理、提高质量、促进产业化、医养结合、居家和社区养老等方面,制定发布了大量综合性和专项性政策,对满足老年人养老服务需求,推动居家养老发展起到了打基础的作用。

3.3.2.1 居家养老政策正式出台,居家养老基础性进一步加强

2008 年,全国老龄办联合发展改革委、民政部等 10 部门印发《关于全面推进居家养老服务工作的意见》,全面分析了我国居家养老服务面临的系列问题,提出了"居家养老服务"的概念,从政策层面给居家养老作出了定位,并阐述了居家养老服务与家庭养老的关系①。该意见强调了从老年人实际需求出发的原则,不仅提出了具体任务,而且对实现任务的配套措施分别细化规定,既包括制定发展规划,也包括整合资源的理念,通过建立和完善服务网络,为老年人提供走出家门、上门包护等形式、就近就便的多种服务。明确建立居家养老服务管理体制,将政府的角色定位于制定和落实支持居家养老服务的优惠政策、配置资源,提出"能够与政府剥离的服务职能应交给社会和市场"。

3.3.2.2 养老服务体系规划加强,居家养老政策环境不断优化

2011 年,国务院印发《中国老龄事业发展"十二五"规划》,首次提出发展家庭服务业,并将发展居家养老服务列为重点任务,通过社区服务设施为老年人提供多种形式的照料服务。同年,国务院办公厅印发《社会养老服务体系建设规划(2011—2015 年)》。这是我国第一个养

---

① 《关于全面推进居家养老服务工作的意见》认为,居家养老服务是对传统家庭养老模式的补充与更新,是我国发展社区服务,建立养老服务体系的一项重要内容。

老服务发展专项规划，并首次提出了社会养老服务体系的概念内涵，明确了居家养老服务的形式①，将保障对象扩大至全体老年人。此外，提出了分类保障的思想，以及养老机构发挥辐射作用，为居家老年人提供适宜服务的思路。

3.3.2.3 养老服务产业化发展，居家养老服务内容进一步拓展

2013年国务院印发的《关于加快发展养老服务业的若干意见》、2015年国务院办公厅《关于加快发展生活性服务业 促进消费结构升级的指导意见》，以及2012年民政部印发的《关于鼓励和引导民间资本进入养老服务领域的实施意见》和2014年商务部印发的《关于推动养老服务产业发展的指导意见》，均将养老服务作为服务业领域的一个分支业态，强调产业的发展、规模的扩大。其中，《关于加快发展养老服务业的若干意见》被学术界和实务界公认为具有里程碑意义，2013年也因此被称为"养老服务元年"。关于社区服务设施建设的规划要求，提出控规标准②，对各地分区分级规划建设养老服务设施，保障居家养老服务供给具有重要作用。此外，结合信息技术的发展，提出在为居家老年人上门提供照料服务、家政服务的基础上，发展居家网络信息服务。在政府与市场的关系方面，提出转变职能，减少干预，加大政策支持和引导力度，发挥市场在资源配置中的基础性作用，使社会力量成为发展养老服务业的主体，体现了鲜明的政府对市场的让渡和引导，对于健全服务体系、优化居家养老发展环境、发展市场和产业具有重要意义。而本书之所以未将此作为重要标志性事件和划分节点，主要考虑《关于加快发展养老服务业的若干意见》虽描述了较详尽的养老服务政策和措施图景，但就居家养老服务却未提出实质性的财政支持和保障措施。

将养老服务作为产业进行推进的政策在这一阶段密集出台。2012年，

---

① 根据该规划，社会养老服务体系主要由居家养老、社区养老和机构养老三个有机部分组成。居家养老以上门服务为主要形式，扶持居家服务机构发展，进一步开发和完善服务内容与项目，为老年人居家养老提供便利服务，支持有需求的老年人实施家庭无障碍设施改造。

② 此标准即人均用地不少于0.1平方米。

民政部出台专项政策①，对民间资本进入居家养老服务领域，拓展居家养老服务内容，举办服务设施以及参与农村居家和社区养老服务发展作出具体规定。国务院办公厅《关于加快发展生活性服务业 促进消费结构升级的指导意见》、国家发展改革委和民政部等 10 部门《关于加快推进健康与养老服务工程建设的通知》和商务部印发的《关于推动养老服务产业发展的指导意见》，将养老服务分别归类于生活服务业和家政服务业，支持有实力且运作规范的家政服务企业承担居家养老服务任务，并提出居家和社区的融合，居家、社区和机构的融合，养老和医疗的融合，对于整合资源支持居家养老服务供给具有前瞻性。

随后，贯彻落实国务院《关于加快发展养老服务业的若干意见》，国务院各组成部门加强专项政策制定，为居家养老内容的丰富提供了政策支持。民政部、国土资源部等部门《关于推进城镇养老服务设施建设工作的通知》确定居家和社区养老服务设施年度用地计划等设施保障要求，提出新建居住区的养老服务设施与住宅"四同步"，已建成居住区以多样化的方式，配置居家和社区养老服务配套设施。住房和城乡建设部、民政部、财政部等部门《关于加强老年人家庭及居住区公共设施无障碍改造工作的通知》着眼于解决居家生活基本需要，满足老年人家庭无障碍改造需求，以特殊困难老年人家庭为重点，要求县级以上地方人民政府给予适当补助。对于居住区的公共设施无障碍改造资金要求列入地方政府财政预算，对降低老年人生活和出行风险，提供环境保障。

教育部等 9 部门《关于加快推进养老服务业人才培养的意见》提出了家庭志愿服务、对口关爱和帮扶空巢老年人等推进养老服务人才参与居家养老服务的措施。民政部、国家发展改革委与工业和信息化部等部门《关于开展养老服务和社区服务信息惠民工程试点工作的通知》以养老服务为切入点，突出强调社区服务资源的统一管理和有效利用，实现居家、社区和机构养老服务的有效衔接；为居家老年人开展远程医疗、健康监测及居

---

① 中国政府网. 民政部关于鼓励和引导民间资本进入养老服务领域的实施意见［EB/OL］.（2016-05-22）［2021-05-02］. http://www.gov.cn/zhengce/2016/05/22/content_ 5075659. htm.

家护理等服务。2013年民政部《关于推进养老服务评估工作的指导意见》要求居家养老服务机构可以根据评估结果分析老年人的服务需求，制订个性化的服务方案，提高居家养老服务的针对性和效率。在对居家养老提供经济、服务和环境支持方面，民政部等部门于2014年先后发布《关于做好政府购买养老服务工作的通知》和《关于建立健全经济困难的高龄失能等老年人补贴制度的通知》两项政策，聚焦为符合条件的居家老年人购买各类上门服务和社区日间照料、为养老护理人员购买培训和教育服务等，以及对经济困难的高龄、失能等老年人逐步给予养老服务补贴。

国家卫生计生委《关于开展计划生育家庭养老照护试点工作的通知》聚焦解决计划生育家庭特别是特殊困难家庭养老照护需求问题，通过购买服务为居家养老创造更适宜的家庭、社会环境的支持政策。国务院办公厅《关于推进医疗卫生与养老服务相结合的指导意见》提出通过基层医疗卫生机构提供上门服务，满足社区和居家老年人的健康养老服务需求。

3.3.3 特点小结

3.3.3.1 政策制定主体部门多元，政策对象社会化

这一时期，国家层面居家养老政策的制定部门（见表3-2）呈现多元化。全国人大常委会通过了修正的《中华人民共和国老年人权益保障法》（2015年修正）；国务院印发1项规划和1项意见、国务院办公厅印发1项规划、转发1项通知。国务院组成部门以民政部、财政部为主，其他部门根据职责分工也印发了相应的落实《关于加快发展养老服务业的若干意见》的文件。这一时期部门联合发文大幅增加，表明居家养老服务涉及面广线长，是系统性工程。虽然在业务归口上以民政部门为主，资金安排上以财政部门和发展改革部门为主，但政策内容涉及多个部门，所以在制定过程中充分征求相关部门意见或采取联合发文方式。

表 3-2 2008—2015 年国家层面居家养老政策制定部门

制定部门	政策数量（个）	制定部门	政策数量（个）
全国人大常委会	1	质检总局	1
国务院（办公厅）	4	中国人民银行	1
民政部	15	国家开发银行	1
财政部	9	保监会	1
住房和城乡建设部	7	体育总局	1
卫生计生委	6	税务总局	1
国家发展改革委	6	工业和信息化部	1
全国老龄委	6	公安部	1
国土资源部	5	国家标准委	1
教育部	2	共青团中央	1
商务部	2	中医药局	1
银监会	2		

3.3.3.2 政策支持设施和床位建设导向，对居家养老缺乏实质支持

虽然这一时期的政策对居家养老的发展提出了融合发展的理念和措施，设施建设不再是最主要的任务，但规划和其他政策文件的衡量指标依然将"千名老年人拥有养老床位数"等列为主要指标，如养老服务"十二五"规划提出"每千名老年人 30 张床位"，国务院《关于加快发展养老服务业的若干意见》提出"每千名老年人 35～40 张床位"，在一定程度上引导各级政府资金和社会资本投向机构建设，而对居家养老缺乏实质性支持。同时，在产业主导的思维下，居家养老的核心服务内容有淡化模糊的趋势。把养老服务归入生活服务或者家政服务，实际上是混淆了家政照料、养老照护的区别。而医养结合文件对医疗的强调，又淡化了"养护"的重要性，混淆了养老照护与医疗护理的边界和标准。

3.4 居家养老政策发展阶段：2016 年以来

之所以将 2016 年作为新的阶段划分起点，是因为自"十三五"时期开始，中央财政专项资金支持各地探索开展居家养老服务改革，各地方在中央财政投入的带动下，也加大政策制定力度和资金投入力度，支持居家养老服务发展。这是首次由中央财政设立专项资金支持居家养老服务发展，对于补齐居家养老短板，优化养老服务体系结构具有重要意义，所以本书将 2016 年作为新阶段的起点。

3.4.1 养老服务提质量调结构的改革背景

随着人口老龄化的快速发展，养老服务供给难以满足老年人需求，服务总量不足、结构失衡、人力资源不足等问题日益凸显。"养老难"成为社会普遍关心的焦点问题，也引起了党和国家领导的高度重视，对发展养老服务多次作出指示批示。全国人大代表和政协委员也高度关注养老服务问题。据统计，自"十三五"以来，每年"两会"的提案中以养老服务为议题的人大建议和政协提案，均占到民政领域提案建议总数的三分之一。[①]在国民经济和社会发展"十三五"和"十四五"规划纲要中，养老服务都是重要民生议题。由此，养老服务成为公共政策的主要议题，其中居家养老支持政策、结构调整和质量提升成为养老服务政策的重要内容。

3.4.2 主要政策

3.4.2.1 体系结构不断优化，为居家养老发展提供保障

《关于全面放开养老服务市场 提升养老服务质量的若干意见》（2016），首次从国家层面提出"补齐短板，将养老资源向居家社区服务倾斜，向农

---

① 根据民政部门户网站公布的每年提案建议办理情况测算得出。

村倾斜，向失能、半失能老年人倾斜"①。随后，国务院（办公厅）发布《关于印发"十三五"国家老龄事业发展和养老体系建设规划的通知》（2017）、《关于制定和实施老年人照顾服务项目的意见》（2017）、《关于推进养老服务发展的意见》（2019）等一系列政策文件，为优化养老服务体系结构，补齐居家养老服务的短板提供了支持。同时，民政部等多个部门联合发布政策②，鼓励各地将一些闲置社会资源整合改造成可利用的养老服务设施。住房和城乡建设部、民政部等部门印发《关于推动物业服务企业发展居家社区养老服务的意见》（2020），着眼于服务设施布点和资源综合利用，推进居家社区适老化改造，并推进居家、社区、机构养老融合发展，提升居家社区养老服务智能化水平。

这一阶段民政部还印发了《关于加快推进养老服务业放管服改革的通知》（2017），将社区居家养老服务作为政府购买服务的指导性目录。国家发展改革委、中央宣传部、工业和信息化部等 23 个部门印发政策③，从扩容提质角度支持发展社区居家"虚拟养老院"。国家发展改革委会同民政部、国家卫生健康委先后制定印发《城企联动普惠养老专项行动实施方案（试行）》（2019）和《"十四五"积极应对人口老龄化工程和托育建设实施方案》（2021），以专项行动和项目建设支持社区居家养老服务网络，扩展失能照护以及助餐、助浴、助洁、助医、助行等服务。

3.4.2.2 居家养老试点政策制定出台，居家养老实践普遍开展

2016 年，民政部联合财政部发布《关于中央财政支持开展居家和社区养老服务改革试点工作的通知》，启动为期 5 年的居家和社区养老服务改革试点，通过发挥中央财政专项资金的示范、引领和撬动作用，支持地级

---

① 该意见还提出了鼓励建设小型社区养老院，满足老年人就近养老需求；创新居家养老服务模式，开发更加多元、精准的私人定制服务；为老年人的家庭成员提供养老服务培训，倡导"互助养老"模式，并要求各地扩大面向居家社区、农村、失能半失能老年人的服务资源。

② 中国政府网. 民政部 发展改革委等部委联合发文支持利用闲置资源发展养老服务［EB/OL］.（2016 - 10 - 21）［2021 - 05 - 22］. http：//www. gov. cn/xinwen/2016 - 10/21/content_5122694. htm.

③ 中国政府网. 关于促进消费扩容提质 加快形成强大国内市场的实施意见［EB/OL］.（2020 - 03 - 13）［2022 - 05 - 22］. http：//www. gov. cn/zhengce/zhengceku/2020 - 03/13/content_5490797. htm.

市创新开展居家和社区养老服务，完善养老服务体系。此后，两部门每年制定试点工作通知和考核通知，明确当年重点工作任务和考核方式、要点，先后制定 13 项相关政策，支持 205 个地区开展改革试点，推动了地方层面居家养老政策的制定和服务体系的建立健全。进入"十四五"时期以来，改革试点升级为"提升行动"，更加聚焦居家养老基本服务，任务设定和资金使用都围绕居家养老服务提质增效，标志着社区居家养老服务由集约式量化发展向质的提升的转变①。

此外，工业和信息化部、民政部、国家卫生健康委员会 3 部门连续 4年印发智慧健康养老试点示范通知，通过支持试点示范，鼓励和加强智慧信息技术在包括居家养老在内的为老服务中的应用。国务院办公厅印发《关于切实解决老年人运用智能技术困难实施方案的通知》（2020），提出了通过智能技术保障居家老年人基本服务需要的举措②。

3.4.2.3　专项政策陆续发布，居家养老支持环境进一步优化

这一时期，在养老服务体系顶层设计的"四梁八柱"架构下，各有关部门制定了大量专项政策，支持老年人居家养老。全国人大常委会通过了老年人权益保障法 2018 年修正案，取消了养老机构设立许可，明确了民政部门的监管手段和措施，并强化了地方各级人民政府的领导责任（孙文灿，2019）。

居家老年人的生活硬件环境进一步优化。全国老龄办、国家发展改革委等 25 部门联合制定发布《关于推进老年宜居环境建设的指导意见》（2016），提出了扶持专业化居家养老服务组织、广泛发展睦邻互助养老服务、开展智慧家庭健康养老、巩固经济供养、生活照料和精神慰藉的家庭养老功能，完善家庭支持政策。国家卫生健康委在全国建设示范性城乡老

---

① 民政部门户网站. 民政部 财政部关于组织实施 2021 年居家和社区基本养老服务提升行动项目的通知［EB/OL］. （2021-10-19）［2022-06-21］. http://www.gov.cn/zhengce/zhengceku/2021-10/19/content_ 5643586. htm.

② 该通知推动解决老年人在运用智能技术方面遇到的困难，让老年人更好共享信息化发展成果，为居家老年人，特别是高龄、空巢、失能、留守等重点群体，提供各类服务，满足基本生活需求。

年友好型社区①，改善老年人的居住环境，方便老年人的日常出行，提升为老年人服务的质量，扩大老年人的社会参与，丰富老年人的精神文化生活。

在支持农村老年人居家养老方面，民政部、公安部、司法部等部门先后印发加强农村留守老年人关爱服务工作的政策文件②，明确了健全农村留守老年人巡访措施，提供关爱服务和"生活照料、精神慰藉、安全监护、权益维护"等基本服务。在保障居家老年人健康服务方面，2015 年至2019 年，国务院卫生部门牵头相关部门先后印发医养结合相关文件③，明确重点为社区失能老年人提供集中或居家医养结合服务。国家中医药局、全国老龄办等 12 部门联合印发政策④，支持面向老年人的中医药健康管理，以及促进优质中医药资源向社区、家庭延伸；国家卫生健康委等 8 部门制定政策⑤，完善老年健康体系建设，鼓励提供"家庭病床、巡诊等上门医疗服务"。

3.4.3 特点小结

3.4.3.1 政策制定主体和对象

这一时期居家养老政策制定的部门（见表 3-3）呈现出明显的以民政部门为主，联合发文居多的特点。2018 年修正的《中华人民共和国老年人权益保障法》明确了民政部门对养老机构的指导、监督和管理职责。2018年，国务院机构改革方案通过了人大审议，民政部职能调整并成立了养老

---

① 中国政府网. 关于开展示范性全国老年友好型社区创建工作的通知［EB/OL］. （2020-12-14）［2022-05-23］. http：//www.gov.cn/zhengce/zhengceku/2020-12/14/content_5569385.htm.

② 包括《关于加强农村留守老年人关爱服务工作的意见》（2017）和《关于进一步做好贫困地区农村留守老年人关爱服务工作的通知》（2019）。

③ 医养结合系列文件主要包括：国务院办公厅转发卫生计生委等 9 部门《关于推进医疗卫生与养老服务相结合指导意见的通知》（2015），国家卫生计生委办公厅和民政部办公厅《关于印发医养结合重点任务分工方案的通知》（2016），国家卫生健康委、民政部、国家发展改革委、教育部等 12 个部门联合印发《关于深入推进医养结合发展的若干意见》（2019）。

④ 指《关于促进中医药健康养老服务发展的实施意见》（2017）。

⑤ 指《关于建立完善老年健康服务体系的指导意见》（2019）。

服务司，为全国养老服务的业务主管司局，在养老服务体系建设、老年福利政策拟定等方面发挥主体作用。在国家的重视下，相关部门的业务工作更加重视为老服务层面的考虑，卫生、住建、教育、工业和信息化等部门从不同的方向提出为居家老年人提供相应服务的政策举措。本阶段相关部门联合发文是政策制定的另一突出特点，这既体现了各部门对居家养老的重视，又拓展了居家养老服务支持的内容。

表 3-3 2016—2021 年国家层面居家养老政策制定部门

单位：个

制定部门	政策数量	制定部门	政策数量
全国人民代表大会常务委员会	1	国家市场监管总局（工商总局）	3
民政部	26	自然资源部（国土资源部）	3
财政部	11	食药监局	2
国家发展改革委	12	司法部	2
全国老龄委（办）	9	环境保护部	2
卫健委	8	医保局	2
卫生计生委	5	文化和旅游部（文化部）	1
人社部	5	科技部	1
国务院	5	中国人民银行	1
住房和城乡建设部	5	中国红十字会总会	1
教育部	4	最高人民检察院	1
银保监会	4	最高人民法院	1
工业和信息化部	3	国管局	1
国家中医药管理局	3	税务总局	1
公安部	3	国资委	1
国务院扶贫办	2	中国残联	1

2019 年国务院办公厅《关于推进养老服务发展的意见》提出，养老服务政策的对象扩大至全体老年人，并考虑到家庭中非正式照顾者的福利感

受，体现了养老服务政策目标对象的普惠性①。

3.4.3.2 政策制定理念：保障基本权益和系统发展观念

此阶段居家养老政策更加强调立足老年人法定权益保障和服务需求，政策制定理念体现保基本的思想和统筹的观点。一方面，提出人人享有基本养老服务的目标。此表述体现了积极老龄化理念的要求，强调享受基本养老服务是老年人的福利权，不仅基本养老服务惠及所有老年人，且在保障和促进老年人融入和参与社会、引导全社会接纳和尊重老年人方面，制定发布了积极的支持政策。另一方面，在经历了养老服务体系重机构轻社区居家、重设施建设轻服务供给的发展方向后，此阶段开始强调结构的调整和质量的提升。在养老服务体系结构方面，突出补齐居家养老短板，支持服务供给，并提供财政资金支持、税费优惠支持；在社会保障制度体系中，注重服务、保险等相关子系统的有效衔接。

3.4.3.3 政策不足

这一阶段是政策制定出台最为密集的时期，居家养老得到了前所未有的政策支持。但是从整体上看，仍存在以下问题：一是支持政策比较笼统，支持模式仍在探索中，尤其是对于需求方的支持措施不具体、方法少，对供给方的支持缺少效果评估。二是试点政策带来的公平性问题，得到中央财政支持的试点地区与非试点地区老年人在居家养老服务待遇方面存在差距。三是政策制定部门虽然以民政部门为主，但是民政部门与老龄部门的职责交叉造成部分支持政策规定和具体措施缺少协调性和统一性。

▶ 3.5 简要评论

3.5.1 政策理念发生显著转变

通过梳理 40 年的居家养老政策发展历程，可以清晰地看到政策制定

---

① 该意见还提出，确保到 2022 年在保障人人享有基本养老服务的基础上，有效满足老年人多样化、多层次养老服务需求，老年人及其子女获得感、幸福感、安全感显著提高。

目标和理念的转变——从最开始养老作为社区服务的一部分，为社会保障"去单位化"改革服务，到"福利社会化"改革下强调福利多元供给，再到养老服务体系建设的"设施化"支持，最终回归养老服务的"去机构化"并支持"非正式照顾"。与政策制定理念变化相应的政策内容重点，由侧重支持机构转变为促进居家社区机构协调发展，政策对象也经历了从传统保障对象到全体老年人及其家庭的扩大。这个变化背后的逻辑是对养老服务性质和养老责任分担的认识。随着人口老龄化发展和家庭结构的变化，传统的家庭养老资源供给面临现实困境，养老难题从个人和家庭问题演化为社会公共风险和诉求。而养老服务作为一种准公共物品，其供给和获取机制难以完全通过市场实现。养老问题亟须公共政策的回应，支持居家养老应成为养老服务公共政策的最主要组成部分。

3.5.2 政策性文件主导，行政部门发挥主要作用

通过梳理 1982 年以来国家层面居家养老支持政策制定的历程，居家养老的发展呈现典型的政策文件主导，制度和实践的依据主要是从国家到地方层面的政府及其有关部门制定的政策性文件。《中华人民共和国老年人权益保障法》经历 3 次修正 1 次修订，养老服务的内容逐渐充实，但国家层面养老服务专项法律仍为空白，法规和规章层面亦是严重滞后和不足。

以政策性文件为主导的局面决定了在养老服务体系建设和发展中，行政部门实际起着主导作用。中共中央通过发布一系列指导意见、审议通过国民经济和社会发展规划建议稿，为养老服务的顶层设计提供了依据，属于指导性政策文件。民政部作为养老服务的主管部门发布了最多的政策性文件，且其他相关部门也从职责分工的角度制定了各类意见、通知。40 年间，国家层面印发的涉及养老服务的意见、通知等政策性文件接近 100 项。同时，地方各级政府及其主管部门也相应印发落实文件，规范性文件数以百计（见附录 3）。这种以行政部门主导的政策制定有着明显的"自上而下"特点，为政策制定和出台带来便利的同时，也带来

了政策的体系化欠缺、制度稳定性差，以及受政策影响导致服务供需错位等问题。居家养老政策制定的另一显著特点即政策"打补丁"——从最初"居家为基础、社区为依托、机构为支撑"的体系设计，到逐步出台的"医养结合""智慧养老"等，不断地在政策层面"打补丁"，且不排除部分"补丁"存在一定的交叉重叠甚至冲突，造成了养老服务体系全貌难以反映，进而居家养老的政策支持体系亦难以形成。所以，当前我国居家养老法治化水平严重偏低，这表明离一个成熟的制度安排还有相当距离，要真正定型还需付出艰巨的努力（郑功成，2021）。

—— 第 4 章 ——

居家养老政策的内容体系

本章以上一章梳理的国家层面出台的 74 份居家养老政策性文件为主要分析样本，并结合居家养老的地方性法规，从主题词、体系层次、政策工具使用等方面深度解构分析居家养老政策的内容，以期从横截面的角度呈现居家养老政策体系的内容和结构。

▶ 4.1 居家养老政策的主题词变迁

4.1.1 主题词提取

政策的主题词包含一定的政策内涵，主题词的频次能够反映出政策主题词的"地位"，有助于了解政策特点和导向。本章借助 ROST 文本分析软件，对 74 项国家层面的居家养老政策文本进行分阶段的共词处理，获得了 4 个阶段的主题词和词频排序。通过对关键词进行删选，剔除无效的关键词，比如"加强""健全""通过"等不能体现实质内容的词，并对有关关键词进行合并，得出每个阶段关键词词频排序前 18 名，如表 4-1 所示。

表 4-1　居家养老政策分阶段主题词分布表

编号	阶段一		阶段二		阶段三		阶段四	
	主题词	词频	主题词	词频	主题词	词频	主题词	词频
1	社区服务	73	社区	117	机构	445	机构	867
2	社区	63	机构	117	社区	331	社区	438
3	城市	32	社会福利	89	居家	210	健康	436
4	政府	31	社会化	85	服务设施	184	国家	249
5	国家	30	健康	80	评估	182	居家	242
6	人口老龄化	27	福利	73	健康	170	护理	224
7	组织	24	设施	67	政府	165	企业	219
8	福利	22	文化	60	规划	164	改革	197
9	家庭	22	政府	55	需求	145	培训	190
10	农村	21	服务设施	54	照料	135	政府	178
11	世界	21	农村	45	家庭	125	设施	156
12	全国	20	示范	45	企业	114	卫生	156
13	服务设施	17	需求	44	护理	108	农村	151
14	医疗	17	规划	43	资本	102	服务设施	151
15	街道	17	健身	41	服务体系	101	信息	142
16	机构	16	医疗	39	引导	88	能力	142
17	宣传	16	城市	38	国家	87	医养	141
18	规划	16	家庭	38	情况	83	照料	141

4.1.2　主题词变化趋势

从分阶段的主题词词频排序可以看出，每个阶段的核心主题词都有所不同，从一定程度上反映出各阶段政策制定理念、核心议题与政策支持导向。

4.1.2.1 共性高频词：社区、服务设施和健康需求

在4个阶段主题词的词频排序中均靠前的为社区（服务）。一方面，从上一章政策制定和发展的历程可知，养老服务在政策层面上首先孕育于社区服务体系；另一方面，虽然本书认为社区养老是一个"伪概念"，并在概念界定中明确养老服务应作居家和机构的"二分法"，摒弃居家、社区、机构的"三分法"，但不可否认的是，居家养老的正式照顾服务供给需要依赖于社区服务机构和设施。根据环境老年学理论，即使是机构养老也应该依托于建在社区内的小型、嵌入式养老机构，以最大限度降低环境突变带给老年人的不适感。

除第一阶段外，"机构"与"（服务）设施"在其他阶段都属于普遍高频词，反映出政策层面对机构和设施建设的重视。"医疗"是前两阶段高频词，"健康"是除第一阶段政策以外的高频词，也从侧面印证了本书第2章数据统计结果显示的老年人对健康医疗服务的需要。

4.1.2.2 差异化高频词：从国家到社会化、产业化的趋势

第一阶段国家层面印发的政策文件总量少，关键词排名前五名的包括社区服务、社区、城市、政府和国家。之所以政府和国家成为高频词，主要是因为这一阶段的宏观背景是我国政府成立了与世界老龄组织对话的专门组织机构，所以该阶段的政策文件关于国家间交流的表述明显多于后面所有阶段。

第二阶段的主题词则反映出政策强调社区服务、社区服务业的重要性，养老服务作为社区服务的一部分进行谋划。同时，社会化也是这一阶段的高频词，与这一时期国家层面对"社会福利社会化"的导向相一致。

第三阶段开始，高频词出现了"企业"和"资本"，且在第四阶段"企业"的绝对数量和占比都有所上升，可以看出此两阶段政策对鼓励社会资本参与养老服务，以及养老服务产业化和规模化的强调。这一时期养老服务作为第三产业的一种业态被赋予扩大消费和促进就业，以及促进社会和谐稳定的功能期望，对养老服务体的表述逐渐从社会养老服务体系建设演化为养老服务业、养老服务产业，且强调养老服务与其他产业的结

合。关于政府和市场关系的论断，提出了政府的基本公共服务职能、补助资金支持职责，以及调动发挥市场机制的基础性作用。规模化的导向既体现在鼓励增加数量，也体现在支持扩大设施体量。比如，鼓励通过变更用途，建立小微型、家庭式养老服务机构；支持普通住宅开设社区养老服务机构，在变更设施用途、消防审批等方面提供便利条件①；鼓励养老服务机构和设施规模化、连锁化运营，实施品牌发展战略，实现规模效应。由此看出，虽然从第三阶段起，国家层面政策已强调居家养老在养老服务体系中的基础性作用，并对设施建设、社区发展和居家养老给予同等重要的地位，但对居家养老缺少实质性支持，政策导向呈现产业化、规模化和设施化特点。

值得关注的是，前三个阶段都比较高频的"家庭"主题词在第四阶段并未"上榜"。关于这个变化，一方面是由于随着养老服务体系的完善，居家养老概念被提出，并且赋予了其在体系中的基础性地位，有关"居家"的表述一定程度上代替了家庭，而且居家养老方式更强调社会服务的供给，而不仅仅是传统的家庭成员照护。另一方面，此变化也提醒笔者在后续的政策文本分析中，更加关注并验证政策对非正式照顾主体的支持，是否呈现出如高频词变化类似的变化。

▶ 4.2　居家养老政策的体系

我国居家养老政策制定和发展的历程中，各级立法机关、行政机关（部门），尤其是国务院组成部门，如民政、老龄、财政、建设、卫生健康等多部门参与其中，以联合发文形式制定或报请国务院（办公厅）发布了多项居家养老政策。充分发挥地方人大和政府，以及学界、社会组织等社会力量，共同建设应对人口老龄化问题的政策环境。整体上看，我国的居

① 民政部门户网站. 民政部 国家开发银行关于开发性金融支持社会养老服务体系建设的实施意见 ［EB/OL］.［2021－05－12］. http：//xxgk.mca.gov.cn：8011/gdnps/pc/index.jsp? mtype＝1.

家养老政策嵌入综合性的养老服务政策及相关政策体系之中。本书结合养老服务政策中居家养老的内容、类别和性质，将居家养老政策归纳为五个层次和六条主线。

4.2.1　居家养老政策的五个层次

居家养老政策体系的最顶层应该是国家立法，以法律、法规的形式明确积极应对人口老龄化的国家政策和支持居家养老的基本理念，规定相关主体的责任和义务，推进居家养老制度的建立和政策的具体制定与实施，为应对人口老龄化、实行老年人居家养老提供法治保障。但截至目前，养老服务立法在国家层面为空白，包含养老服务相关内容的法律为1996年颁布并经过3次修正1次修订的老年人权益保障法；在地方层面，有各地制定的老年人权益保护条例、养老服务条例，以及居家养老服务条例等地方性法规。

居家养老政策体系的第二层次和第三层次应该是国务院颁布的养老服务行政法规和国务院组成部门发布的与养老服务相关的部门规章。其中，养老服务行政法规为空白，养老服务领域现行的部门规章只有《养老机构管理办法》（2020）①，其中涉及居家养老的内容仅有"鼓励养老机构运营社区养老服务设施，或者上门为居家老年人提供助餐、助浴、助洁等服务"一句表述，难以支撑起第二和第三层次。所以实际上，我国居家养老政策体系的第二层次是国家权力机关即全国人大通过的国民经济和社会发展规划、党的中央委员会全体会议通过的公报、政府工作报告，以及最高行政机关国务院发布的各项规划。比如，召开于2005年的党的十六届五中全会提出制定"十一五"国民经济和社会发展规划的建议后，2006年《国民经济和社会发展"十一五"规划纲要》由第十届人大第四次会议审议通过。此规划纲要提出了努力推动社会养老服务功能的完善与强大，让

---

① 引自《养老机构管理办法》（民政部令第66号，2020年9月1日发布）。之所以说该办法是养老服务领域的唯一现行部门规章，是因为2018年修正的老年人权益保障法取消了养老机构设立许可内容，所以2019年5月31日，根据民政部令第64号《民政部关于废止部分部门规章、规范性文件和其他文件的决定》，民政部规章《养老机构设立许可办法》（民政部令第48号）被废止。

老年人享受到更高质量的生活，为老年人提供权益保障的任务要求。虽然这类纲要文件不是法律、行政法规，但作为党和国家的纲领性和指导性政策文件，也为养老服务的发展指明了方向。同样地，国务院发布的养老服务专项规划或综合规划，明确养老服务的目标、原则、任务和保障等内容，进而也构成指导居家养老发展的框架性政策依据。但是，中共中央至今没有印发过养老服务专项政策。国务院（办公厅）印发的最有代表性的文件是两个意见①，在业界和学界被约定俗成称为"国发 35 号文"和"国办发 5 号文"。

居家养老政策体系的第三层是地方立法机关制定发布的地方性法规（见附录 2）。根据《中华人民共和国立法法》的规定，"省、自治区、直辖市的人民代表大会及其常务委员会根据本行政区域的具体情况和实际需要，在不同宪法、法律、行政法规相抵触的前提下，可以制定地方性法规"。自 2014 年以来，地方层面开始了养老服务立法实践。2014 年天津市人大常委会颁布了《天津市养老服务促进条例》，是我国首部养老服务综合地方性法规。作为首部地方性法规，虽然未将居家养老作为单独章节进行规范，但是提出了对社区养老服务的定位②，并明确了服务设施建设规划，对资源整合和服务供给提供了保障，支持老年人享受居家养老服务。随后，浙江省、江苏省、山东省青岛市分别制定发布了本地区的养老服务综合性地方法规。2015 年 1 月，北京市人大发布《北京市居家养老服务条例》。这是我国首部居家养老服务专项地方性法规，并且北京市一改以往由政府部门提出议案报北京市人大常委会审议的程序和模式，而是由北京市人大内务司法委员会直接作为提出法规议案的主体，牵头法案起草工作③，避免了部门起草由于视角和立场不同的局限性，最大限度地体现了民意。从这个角度讲，此地方条例不仅为北京市居家养老服务的发展构建了体系框架、提供了法规保障，也在牵头制定主体和立法程序上勇于尝

---

① 两个意见即《国务院关于加快发展养老服务业的若干意见》（国发〔2013〕35 号）和《国务院关于推进养老服务发展的意见》（国办发〔2019〕5 号）。

② 即"整合资源为居家养老的老年人提供生活照料、家政服务、餐饮配送等服务"。

③ 全国首部居家养老服务地方性法规今起征集民意［EB/OL］.（2014-07-08）［2021-09-30］. http：//news. sohu. com/20140708/n401914490. shtml.

试，为全国居家养老服务立法提供了示范和借鉴。随后，苏州市人大颁布了《苏州市居家养老服务条例》。总的来说，进入居家养老政策发展阶段后，养老服务地方性法规大量发布。据笔者整理和统计，这一阶段各地发布的包含居家养老服务内容的养老服务综合性地方法规，有江苏、广东、宁夏、山东等 13 个省级层面地方性法规，成都、威海、青岛等 19 个市级层面地方性法规。居家养老服务专项地方性法规有《河北省居家养老服务条例》等省级层面法规，以及苏州、乌鲁木齐、合肥等 15 个较大市发布的市级法规。综合性和专项性地方法规的出台为居家养老服务发展提供了保障，弥补了养老服务领域立法的空白。

居家养老政策体系的第四层由国务院组成部门制定出台的一系列具体政策组成，是国务院文件出台后得以顺利实施的保障。各职能部门根据职责和任务分工，针对特定问题出台政策文件，推进党中央、国务院政策的落实。比如，建设部门制定居家适老化改造政策、工业和信息化部门出台智慧养老行动、民政部门发布老年人能力评估标准等。养老服务领域的协商机制是养老服务部际联席会议，自 2019 年设立以来每年召开部长级会议，通过审议养老服务领域重要事项、部署实施改革和专项行动，加强对养老服务工作的统筹协调，形成工作合力，对于推动解决养老服务关键难题、完善养老服务政策起到了重要作用。

在前述四个层次之下还有庞大的基层行政机关和部门制定发布的规范性文件，包括省级及以下党的各级委员会、各级人民政府及其组成部门贯彻落实所属"条"或"块"的政策而印发各类政策，共同构成了居家养老政策的"底层"。但这一层次的政策由于数量过多，难以全面把握。同时，基层的政策文件具有地区差异性，所以在本节的层次分析中未将这部分相关政策全部纳入层次架构，而是从中选取了政策标题中明确含有"居家"或"居家养老"字眼的政策来反映地方政策制定情况。以"北大法宝"法律法规数据库为来源，检索 1999—2021 年符合条件的政策共计 155 项（见附录 3）。如图 4-1 所示，我国居家养老政策体系从上到下进行设计和指导，从下到上对顶层设计进行扩充，对任务和目标分解落实。

图 4-1　我国养老服务政策体系的层次

4.2.2　居家养老政策的六条主线

分析我国各层次居家养老政策的内容，可以发现主要围绕六个方面对居家养老各方主体和要素进行支持。本书概括其为六条主线，分别为经济保障、服务支持、优化环境、信息和技术支持、设施保障与人才队伍的培养和建设。

经济保障是通过补贴、津贴、购买服务等方式减轻老年人群养老经济负担，通过减税降费控成本，给服务组织以支持，降低其运营成本。服务支持是通过生活照料、康复护理等照护服务，以及向家庭照护者提供喘息服务等，协助老年人实现日常生活能力的同时，减轻家庭养老的负担。优化环境既包括尊老社会氛围、法治和规范化的软性环境，也包括老年宜居社区、友好城市等环境的建设，核心是减少老年人生活和参与社会的障碍。信息和技术支持是对居家养老服务的供需对接提供技术平台和数据的支持，也包括智能化老年产品、用品的研发和制造。设施保障则是政府为居家养老服务组织提供设施基地，免费或低租金提供给社会组织使用，以减轻其运营负担。人才队伍的培养和建设是关系居家养老可持续、规范化发展的重要内容。这六条主线的关系并非完全独立，而是相互之间存在一定交叉，若以不同标准、从不同维度划分，则可以进行另外的归类，但无论何种分类，居家养老的核心措施均集中分布于这些主线上。

▶ 4.3 居家养老政策工具的结构

为客观评价我国居家养老政策，本节采用政策工具方法，将政策文本的分析单元编码整理、归类后进行描述统计，进而构建政策工具类型框架，对居家养老政策进行量化分析。

4.3.1 政策文本选择及编码方法

以上一章梳理分析的 74 份国家层面居家养老政策为分析样本，从中提取直接与居家养老政策相关的文本内容作为分析对象，按照"政策编号—条款序号"的格式创建编码，形成居家养老政策的文本内容编码表，将编码整理、归类后进行描述统计，如表 4-2 所示。

表 4-2　居家养老政策文本 NO.7 分析单元编码表

中共中央、国务院《关于加强老龄工作的决定》（中发〔2000〕13号）	7—2—5—1 坚持家庭养老与社会养老相结合，充分发挥家庭养老的积极作用，建立和完善老年社会服务体系 7—2—5—2 坚持政府引导与社会兴办相结合 7—2—5—3 广泛开展敬老养老道德教育，加强老龄工作法制建设 7—2—6 建立家庭养老为基础、社区服务为依托、社会养老为补充的养老机制；逐步建立比较完善的以老年福利、生活照料、医疗保健、体育健身、文化教育和法律服务为主要内容的老年服务体系 7—2—8 完善社会保障制度，逐步建立国家、社会、家庭和个人相结合的养老保障机制，确保老年人生活、医疗等方面的基本需求 7—2—11 要加强社区建设，依托社区发展老年服务业，进一步完善社区为老年人服务的功能。今后企事业单位的退休人员要逐步与所在单位相脱离，由社区组织管理和服务 7—2—18 金融机构要充分发挥信贷支持作用，热情关注、积极支持社区老年服务设施、活动场所和福利设施的建设，按照信贷通则加大贷款支持力度

注：囿于篇幅，其他政策文本分析单元的编码表在附录中呈现。

4.3.2 居家养老政策工具分类

政策工具是决策者用来实现政策目标的手段和方式（王辉，2015），是设定政策目标和达成结果之间的桥梁（吴宾 等，2017）。政策工具分析将政策文本经过内容分解，量化统计分析各类政策工具使用情况，可以对公共政策进行较为客观的评价（王晓峰，2020）。本书采用 Rothwell 和 Zegveld 的分类法，将政策工具分为需求型、环境型和供给型（见图4-2）。

居家养老需求型政策工具是政府通过购买服务、给予补贴等，降低服务对象获取居家养老服务成本的政策，对老年人享受居家养老服务起到"拉力"作用，具体政策工具包含购买服务、发放补贴和保险、对家庭照护者给予支持、对老年人进行评估、促进老年人社会参与等内容。

居家养老环境型政策工具是政府通过制定目标规划、提供规制和标准等政策，为居家养老服务的发展提供环境，间接推进居家养老服务的发展。具体包括制定法规标准和各类规制性文件、设定目标和规划、加强评估和考核、建立协同组织机制、进行广泛的敬老爱老宣传引导等内容。

居家养老供给型政策工具是政府通过各类保障和支持措施，塑造市场，改善服务供需对接，起到推动居家养老服务市场发展的作用。具体划分为人才培养、信息和技术支持、设施保障、市场塑造、资金投入和支持等方面。

需求型	环境型	供给型
A.政府购买服务	F.法规标准规制	K.人才培养
B.补贴和保险	G.考核与评估	L.信息和技术支持
C.家庭支持	H.目标规划	M.设施保障
D.评估和服务	I.宣传引导	N.市场塑造
E.社会参与	J.组织机制	O.资金投入和支持

图4-2　居家养老政策工具分类

4.3.3　居家养老政策工具结构分布

将 74 份国家层面居家养老政策文件按照表4-1的方法和图4-2所示的分类进行编码和归类，形成了国家层面居家养老有关政策内容分析单元编码表（见附录1）和居家养老政策工具分布情况表（见表4-3）。

表 4-3 居家养老政策工具分布情况表

政策工具类型	政策工具名称	分析单元编号	频数	百分比	总和
需求型	政府购买服务	10—3—1—2, 10—3—2, 11—3—8, 27—1—1, 29—3—4—2, 32—4—12—3, 35—3—31, 35—3—33, 35—4—37—2, 48—4—2—20, 50—4—1—6, 57—1—5, 59—1—2—2, 60—3—8, 62—2—1, 63—3—2, 64—5, 67—1—2, 67—4—2	19	3.78%	35.26%
	补贴和保险	10—1—1, 11—3—7—1, 13—2—3—2, 14—3—4—2, 17—2—2—1, 17—2—2—2, 17—5—4, 18—1—4—1, 19—3—1, 19—3—4, 22—2—2—2, 26—2—1—2, 26—2—1—3, 28—1—1, 28—3—2, 35—3—30—1, 35—3—30—2, 36—2—1, 36—4—10—1, 36—4—10—2, 38—10, 38—24, 39—2—3, 39—3—5, 39—5—13—1, 39—5—14, 44—5—16, 46—2—1, 55—4—37—2, 57—4—14—1, 57—4—14—3, 60—4—13	33	6.57%	
	家庭支持	4—3—17, 5—2—10, 6—2—3—1, 8—3—3—2—4, 17—4—2—1, 26—2—1—1, 29—1—3, 29—2—4, 35—2—13, 44—3—8, 50—4—1—1, 50—4—1—5, 52—2—13, 52—2—17, 53—2—1, 53—2—2, 55—2—13, 55—2—17, 56—4—2—2, 56附3—3—10, 57—5—18, 57—6—26, 58—4—2—5, 59—1—2—1, 59—1—2—3, 59—3—8, 60—1—3—2, 61—2—3—1, 61—2—5—2, 62—2—2, 63—3—1, 67—4—3, 73—2—1—1, 73—2—2, 74—6—1—2	35	6.97%	

续表

政策工具类型	政策工具名称	分析单元编号	频数	百分比	总和
需求型	评估和服务	3—4, 4—2—10, 4—3—16, 7—2—5—1, 8—3—2—2, 10—3—3, 11—1—1, 11—1—2, 13—2—3—3, 14—2—1, 16—2—4—1, 16—3—4—1, 17—2—1, 17—4—2—2, 20—1—2, 27—3—3—1, 27—3—3, 29—1—1, 30—2—2—2, 31—3—1, 32—2—5—1, 32—2—5—3, 33—1—2, 33—1—3, 33—1—5, 33—4, 35—4—37—1, 37—2—1, 37—5—2, 38—9—1, 38—9—2, 38—25, 40—2—6, 41—1—1, 42—2—2, 43—6—2—1, 43—6—2—2, 44—1—2—1, 44—3—7, 47—2—1, 47—2—2, 47—2—4, 49—2—5, 50—4—1—2, 51—1—6, 51—2—2, 51—2—4, 52—1—2, 52—2—2—1, 52—2—11, 52—2—13, 55—1—5, 55—4—38—3, 57—4—14—2, 57—5—22—1, 57—5—22—2, 60—4, 61—2—3—2, 61—2—5—1, 61—2—6—1, 62—4—1, 64—2—2, 64—3, 64—4, 71—1—2—2, 71—2—1—2, 71—3—9, 72—3, 73—2—1—2, 73—2—3—1, 73—2—3—3, 74—3—1—1, 74—6—1—1	76	15.14%	35.26%
需求型	社会参与	1—3, 4—3—18, 5—3—35—2, 5—4—41, 8—3—4—2, 2, 18—1—4—2, 20—2—2—3, 35—7—68, 55—7—69, 55—7—72, 57—5—22, 73—4, 73—5	14	2.79%	

95

续表

政策工具类型	政策工具名称	分析单元编号	频数	百分比	总和
环境型	法规标准规制	4—3—15, 5—2—11, 5—2—15, 10—3—8, 12—3—2, 17—5—3, 22—2—3, 22—3—1—1, 24—3—3, 35—2—14, 35—2—18, 35—2—19, 35—2—24, 35—4—38—2, 39—5—13—2, 50—4—1—4, 55—4—38—2, 55—4—42—1, 55—4—42—2, 57—4—17, 60—4—12—1, 64—2—1, 64—6, 66—1—1, 67—2	25	4.98%	16.14%
	考核与评估	23—5, 24—2—3—2, 36—4—10—3, 60—2—6, 62—6—3, 72—5, 73—2—3—2, 73—5—2	8	1.59%	
	目标规划	3—3, 4—2—1, 4—4—24, 14—2—2, 14—3—1, 16—2—2, 20—1—3—1, 21—1, 22—3—1—2, 28—1—2—2, 36—2—2—1, 46—1—1, 49—1—2—1, 49—1—2—2, 73—1	16	3.19%	
	宣传引导	1—2, 4—4—26, 7—2—5—3, 11—5—2, 25—4—5, 35—2—15, 38—34, 48—4—1—16, 55—2—14—1, 57—3—13—1, 57—3—13—2, 73—5—3	12	2.39%	
	组织机制	2—3—2, 4—4—25, 4—4—30, 9—2—3, 11—3—1—1, 12—3—1, 14—3—8, 23—6, 24—3—1, 27—3—6, 27—3—7, 29—3—3, 45—3—6—1, 52—3—1, 53—1, 61—2—6—2, 62—6—1, 67—5—4, 73—5—1	20	3.98%	

续表

政策工具类型	政策工具名称	分析单元编号	频数	百分比	总和
供给型	人才培养	8—3—3—2—5, 10—3—7, 11—3—4, 12—2—6, 13—9—4, 14—3—5—1, 14—3—5—2, 17—2—2—3, 20—2—2—4, 21—3—1, 25—3—4—11—1, 25—3—4—12, 27—3—3, 29—3—4—1, 32—3—9, 33—1—6, 33—7, 34—2—4, 37—3, 37—4, 43—6—2—3, 44—5, 44—6, 47—1, 55—14—1, 57—3—11, 60—5—14—1, 70—6, 附—6, 1—3—1, 70—6—1—3—2	29	5.78%	
	信息和技术支持	8—3—3—2, 14—3—4—3, 16—3—4—1—2, 20—2—2—5, 30—2—1—2, 30—2—2, 30—2—3—2, 32—2—5—2, 33—1—7, 34—2—5, 37—2—2, 40—2—3, 44—3—6—1, 44—4—9, 48—4—1—14, 50—4—1—3, 50—4—1—专3—1, 50—4—1—专3—2, 51—2—1, 52—3—2, 57—5—21, 59—2—5, 62—5, 66—4—14—1, 66—4—14—2, 67—1—3, 67—4—5, 67—5—1, 68—1—2, 71—1—2—1, 71—4—11, 71—6, 14, 72—4, 73—2—6, 73—5—2	36	7.17%	48.61%
	设施保障	1—5, 2—1, 3—1, 4—3—21, 5—3—30, 5—3—35—1, 6—2—2—2, 6, 2—3—2, 8—3—3—2—1, 9—1—1, 9—1—3, 9—1—4, 9—1—5, 9—1—6—1, 13—4—2—3, 13—4—3—7, 15—1, 16—3—4—1—1, 16—3—4—2, 16—3—5—1, 17—4—2—3, 18—1—3, 23—4, 24—2—1, 24—2—3—1, 31—2—1—1, 31—2, 1—2, 32—2—2—1, 33—1—1, 35—4—38—1, 35—4—40, 37—1, 40—2—2, 41—2, 42—2—1, 42—3—3, 44—3—6—2, 45—3—5, 45—3—6—2, 46, 2—2, 48—4—2—19, 50—4—1—7, 51—1—7, 54—3, 55—4—38—1, 55, 4—40—1, 55—6—65, 56—4—1, 57—6—27, 57—6—28, 58—4—2—1, 60—1—1, 67—5—2, 72—1, 74—3—2—1, 74—3—2—2	61	12.15%	

续表

政策工具类型	政策工具名称	分析单元编号	频数	百分比	总和
供给型	市场塑造	2—2—6, 4—2—9, 5—3—33, 5—3—34, 6—2—2—1, 6—2—3—4, 7—2—5—2, 7—2—6—1, 7—2—8—1, 7—2—11—1, 8—3—3—2, 8—4—3—1, 9—1—6—3, 9—3—5—2, 10—3—5, 10—5—3, 11—3—2, 11—3—7—2, 12—2—3, 12—2—5, 13—2—3, 13—5—3—1, 13—5—3—2, 14—3—6, 16—2—3—1, 16—3—4—1—3, 16—3—4—1—4, 16—3—4—1—6, 17—5—6, 18—1—1, 18—1—2, 20—1—3—2, 20—2—2—1, 20—2—2—2, 21—3—2, 27—3—3—2, 30—1—2, 31—2—1—3, 31—4—1, 31—4—4, 32—2—1—1, 32—2—1—2, 32—3—7, 33—1—4, 33—3, 35—4—39—2, 37—5—1, 40—2—1, 41—3, 42—3—9, 44—1—2, 44—4—11, 48—4—2—22, 51—1—5, 52—1—1—2, 52—2—2, 54—2, 54—3, 55—4—37—1, 56—4—2—1, 56—附—1—1—2—1, 56—附—2—1—6, 57—2—8—1, 57—3—12, 57—5—19, 58—4—1, 60—1—3—1, 62—4—2, 65—1—1, 67—1—1—1, 68—1—3, 69—3—24, 72—2, 74—2—2, 74—4—2—1	78	15.54%	48.61%
	资金投入和支持	3—6—1, 3—6—2, 4—4—27, 7—2—18—1, 8—4—3—2, 9—2—4, 9—3—5—1, 10—3—1—1, 11—3—1—2, 11—3—3, 13—4—2—2, 14—3—2—1, 14—3—2, 14—3—3, 17—4—5, 24—3—4, 26—2—2, 27—3—5, 28—3—5, 32—4—12—1, 32—4—12—2, 34—2—1, 34—2—2, 35—4—39—1, 44—5—14, 55—4—39—2, 56—附—1—1—2—3, 57—1—4, 57—1—6, 57—2—8—2, 57—2—9, 58—5—3, 60—3—7, 60—4—12—2, 62—6—2, 67—1—4, 67—4—1, 67—4—4, 67—5—3, 74—4—1—1	40	7.97%	

98

4.3.3.1 居家养老政策工具结构分析

如表 4-3 所示，我国居家养老政策总体上兼顾了各类政策工具的运用，对居家养老发展起到激励和促进作用，政策工具类型应用全面。但各项具体政策工具使用则存在不均衡问题，居家养老政策工具分布数量差异较大，主要表现在以下方面。

首先，政策工具使用结构的不均衡。一是在需求型、供给型和环境型三类政策工具中，供给型政策工具的比例最高，接近一半（48.61%）。二是需求型政策工具（35.26%），环境型政策工具占比最低（16.14%），反映出政府更偏好供给型政策工具，且供给型和需求型工具使用存在结构偏差，环境型政策工具的应用未得到足够重视。

其次，各政策工具内部结构的失衡。在供给型政策工具中，政府首重市场塑造，其次看重使用设施保障工具以及资金投入和支持，而对信息和技术支持与人才培养支持的政策较少，说明政府既着力于发挥市场的作用，又直接进场补助资金，但对于长远的规划，如人才培养的支持和激励还有待提升。在需求型政策工具方面，首先是评估和服务，其次是家庭支持与经济支持的补贴和保险，政府购买服务与社会参与相对较少。在环境型政策工具方面，政府更注重进行法规标准规制、组织机制与目标规划，绩效考核与评估和宣传引导较少，说明居家养老领域更多还处于政策实施的准备阶段，注重设置目标而相对较少进行绩效考核。

最后，不同政策支持对象领域的失衡。从老年人、家庭、社会组织和机构三类对象看，政策工具使用严重失衡，呈现出明显的设施保障工具倾向，而忽视家庭支持工具。这一分析在一定程度上印证和回应了本章第一节在政策文本关键词变化趋势分析中提出来的问题，居家养老政策对家庭照护的支持还远远不足。同时，即使将家庭支持和社会参与除外的其他需求型工具等同于以老年人为对象的政策工具支持，也仍低于设施保障和市场塑造的比例。此外，具体到评估和服务工具的使用，针对老年人能力评估或健康评估的内容仅占不到 5%，以评估为基础的需求界定在政策层面并未得到应有的重视，进而将影响到分层分类精准保障服务供给的效果。

4.3.3.2 分阶段政策工具使用趋势

按照本书第 3 章对居家养老政策沿革阶段的划分，本节从分阶段的角度分析各类居家养老政策工具使用的趋势，如图 4-3 所示，有以下几点发现：

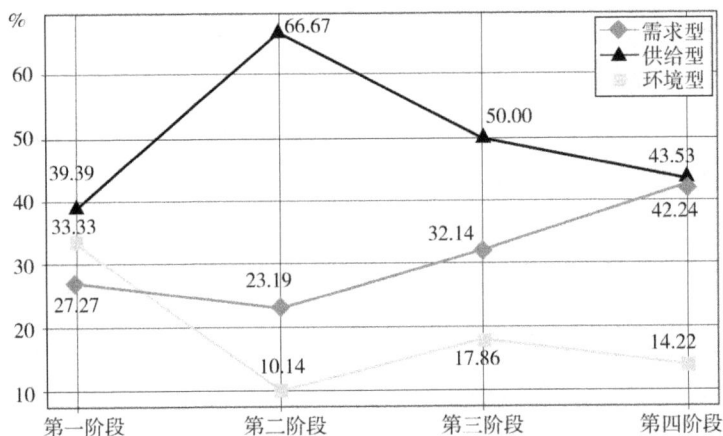

图 4-3　分阶段居家养老政策工具使用趋势图

一是我国居家养老政策制定者总体上仍偏好于供给型政策工具。除了第一阶段由于政策数量过少结果不具有可信度之外，在政策历程的其他几个阶段中，政策制定者对供给型政策工具的使用比例一直居高不下，表明了政策主管部门一贯的思维是给予市场主体和社会组织以税费优惠政策、金融支持、建设补贴和运营补贴、设施保障政策等支持。同时也彰显了政府在引导和鼓励社会力量参与养老方面的"推力"是强劲的。

二是环境型政策工具的使用占比一直较低，表明长期以来政策制定主体较忽视使用考核与评估、宣传引导、法规标准规制等环境型工具，这一结果与本章第二节呈现的居家养老政策体系中法律缺失的特点相互印证，侧面说明了居家养老服务法治化的不足。

三是需求型政策工具的使用比例有提高的趋势，这是一个"好"的趋势。因为这一趋势反映出政策支持逐渐转向需求侧的修正，无论是老年人福利补贴、护理补贴、购买服务等经济支持水平的提高，还是对老年人家庭及其家庭照护者支持的加强，都说明居家养老政策对老年人及其家庭的"拉力"作用在增加，进而在一定程度上减少了老年人获取有关服务的压力和障碍。

————第 5 章————
居家养老政策的实施

政策的生命在于落实。政策理念需要政策主体调动资源、付诸行动、实施政策内容才能转化为现实效果，实现政策目标。国家层面居家养老政策的实施，主要体现在各地对国家政策的落实过程中。中央财政支持地方开展的试点实践，既可以看作是各地对国家层面居家养老政策的贯彻落实，也是各地实施本地区居家养老政策的具体举措。本章以"十三五"时期中央财政支持开展的居家和社区养老服务改革试点（在本章简称"居家养老改革试点"）①的部分试点地区居家养老政策实践为基础，按照上一章提出的政策支持"六条线"梳理各地政策措施，以反映居家养老政策实施的情况。同时，选取服务支持政策中具有代表性的"助餐"政策在广州市的实践作为典型案例，总结其政策实践的成功之处，并通过比较其他地方政策实施问题，剖析影响政策实施的"关键一公里"问题。

▶ 5.1 居家养老政策实践的措施

居家养老改革试点的政策以国家法律法规，党中央、国务院关于养老服务发展的意见、规划等顶层设计政策为依据，由民政部联合财政部共同

---

① 为民政部和财政部于 2016 年联合启动实施，试点为期 5 年，每年安排 10 亿元中央专项彩票公益金，通过以奖代补方式，选择部分地级市开展居家和社区养老服务改革试点工作。根据民政部公布的试点信息，"十三五"期间中央财政专项资金分 5 批次支持了 203 个地区的试点工作，对居家养老政策制定和实施起到了引导作用。

提出开展居家养老改革试点的目标、任务内容①和资金使用要求。各地申报试点资格需设计改革试点实施方案，将国家政策要求落实到开展试点工作的具体任务中，落实的形式既包括因地制宜制定出台具体细化的政策文件，也包括虽然未形成政策但实施了符合国家政策理念和倡导方向的措施。

5.1.1 经济支持拉动需求并促进供给

5.1.1.1 实行养老服务补贴，分类保障居家老年人需求

福建省、广东省落实国家关于对经济困难老年人的服务补贴和护理补贴政策要求，不仅建立了经济困难的高龄失能等老年人补贴制度并实行城乡均等化，辖区所有的县（市、区）均建立了高龄补贴、养老服务补贴、护理补贴等制度，基本实现了特殊困难老人补贴全覆盖。福建省福州市构建政府兜底保障机制，落实特殊困难老年人的基本生活保障。湖北省武汉市推行特殊困难老年人补贴电子结算系统，把各类养老补贴存入老年证，老人在服务网点可直接刷"证"消费，提高了老年人享受居家养老服务的便捷性。

5.1.1.2 发放居家养老服务设施运营和建设补贴

落实国家关于完善居家和社区养老服务设施的政策要求，广东省广州市、陕西省榆林市等地通过全面放开市场，撬动社会力量参与的热情，加大对居家社区养老服务机构和组织的扶持力度。街镇综合养老服务中心按规定享受养老机构、居家养老服务机构税费减免、价格优惠、土地支持、小微企业等财税优惠和资助政策。榆林市建立运营补贴制度，市级财政向每个幸福院每年补贴 2 万元。福建省福州市、北京市通州区等地为制定"养老服务驿站运营扶持/补贴"政策，对已建成投入使用并通过验收，达到本地等级或星级评定标准的居家社区养老服务照料中心给予一次性补助

---

① 根据民政部和财政部印发的通知，"十三五"期间的居家养老改革试点任务内容主要包括：鼓励社会力量参与、建立基本养老服务清单制度、增加养老服务设施、建立信息平台、推进医养结合、加强人才队伍建设、探索农村居家养老发展模式 7 个方面。

奖励。这些奖励补助经费拨付给县（市、区），统筹安排用于居家社区养老服务照料中心和试点项目的运营补助、专业人才奖励、品牌创立奖励。安徽省马鞍山市明确了家庭养老照护床位、社区智慧养老服务三级中心、养老机构延伸服务的一次性建设补贴和运营补贴等，对社会力量建设运营社区养老服务设施的，由市级财政按照每平方米 1000 元的标准给予补助；对建成符合省级标准的示范型养老设施，给予一次性建设补贴，标准为每个机构 10 万元（纵波，2021）。

5.1.1.3 金融和税收优惠政策扶持居家养老服务机构和组织

落实改革试点工作关于鼓励社会力量参与的政策要求，多地出台了优惠政策，对社会力量提供居家养老服务给予支持。江西省九江市出台养老服务体系建设发展三年行动计划（2019），细化养老机构税费减免政策。上海市贯彻落实国家政策，制定印发执行政策[①]，徐汇区作为试点地区落实执行上海市通知，从用水、用电价格等方面对养老机构予以支持[②]。浙江省宁波市、河北省唐山市、安徽省马鞍山市等地围绕财政扶持、税费优惠、金融保障、投资者权益等 7 个方面，实施一揽子优惠扶持政策，规定社会力量运营的居家养老服务机构和设施具有"同等资格"，与政府投入的居家养老服务机构享受同样扶持待遇。广东省云浮市制定《云浮市社会力量参与养老服务扶持办法》[③]，为社会力量提供养老服务设施保障。

[①] 上海市印发的执行政策为《关于本市养老服务机构执行水、电、管道燃气、有线电视等价格标准的通知》。根据该文件规定，对养老机构用电、用水、用气享受居民价格政策，其中用电按照居民合表用户电价标准执行，用气不实行阶梯气价，气价水平按当地居民第一档、第二档气价平均水平执行。

[②] 根据徐汇区规定，对养老服务机构用水、用电、用气应与周边工业、商业或其他单位设施实行分表计量，实际使用量分别按照水、电、燃气居民生活类价格标准计费，暂不实行阶梯式价格。

[③] 根据该文件规定，民办养老机构可利用社会闲置资源兴办养老机构，经有关部门批准临时改变建筑使用功能从事养老服务且连续经营 1 年以上的，5 年内土地使用性质可暂不作变更，闲置公有房产优先用于养老服务，租赁期限延长至 15 年以上，在公开竞租同等条件下给予养老机构优先承租。

5.1.2 环境支持打造适老化老年友好环境

5.1.2.1 居家适老化改造,减少老年人居家生活风险

宁夏回族自治区银川市印发《关于开展居家老年人适老化改造试点工作的通知》,通过公开招标方式,引入专业机构在兴庆区筛选100户60岁以上的"三无"老人、分散特困、低保、低收入困难群体中的失能、半失能家庭,按照平均每户1.3万元的标准,根据老年人所需进行地面落差、地面防滑、安全扶手、马桶助起等适老化改造,全面提升居家老年人的生活品质。北京市石景山区针对老年人传统生活习惯,对有不同需求的老人,精准开展服务——为高龄独居老人安装"一键呼叫"电话机等服务终端,实现居家老人应急救助"一键直达";针对经济困难、高龄失能等老年人家庭,实施"一人一策"家庭适老化改造项目。

5.1.2.2 多措并举,建立孝亲敬老社会氛围

江苏省宿迁市通过设立孝老敬亲"红黑"榜,强化子女赡养义务,解决社会上存在不孝老、不养老问题。在弘扬表彰孝顺子女的同时,对欺老虐老极端事件通过免费司法援助起诉追责,将相关处罚记录、判决结果等失信信息,记入个人信用档案。北京市朝阳区积极为老年人融入社会、参与社会创造各类便利条件,加强家庭美德教育,完善家庭养老支持政策,利用"朝阳孝亲网"在各街乡开展"互助养老""孝亲顾问""孝星评选""文化养老"等活动。甘肃省嘉峪关市设立"孝善基金",创新建立"孝善基金+居家养老服务"新模式。该模式是由子女交纳一定的照护基金,在政策补助标准内,按照"子女交纳多少,政府补助多少"的原则,政府专项基金给予配比补助,为由于客观原因照顾老人有困难的子女出资购买居家养老服务予以支持。重点养老服务对象以外的老年人也可由子女自愿出资为其购买居家养老服务。此服务补贴机制通过建立正向激励,创新性地开辟了家庭照护的多元赡养渠道,通过软性的道德约束和示范带动,引导子女自觉履行赡养义务,形成尊老、敬老、爱老的良好社会氛围。

5.1.2.3 制定专项政策和规划,引领居家养老发展

鼓励各地制定出台推进居家养老发展的政策,并进行中长期规划,明

确居家和社区养老发展重点，是改革试点工作倡导的重要方面。天津市静海区编制《天津市静海区养老服务发展专项规划》，对"十三五"期间静海区养老服务体系建设现状、设施发展现状以及产业发展现状展开研究，提出将建成城乡协调、功能互补、空间优化的养老服务设施网络；打造政府主导、多元供给、城乡统筹、融合创新、竞争有序的养老服务产业发展格局；全面推进居家和社区养老服务全国创新示范，推进"互联网+"居家和社区养老服务发展。重庆市渝北区先后出台《渝北区养老服务业扶持资金管理办法》等系列文件，形成重点支持社区居家养老服务发展的"养老扶持八条"，极大鼓励了社区居家养老服务设施的社会化、专业化运营。

5.1.2.4 强化监督考核，保障居家养老服务质量

北京市朝阳区建立居家和社区养老服务质量指标和评价体系，引入第三方机构开展质量监管，发布《朝阳区社区养老服务运营质量监管报告》，通过推行养老服务质量满意度测评，提高居家社区养老服务品质。四川省广元市为全面提升居家养老服务质量，以政府购买服务的方式，委托专业的第三方机构对全市开展的政府购买居家养老服务进行质量检查，排查分析居家养老服务中存在的质量问题，采取有针对性的整改措施。通过实施居家养老服务质量基本规范达标工程、居家养老等级评价示范工程、提升养老服务人才队伍建设工程，在完成检查任务的同时，排查清除了居家社区养老服务的风险隐患，强化了对居家社区养老服务机构的综合监管。

5.1.3 人才支持推动人才队伍建设

广州市落实人才队伍建设政策要求[①]，采取学费减免、免费技能提升培训、艰苦岗位补贴、实施最低薪酬制度以及对养老护理员公共租赁住房保障、积分入户、健康体检等方面给予优待等项措施，鼓励专业人才和年轻护理员持续从事养老服务（张艳梅，2019）。上海市长宁区出台《长宁区加强养老服务人才队伍建设实施意见》，实施养老护理员技能提升专项

---

① 广州市印发《广州市加强养老服务人才队伍建设行动方案》。广州市荔湾区民政局门户网站. 关于印发广州市加强养老服务人才队伍建设行动方案的通知［EB/OL］.［2021-12-22］. http://www.lw.gov.cn/gzlwmz/gkmlpt/content/5/5654/mmpost_5654456.html#13069.

行动计划，安排专项资金，通过一次性开办补贴、入职补贴、岗位补贴等形式对培训机构、优秀专技人员、护理人员给予支持和鼓励。吉林省通化市以市政府名义制定出台加快养老服务业发展的专项文件，规定"建立养老护理员岗位津贴制度。对取得国家初级、中级、高级养老护理员证书并在养老服务一线工作满 3 年以上的养老护理员，市财政每年分别给予岗位津贴"①。

浙江省宁波市鼓励各级慈善组织参与支持居家养老服务，鼓励工青妇团、残联、红十字会等组织关爱帮扶困难老年人助老志愿服务活动，探索养老助老志愿服务积分等制度。北京市西城区持续推广"西城大妈""邻里守望笑脸相约""暖夕""窗帘约定"等西城区志愿服务组织及服务项目，形成具有西城区特色的为老服务志愿服务品牌；对接辖区资源，在养老服务驿站中试点推广养老驿站志愿者服务反馈机制，每个驿站组建一支老年志愿者团队，每个团队至少由 10 名志愿者组成，服务覆盖至少 20 名高龄、独居、失能老年人。江苏省无锡市印发政策文件，依托市老龄委、基层老年协会、志愿者服务队、老年文体团队、公益组织和社会团体等资源，开展志愿服务进社区、进居家和社区养老服务站点等活动，为居家老人提供义诊、义剪、义扫、衣物修补等便民服务，并开展健康讲座、老人趣味运动会、文艺表演、精神关爱等丰富多样的为老志愿服务活动。

5.1.4 服务支持满足多层多样服务需求

5.1.4.1 老年人需求摸底和评估，为分类保障提供依据

满足有需要老年人的服务需求是发展居家养老的核心任务。对老年人进行需求摸底调查和能力评估，是分类分层提供有针对性服务的前提，也是政策支持的主要内容，对于提高政府购买居家养老服务的精准性、提高资金使用效益、确保服务保障精准，以及提升老年人满意度具有重要作用。浙江省绍兴市印发《绍兴市民政局关于摸排特殊困难老人信息的通

---

① 北大法宝. 通化市人民政府办公室关于加快养老服务业发展的实施意见 ［EB/OL］. ［2022-01-18］. http://www.pkulaw.cn/fulltext_ form.aspx? Gid=18177776.

知》，重点摸排特殊经济困难老年人情况。建立基本数据库，一户一档，并实施动态管理。北京市通州区针对特殊困难老年人开展精准帮扶需求调查，建立数据库，并开展动态更新和评估工作。上海市徐汇区专门开展失能及认知障碍老年人筛查摸底，对全区社区高龄老年人失能、认知症现况进行调研摸底。

5.1.4.2 发展家庭养老床位，为居家老年人提供专业照护服务

江苏省南京市等地探索建立"家庭养老床位"，让高品质机构服务送上门。家庭养老床位即在对老年人家庭进行适老化改造的基础上，在老年人家庭设置照护床位，由专业养老机构对接，定期上门提供照护服务。这种模式弥补了社区服务组织专业性不足的缺陷，以及老年人对入住养老机构"离家养老"的心理障碍，既提高了居家照护服务的专业性，满足了照料需求，也满足了老年人的心理情感需求，体现了服务的人本关怀。通过鼓励社会力量参与养老服务、政策助力床位落地、智慧赋能养老服务等方式，实现把养老院"搬回家"的理想实践。黑龙江省齐齐哈尔市制定出台《齐齐哈尔市家庭养老（照护）床位补贴实施办法》，明确家庭养老床位的概念、建设条件、服务内容、服务流程、申请流程和补贴办法，实现对家庭养老（照护）床位老人与入住机构老人在信息平台上纳入统一空间管理，巩固发挥家庭养老功能。广东省广州市建立社区养老机构、居家服务机构、社康机构联动机制，实现身体评估、居家改造、居家照料和家庭医生服务无缝衔接，打造嵌入式的"家庭养老床位"，并根据老人需求提供生活照料、个人护理、定期巡访等服务。

5.1.4.3 家庭照护者支持，提供培训和喘息服务，减轻家庭照护负担

居家养老改革试点地区探索开展社区短期照护，为家庭照护者提供"喘息服务"。北京市丰台区探索建立地区资源综合支持居家照护模式，整合区域内养老机构、社区托养设施等资源，采取机构短期托养和居家上门照护两种方式，为照护老年人的家庭提供"喘息服务"，变补贴为服务，并调整居家上门和机构照护服务费用，调动更多服务机构积极参与提供"喘息服务"。推动形成"政府购服务、老人享服务、家庭得实惠、企业促

发展"的失能、失智老年人居家照护服务新格局。为保证"喘息服务"的公平性和可操作性,建立评估审核转介机制,通过系统软件对申请人进行评估审核①。由专业第三方机构评估遴选可提供"喘息服务"的机构,并为符合条件的申请人就近安排适合的服务机构,做好服务匹配和服务转介等工作。四川省眉山市创建"综合体+"城市普惠养老模式,在每个街道建设社区养老服务综合体作为中心(社会福利,2021),通过智慧平台打通供需信息,为有居家养老需求的老人提供送餐、洗澡、理发等上门服务。对于有护理需求的老人家庭,可派专业的养老护理员、社会工作者、医护人员等上门照护老人,减轻老人家庭照料者长期照护负担,解决照护难题(中国民政,2021)。

除提供替代性服务,支持家庭养老的另一种方式即为家庭赋能,对家庭照护者提供培训,以提升家庭照护的专业性。云南省丽江市、新疆生产建设兵团第四师可克达拉市开展家庭照护者培训项目,委托第三方社会组织对社区特殊困难老年人家庭照顾者开展入户培训工作,为居家照护者提供知识、技能及心理支持等服务。同时召集主要家庭照顾者组建互助小组,编写家庭照护培训教材,联合志愿医生入户为有需求的老年人提供免费体检及义诊服务,向他们的家庭照顾者提供照护实操指导及心理疏导。陕西省安康市、甘肃省通过线上和线下相结合的方式,为养老护理员、家庭照护者、老年社会工作者等提供的培训给予政府补贴。广东省深圳市将"家庭护老者"能力提升与关爱计划列为民生实事项目,通过开展家庭护老者培训,弘扬和重建家庭照顾伦理道德,培养家庭护老者的基本家庭照护能力,提高家庭护老者在家庭中的价值感。

5.1.5 规划布局服务设施,降低运营成本

试点地区根据老年人口密度与需求密集度,合理规划布局养老服务设施,采取新建、改造、整合资源等方式,最大化发挥设施服务功能,提高

---

① 首都文明网. 北京丰台区试点"喘息服务"两年 累计服务失能失智老人 1 万人次〔EB/OL〕.(2020-12-28)〔2022-01-19〕. http://www.bjwmb.gov.cn/xxgk/cfxd/202012/t20201228_737855.htm.

服务设施使用效益。合肥市印发《合肥市新建住宅小区配建社区居家养老服务用房和设施的建设、移交与管理办法》，细化配建要求，明确设施建设、移交和管理的具体办法。杭州市先后出台《杭州市养老服务设施布点规划》和《杭州市居家养老服务用房配建规范》，解决新建住宅和老旧小区社区居家养老服务用房配建难题。陕西省宝鸡市、四川省广安市、上海市长宁区将各类闲置土地优先用于居家和社区养老服务设施建设，采取划拨、租赁、出售等方式，将闲置厂房、办公场所等优先用于居家和社区养老服务设施建设，公建配套的养老服务设施无偿用于公益性养老服务，并提出用电、用水、用气优惠等10条具体措施。上海市长宁区充分整合闲置和低效资源，将老厂房、宾馆、饭店等房屋，通过多种方式改造为养老服务设施（徐静，2018）。黑龙江省鹤岗市盘活城市棚户区和采煤沉陷区改造公建房屋资源，用于开展居家和社区养老服务；盘活全市医疗和教育闲置资源，拿出其中优质部分用于发展养老事业；盘活大型国有企业闲置资源，合作建设"医疗康养小镇"。

5.1.6 信息技术支持助力居家养老服务提供

安徽省马鞍山市、上海市闵行区、江苏省南京市等地基于市级智慧健康养老产业研究院，培育发展了以老年人智能穿戴产品、机器人应用为核心的云守护、小船科技等一批智慧健康养老示范企业，并试点开展了智慧养老产品服务推广与租赁，推进适老智能应用。安徽省马鞍山市组织实施"适老智能化"改造工程，按照"一户一设计"模式，因地制宜为老年人家庭安装适老化、智能化设备。上海市闵行区大力研发智慧养老产品，如云端智能人形服务机器人、紫外线空气循环消毒机器人、智能清扫机器人、配送药机器人、巡逻机器人等创新型机器人产品，助力养老服务场所开展疫情防控和智能陪护。江苏省南京市在家庭养老床位建设中强化智慧赋能，通过智能穿戴设备对老年人信息进行实时采集，对工作人员服务过程进行动态监管。北京市西城区等地进行智能居家适老化改造，并通过各签约服务机构配置多学科的照护管理师团队提供适老化改造服务。聚焦老年人安全、健康、救急等功能性需求，选择适配性智能物联产品，围绕

"智能监测跟进，辅助器具适配"功能，提供辅具适配建议，提升老年人生活自理能力和居家养老品质。北京市海淀区利用科技文化教育优势，在全区"城市大脑"和"智慧城市"顶层设计框架下，建设区级居家社区养老服务信息平台——海淀区居家和养老服务综合管理平台，为及时准确掌握老年人口信息、监管养老服务、开展巡视探访管理，以及老年人紧急呼叫等提供技术支撑和数据支持。

多个试点地区推广应用智慧养老产品，改善居家老年人的生活品质。黑龙江省齐齐哈尔市加强智慧养老产品的推广和应用，引进适老产品经销公司，联合建设居家和社区养老智慧产品展厅。浙江省金华市发挥国际小商品市场和家用休闲旅居用品产业优势，举办首届中国义乌老年产业博览会，发展和推广智慧养老服务和产品。为居家老人定制紧急电话终端，实现一键呼救、遥控呼救、定位查询等功能。为失智老人提供定位查询，戴上装备的老人可根据定位查询系统查询老人行动轨迹，并将位置信息及时发送给监护人。

5.2 居家养老助餐政策的实践：以广州市政策为例

之所以选取广州市的居家养老助餐政策作为典型案例分析对象，一方面是因为用餐问题是居家老年人的普遍服务需求，大多数的居家养老改革试点地区都开展了为居家老年人提供助餐服务的实践；另一方面，作为2016年中央财政支持的第一批居家和社区养老服务改革试点地区，广州市在包括助餐服务在内的居家养老服务方面进行了长期探索，形成了一定的经验。其中，广州市有关部门协同共治，推进解决助餐政策落实难题的做法在全国具有参考意义。

5.2.1 政策缘起：解决大城市"养老难"背景下老年人助餐需求

如表5-1所示，"十二五"时期，广州市的人口老龄化程度加深，高

龄老年人数、纯老家庭人口数，以及独居老年人数都连年上升。根据
《2015 年广州市老年人口和老龄事业数据手册》[①]，截至 2015 年底，广州
市 60 周岁以上的户籍老年人口共计 147.53 万，占总户籍人口的 17.27%。
"十三五"和"十四五"时期，广州市人口老龄化程度仍逐年加深，不管
是以 60 岁或者 65 岁作为老年人口起点年龄，其人口总量都呈现逐年上升
的趋势。截至 2022 年，户籍 60 岁及以上老年人口 195.21 万人，占户籍人
口的 18.86%。

虽然广州市整体老龄化水平低于全国老龄化水平，属于轻度老龄化阶
段，但各区老龄化程度分化，老城区已进入中度老龄化社会。2015 年，越
秀区、海珠区、荔湾区和白云区 4 个老城区的老年人口已占全市老年人口
总数的 55% 以上（如表 5-2 所示）。2022 年，该占比仍维持在 55% 的水
平，且"最老"的荔湾区（30.32%）、越秀区（28.41%）和海珠区
（27.80%）三区，老龄化程度均达 30% 左右，大城市老城区养老难的问题
日益凸显。

表 5-1　"十二五"时期广州市人口老龄化程度主要数据

指标	年份				
	2011	2012	2013	2014	2015
全市 60 岁以上人口数量（万人）	121.24	126.42	133.04	140.65	147.53
占总户籍人口比重（%）	14.93	15.43	16.03	16.75	17.27
全市老年人口抚养比（%）			14.41	15.10	15.65
全市 80 岁以上人口数量（万人）	18.75	19.53	21.23	22.65	23.81
占老年人比重（%）	15.46	15.45	15.96	16.10	16.14
全市纯老家庭人口数量（万人）			26.15	26.49	26.76
全市独居老人数量（万人）			11.23	11.59	12.50

数据来源：根据历年《广州市老年人口和老龄事业数据手册》整理。

---

① 新华网. 广州发布老年人口和老龄事业数据［EB/OL］.（2017-02-27）［2022-01-18］.
http：//www.xinhuanet.com//local/2017-02/27/c_1120537426.htm.

表 5-2 2015 年广州市老城区人口老龄化程度

	60 岁以上人口数 （万人）	老龄化程度 （%）	占全市老年人口数比重 （%）
越秀区	26.52	22.57	17.89
海珠区	22.48	22.25	15.24
荔湾区	17.66	24.40	11.97
白云区	15.06	16.41	10.21

数据来源：《2015 年广州市老年人口和老龄事业数据手册》。

面对日趋严重的人口老龄化形势，广州市谋划推进养老服务体系建设。2016 年，广州市被评选为第一批居家养老改革试点地区，以此为契机，广州市开展了全市范围的老年人服务需求摸底专项调研。调查结果显示，居家养老仍是老年人最主要和最偏好的养老方式，且排名最高的居家社区养老服务需求是助餐服务。广州市政府从老年人的现实需求出发，在 2012 年起民政局印发推进居家养老发展的系列政策文件基础上，2016 年广州市人民政府办公厅印发《关于深化社区居家养老服务改革的实施意见》，并出台《广州市社区居家养老服务管理办法》，从深化改革、落实民生实事的高度推进居家养老服务，部署长者饭堂工作。民政局印发居家和社区养老服务改革试点方案，细化落实市政府部署。随后，广州市政府及有关部门不断完善政策，以"大配餐"为重点推行社区居家养老服务，印发多项助餐配餐、优化长者饭堂服务供给的专项政策，进一步完善了支持老年人居家养老、保障老年人用餐需求的政策体系（见表 5-3）。

表 5-3 2012—2022 年广州市主要居家养老政策

序号	政策名称	制定主体	印发时间
1	广州市民政局《关于印发〈广州市社区居家养老服务实施办法〉的通知》	广州市民政局	2012 年
2	《广州市居家养老服务机构评估和资助试行办法》	广州市民政局	2013 年
3	广州市人民政府办公厅《关于深化社区居家养老服务改革的实施意见》	广州市人民政府办公厅	2016 年

序号	政策名称	制定主体	印发时间
4	广州市人民政府办公厅《关于印发〈广州市社区居家养老服务管理办法〉的通知》	广州市人民政府办公厅	2016 年
5	《广州市社区居家养老服务改革创新试点方案》	广州市民政局	2016 年
6	广州市民政局、食品药品监督管理局《关于进一步提升老年人助餐配餐服务的通知》	广州市民政局、食品药品监督管理局	2017 年
7	广州市民政局《关于印发〈充分挖掘和发挥高校、企事业单位作用 优化长者饭堂服务供给工作方案〉的通知》	广州市民政局	2019 年
8	《广州市老年人助餐配餐服务管理办法》	广州市民政局、财政局、市场监督管理局	2020 年
9	《广州市养老服务条例》	广州市人大常委会	2021 年
10	广州市人民政府办公厅《关于印发〈广州市养老服务体系建设"十四五"规划〉的通知》	广州市人民政府办公厅	2021 年
11	广州市委办公厅、市政府办公厅《关于推动基本养老服务体系发展的实施意见》	广州市委办公厅、市政府办公厅	2021 年
12	广州市民政局《关于印发〈广州市基本养老服务清单（2021 年版）〉的通知》	广州市民政局	2021 年
13	《广州市老年人照护需求综合评估管理办法（试行）》	广州市卫生健康委员会、广州市民政局、广州市医疗保障局、广州市残疾人联合会	2021 年
14	《广州市长期护理保险试行办法》	广州市医疗保障局、广州市财政局、广州市民政局、广州市卫生健康委员会	2021 年
15	《广州市居家社区养老服务管理办法》	广州市人民政府办公厅	2022 年

由表 5-3 可以看到，自 2012 年至今，广州市逐渐构建了较为完善的居家养老政策体系，对配餐、助餐为老服务的政策支持网逐步织密。从政策制定主体的层级来看，广州市居家养老政策体现了高位推动，广州市人民政府发布专项政策，从顶层设计的角度为社区居家养老服务发展指明了方向，并以助餐配餐服务为抓手，推动"大配餐"体系建设，进一步拓展居家养老服务内涵。广州市民政局及相关部门落实市政府的决策部署和制度设计，通过开展居家养老改革试点工作，确立了构建"全覆盖的社会化'大配餐'服务体系"的年度目标和三年计划①。从政策对象和内容来看，广州市居家养老政策和大配餐支持政策，既有对多元助餐主体的供给型政策支持，也有对老年人提供用餐补助的需求型政策支持，还创新性提出了通过挖掘高校、企事业单位作用，优化长者饭堂服务供给的工作方案，并设计了持续实施长者饭堂提升工程的行动计划，形成了清晰的以"大配餐"服务为重点的居家养老服务发展思路。从政策性质来看，从行政部门印发规范性文件到立法部门发布地方法规，实现了对居家养老的法治保障。

5.2.2 政策实施：部门联动支持长者饭堂建设

5.2.2.1 解决用餐难题纳入民生实事

除政策体系的完善之外，广州市委、市政府主要领导对长者饭堂工作高度重视，多次对养老服务工作作出指示批示，对长者饭堂工作作出部署，高位推动了大配餐服务体系的建设。自 2016 年起，广州市委、市政府将长者饭堂建设纳入了市委全会报告、政府工作报告和十件民生实事，与全市中心工作一同部署推进（张伟涛，2018）②。在市级的层面，广州市政

---

① 构建"大配餐"服务体系的年度目标即在全市街道和有条件的镇、村（居）社区全面设置助餐服务点，每个街道不少于 3 个助餐点，构建全覆盖的社会化"大配餐"服务体系，确保 2017 年服务 300 万人次以上的年度目标。三年计划为：通过三年的实践，构建覆盖全市行政区域、覆盖全体老年人的社会化"大配餐"服务体系，保障年服务 1000 万人次的服务能力，培育一批具有较大知名度和影响力的集体用餐配送企业、中央厨房和机构。在提供营养套餐、就餐专区、送餐上门等基本服务的基础上，进一步拓展提供营养咨询、个性化套餐、探访慰问、晚餐等服务。

② 张伟涛. 广州市"一口热乎饭"破解社区居家养老难 [N]. 中国社会报，2018-05-30.

府分管民政工作的主要领导定期主持召开全市社区居家养老服务现场会，通报长者饭堂的建设情况、部署工作，推动"大配餐"体系建设有序开展。在有关部门和基层政府的层面，民政、财政、市场监管、卫生健康等部门通力合作，各区、街镇党政主要领导过问、狠抓落实，协调解决助餐企业遇到的困难和问题。有关部门和基层政府出台供给型支持政策，鼓励优秀的助餐企业拓展实现连锁化经营；通过完善环境型政策，以通报督办、设立绩效考核指标等措施加强考核和督促，压实责任；通过制定出台老年人用餐补助等政策，从需求端保障了老年人享受助餐服务的权益。可以说，广州市既科学均衡使用各类政策工具，构建了完善的政策体系，又有强有力的政策实施措施和考核体系，共同形成了推动"大配餐"体系建设的有效力量。

5.2.2.2 立足就近社区，布局助餐站点

在"长者饭堂"设施规划和布局方面，广州市在综合考虑老年人居住和活动集中度、步行通达等条件基础上，按照"中心城区 10~15 分钟、外围城区 20~25 分钟"的距离半径进行布点，确保长者饭堂方便可及（谢磊，2018；杨文明 等，2021)[1]。长者饭堂设施不以新建为主，而是充分盘活利用已有设施和闲置资源，包括对老年人活动中心、社区现有物业进行适老化改造，积极推动高校、企事业单位等餐厅向老年人开放，避免大拆大建和大幅增加财政负担。截至 2023 年，广州市长者饭堂已有 1157 家，实现了镇街、村居全覆盖。

在服务体系构建方面，广州市社区居家养老服务体系设计区分界定基本项目和拓展项目，将配餐助餐纳入基本项目。此外，广州市引导支持养老机构利用自身资源和优势向周边社区老年人开放医疗护理、老年餐厅等设施，兴办或承接运营社区日间照料、助餐配餐等养老服务项目，提供包括助餐服务在内的社区居家养老服务。

5.2.2.3 筹资多元化，确保助餐配餐可持续运营

2020 年，广州市民政局、财政局、市场监督管理局联合印发《广州市

---

① 杨文明，刘晓宇，姜晓丹. 普惠型服务保障幸福晚年［N］. 人民日报，2021-09-03.

老年人助餐配餐服务管理办法》（以下简称《管理办法①》），确定老年助餐坚持广覆盖、保基本、可持续的原则，实行政府补一点、企业让一点、慈善捐一点、个人掏一点的"4个一点"办法，由政府、企业、社会组织、家庭和个人等合理分担助餐服务成本（张建军，2018）②，实现多方支撑、广泛参与，保本微利和增长扩面。截至2023年，广州市有160个企业、社会组织参与助餐配餐服务，社会力量运营的长者饭堂从2017年的993家，占总数的85.8%③，上升至2023年的1157家，100%由社会力量运营。

5.2.3 政策落实："要件缺项"和"资质豁免"突破政策"壁垒"

广州市在构架"大配餐"服务体系，实施助餐配餐支持政策过程中，也出现了政策落地难的问题。与全国诸多城市遇到的难题类似，居家养老政策的落地不仅涉及民政部门，还涉及其他相关部门，部门间的政策协同程度是影响政策落实成效的重要因素。根据《管理办法》，老年人助餐配餐服务提供方式有自建厨房服务模式、单位食堂专区（窗）服务模式、集体用餐配送服务模式、餐饮企业参与助餐配餐服务模式、邻里互助服务模式5种模式。经过试点与摸索，其中效果最好也最受老年人欢迎的模式为社区自建厨房模式，以及高校、企事业单位、养老服务机构单位饭堂模式。对于社区自建厨房服务模式，根据《管理办法》，在长者饭堂场地内制作、加工、分餐或者分餐并消毒餐具的，应符合食品生产经营许可管理有关规定，取得相应的《食品经营许可证》。没有现场加工环节，仅对配送到长者饭堂的成品进行分餐或者分餐并消毒餐具的，由各区市场监督管理部门依法实施食品经营许可审查。取得《食品经营许可证》需要以取得营业执照的工商主体，或机关、事业单位法人登记证、社会团体登记证或

① 广州市人民政府官网.广州市民政局 广州市财政局 广州市市场监督管理局关于印发广州市老年人助餐配餐服务管理办法的通知［EB/OL］.（2021-05-23）［2022-12-22］.https://www.gz.gov.cn/zwgk/zdly/mzxx/yljgjbxx/content/post_7150698.html.
② 张建军.广州构建全覆盖的社会化"大配餐"服务体系［N］.经济日报，2018-06-15.
③ 同②.

营业执照等载明的主体作为申请人。而长者饭堂一般是社区养老服务设施的一部分，不具备独立主体资格，所以在申请取得《食品经营许可证》条件上有先天的缺陷，成为影响自建厨房服务模式助餐配餐政策落实的首要障碍。对于养老服务机构单位饭堂模式，在配餐环节也有资质要求，即要求集体配餐单位需具备集体配餐资质，如图 5-1 所示。

在以上的政策要求下，长者饭堂政策的实施面临两个现实障碍：一是餐食生产和配送端的资质政策门槛，即餐饮制作场所应取得相应的《食品经营许可证》，以及集体用餐配送应具备相应资质。二是餐食接收端的食品经营许可政策门槛，即对于不具备《食品经营许可证》的长者饭堂，不能够制餐，只能从集体配餐单位饭堂运送分装好的盒饭，再分送给有需求的老年人；对于有条件取得《食品经营许可证》的长者饭堂，则可以现场制餐、分餐，老年人既可以堂食，也可以外带（送），用餐方式较为灵活。

为推进居家养老服务体系建设，广州市从 2016 年 12 月起多次召开现场会，推动试点工作开展。市政府分管副市长每两个月到各区召开创新试点现场会，观摩服务场景，研究解决存在的障碍难题。针对长者饭堂政策落地难题，广州市政府领导牵头召集养老服务部门联席会议，共同研究长者饭堂运营中的专业资质问题，并借助市领导同时分管民政部门与市场监督管理部门的优势，协调市场监督管理部门在食品经营许可资质方面取得了突破。

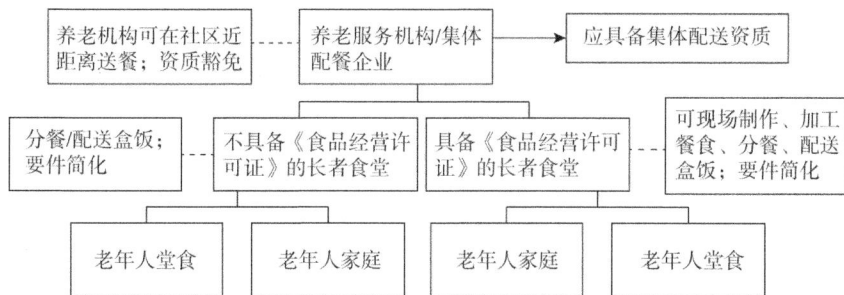

图 5-1　广州市长者饭堂集中供餐模式图

一方面，对于餐食制作和配送端，允许养老机构参照集体用餐配送单位在社区一定范围内配送老年餐。养老机构不属于集体用餐配送单位，其配餐送餐存在"主体适格"的问题。但养老机构制作的餐食更符合老年人口味要求，且价格适中，广受周边社区老年人的欢迎。为此，广州市民政局与市场监管部门充分沟通，并邀请市政府领导到长者饭堂参观，现场汇报问题。在市政府领导的协调下，最终食品安全部门允许养老机构在严格执行分餐、消毒等标准的基础上，在周边社区一定控制范围内进行配餐。同时，食品安全管理部门通过加大检查力度进行监管。这是广州市在养老机构配餐资质豁免上取得的一个突破。

另一方面，针对餐食接收端，对长者饭堂分餐应具备的食品经营许可资质允许合理缺项。2017 年，广州市民政局联合食品药品监督管理局印发《关于进一步提升老年人助餐配餐服务的通知》[①] （穗民〔2017〕396 号），明确"长者饭堂无现场加工环节，仅对配送到长者饭堂的成品进行分餐或者分餐并消毒餐具的，其办证条件和核查要求可以根据实际经营存在合理缺项"。此处"合理缺项"在实践中"由各区市场监督管理部门依法实施食品经营许可审查"，相当于在政策层面允许办证条件适当从简，具体由主管部门核查要求。此项规定是广州市民政局贯彻落实上级民政部门有关文件，在解决长者食堂资质问题方面的具体举措。

5.2.4　政策成效：从"小饭堂"到老年人社会参与平台

第一是构建了较为完善的政策支持体系。如本章前部分所述，广州市居家养老助餐配餐服务支持政策，从层级上涵盖了法规、行政部门规范性文件、具体实施方案；在政策工具使用上兼顾了需求型政策工具、供给型政策工具和环境型政策工具；在政策内容上包括经济支持政策、设施保障政策、服务和配餐队伍建设等，政策体系的构建思路和整体框架值得其他试点城市学习借鉴。

第二是助餐配餐的服务供给网络覆盖面提高。截至目前，广州市共有长者饭堂 1157 个，覆盖全市街道（镇）、社区（村），且社会力量成为提供助餐配餐服务的主体力量。

---

① 此文件为依申请公开。

第三是助餐配餐支持政策外部效应明显。规模化、市场化、专业化的助餐配餐服务满足了老年人的健康饮食需求，并且带来两方面的外部效应。一方面，老年人通过在长者饭堂就餐，增加了参与社区活动的机会。助餐工作人员开展人文关怀的服务、与长者交流，使得老年人的精神状态和心态得到改善。根据第三方机构民意调查显示，老年人对助餐配餐服务知晓率达到 95.4%，满意率超过 90%①。另一方面，通过提供配餐服务，结合建立社区居家巡视探访服务机制，有关部门可以及时掌握辖区独居、高龄老年人的生活状况，在一定程度上可避免极端事件的发生。

第四是初步形成了长者饭堂的"广州品牌"。经过数年摸索形成的长者饭堂服务体系、政策体系、资金筹集模式，以及场所设施的配置和装潢，都具有鲜明的广州特色，成为广州市发展社区居家养老服务的一张名片，多次被党中央和国家有关部门推广和宣传。广东省委深改委将广州模式向全省推广，中央主流媒体也持续刊发报道，宣传广州以长者饭堂为核心的社区居家养老服务体系建设发展成效。

5.3 启示

5.3.1 专家参与和地区间政策学习有助于政策的实施

通过对居家养老改革试点地区开展工作实践的梳理，笔者发现试点地区居家养老支持政策实施呈现了诸多特点，可以为其他地区政策制定和实施提供经验参考。首先是专家充分参与。各地在推进开展居家养老改革试点工作，以及制定和实施居家养老政策过程中，积极邀请专家参与，这是与以往政策制定过程最不同的特点。上海市闵行区邀请专家全程指导改革试点工作，参与试点结项评价，协助开展调研考察、对接市外资源，为闵

① 广州市卫生健康委员会. 广州市发布 2018 年老年人口占比和老龄事业数据 [EB/OL]. (2019-10-14) [2022-10-22]. http://wjw.gz.gov.cn/tpxw/content/post_ 2431842.html.

行居家和社区养老服务改革试点工作献计献策，提供智力支持和合理化意见建议。青海省西宁市借助中国老龄产业协会依托其专业团队的力量，通过座谈会、培训、实地调研等形式为西宁市居家和社区养老服务改革试点工作出谋划策。四川省宜宾市邀请北京师范大学等养老行业专家通过试点调研、专题培训、座谈指导、编制规划等形式，为试点工作建言献策。浙江省金华市在居家养老政策体系的设计和政策制定过程中，邀请来自大专院校、科研机构等专家，组成专家指导组，全过程参与和指导，开展试点项目评价，给予智力支持，从试点方案研究到政策制定和落地等环节都积极咨询专家建议，采纳合理化意见。其次，地区间的政策学习借鉴推进了政策实施。居家养老改革试点工作形成了包括试点地区自我评价、地区间交互考核，以及专家考核等方式的考核机制，并从第三批试点工作开始，提出了新申报试点资格的地区应参考借鉴前批次工作经验的要求。地区间交互考核、工作交流和借鉴为试点地区提供了政策沟通与学习的渠道。对居家和社区养老服务体系建设过程中的共性问题，后批次试点地区充分学习借鉴已有的成功经验，既防止各地进行重复性项目建设和项目探索，又减少了政策试错成本和政策不公现象。

5.3.2 政策实施存在"大水漫灌"和"运动式"治理现象

居家养老改革试点政策在各地落实过程中，也暴露了政策设计和执行等方面的问题。首先，政策设计的精准性不足，存在需求群体瞄准不足和支持措施瞄准偏差问题。由于是第一次在居家养老领域做试点、给资金，在资金使用、项目支持等方面，尤其是前三批试点地区开展工作存在一定的"大水漫灌"和"撒胡椒面"的现象。无论从试点的整体设计还是到各地的实际执行，都未能精准发力，重点击破，形成鲜明的支持模式。经过老年人底数和需求调查后，服务供给和政策支持是否能够符合老年人的需求是关键问题，否则就造成了需求群体瞄准的偏差和供需的错位。其次，政策实施存在"运动式"和"资料化"。在试点工作开展中，部分试点地区出现"运动式治理"和"资料化落实"的问题，表现为在试点考核前短期内过于密集制定出台政策，以及试点工作考核的资料化逆向影响试点地区将资源和精力重点投放在显性的、见效快的工作和资料准备上，所产生的效果是"立竿见影"的。对于老年人数据、服务记录等资料信息的考核要求，出现了以资料化、数字化落实的应对现象。而对需要更多时间培育、见效慢的居家养老服务队伍建设、服务标准化等工作则没有给予应有的重视。最后，考核奖励机制对政策实施的影响是值得关注的。以试点工作为例，每年的绩效考核机制对试点工作的开展有反向影响。在多维度的考核指标中，当工作任务维度和时间维度发生冲突时，考核单位更多强调时间要求，导致试点地区以按期支出试点经费、保证预算执行为主要任务，而对于需要更多时间建立长效机制的工作不能给予足够的重视。

5.3.3 部门分割给政策落实带来障碍，导致政策效果对冲

养老服务是长链条的复合性行业，服务生产和供给的各环节涉及不同的行业领域。居家养老服务的提供涉及卫生健康部门监管的医疗护理资质核准、人力资源社会保障部门对养老护理人才队伍的规划；社区养老服务设施的建设和运营涉及自然资源规划部门对土地规划的核准，消防安全部门对消防施工和设施的验收与备案，市场监管部门对制餐、用餐环境和食品安全有关资质的监管等。

在政策制定环节，相关部门基于职责要求，对养老服务的规制性态度都体现为对政策有关内容的反复征求意见和协商，甚至出现"拉锯"现象。民政部门是养老服务的主管部门，但养老服务的发展仅依靠民政部门单独力量难以实现，而是需要跨部门协同配合。为此，成立养老服务部际联席会议制度，加强领导，强化养老服务工作和资源的统筹协调，形成合力①，对于养老服务政策落实具有重要意义。

部门间协同配合的问题在政策实施环节更加突出。比如，国务院、国

---

① 根据《国务院办公厅关于同意建立养老服务部际联席会议制度的函》（国办函〔2019〕74号），养老服务部际联席会议制度的职能包括：在党中央、国务院领导下，统筹协调全国养老服务工作，研究解决养老服务工作重大问题，完善养老服务体系；研究审议拟出台的养老服务法规和重要政策，拟订推动养老服务发展的年度重点工作计划；部署实施养老服务改革创新重点事项，督促检查养老服务有关政策措施落实情况；加强各地区、各部门信息沟通和相互协作，及时总结工作成效，推广先进做法和经验；完成党中央、国务院交办的其他事项。

务院办公厅、民政部多次印发文件明确非营利性养老服务机构的税费优惠和各类扶持政策。地方民政部门以转发的形式予以落实，部分政策甚至由当地政府名义转发落实，但在实际落地中仍存在诸如电费调整以国家电网文件为准、水费涉及自来水厂转企后价格市场化等部门分割和条块分割带来的落实难问题，进而影响到政策的有效性。再如本章案例分析部分描述的老年人助餐政策落实中，食品安全监管部门对老年餐配餐单位资质的要求和老年食堂分餐资质的要求，从食品安全角度有食品安全法的支撑，具有合法性。但从现实情况与老年人需求角度考虑，养老机构配餐又具有合理性。以上问题反映了在居家养老政策落实中产生了政策主体利益和客体利益的冲突，显然政策制定主体既不能抱守"价值中立"更不能"主体自利"（赵洪泽 等，2006）。公共政策主体应从满足老年人需求角度出发，在践行部门监管职责和解决实际问题中取得平衡。相关部门职责清晰的同时应具备一定的兼容性，以推进居家养老政策落地（丁建定，2018），体现政策主体的担当与作为，最大限度发挥公共政策对社会诉求的回应，满足老年人居家养老的需求。

笔者在对北京市部分社区养老服务驿站助餐点走访中发现，在机构配餐资质方面大都面临食品监管部门规定的行业门槛问题，部分地区采取"绕开"这个问题默许式"支持"的应对方式，但如果上升到政策层面的明确规定，则食品监管部门将表示明确反对。广州市解决此问题的思路值得借鉴，但难以效仿，因为同一市政府领导既分管民政部门，又分管市场监管部门是这一问题得以解决的关键所在。在此优势条件不具备的情况下，部门间协调共治的局面难以形成，从而带来政策落实"最后一米"的问题。这在一定程度上也反映了养老服务领域法制的不足。

总之，"十三五"期间试点工作既为我们观察地方政策实施情况提供了样本窗口，也为各地居家养老服务发展提供了资源和时机，激发了各地对居家和社区养老服务的重视，把建设养老服务体系的重点从机构扭转到居家和社区领域，从设施建设扭转到服务供给，对于调整养老服务结构、解决结构性供需矛盾打下了良好的基础，为今后居家养老服务体系和政策体系的建立，积累了设施体量，构建了政策基础，提供了经验参考和教训提醒。正是基于"十三五"期间试点的尝试和总结,"十四五"期间民政部和财政部组织实施"居家和社区基本养老服务提升行动项目"①,定位于基本养老服务,聚焦家庭养老床位和居家养老上门服务两项支持内容,以建立居家基本养老服务高质量发展为目标,集中发力分类、分层满足老年人居家养老需求。

---

① 民政部.民政部办公厅、财政部办公厅关于组织实施 2021 年居家和社区基本养老服务提升行动项目的通知［EB/OL］.（2021-10）［2021-12-28］.http：//www.mca.gov.cn/article/xw/tzgg/202110/20211000037267.shtml.

—— 第 6 章 ——
居家养老政策的效果评估

政策评估是通过一系列指标对政策动议、制定、实施的过程，以及政策内容、制定主体和对象反馈等进行评价，既反映政策的普遍性，又体现政策的差别性；既描述政策的成效，也总结不足和问题。从政策阶段的角度来看，政策评估有政策制定评估、实施评估、绩效评估等内容；从评估方法的角度来看，政策评估分为定性评估和定量评估；从政策成效和特点的角度来看，可从公平性、协同性、有效性等方面进行评价。本章尝试设定政策健全程度、支持力度和精准性等定性指标，对居家养老政策进行评估，呈现我国居家养老支持政策的成效和不足。

▶ 6.1 居家养老政策评估的标准

6.1.1 政策健全程度

政策的健全程度是指居家养老政策体系是否完备，内容是否全面，以及是否稳定和可持续。本章主要从法治化和系统性两个层面考察。法治化反映制度定型，也是该制度发展的依据；系统性包括居家养老政策自身的完整性和体系化程度，以及居家养老政策与养老服务其他政策体系、社会保障其他制度安排的协同性，还包括政策制定有关部门是否协同配合。

6.1.1.1 法治化

居家养老是我国老年人的普遍选择，老年人居家养老的权利应该是一项基本的社会保障人权，而这一权利只有通过法律赋权明责才能得到保障（华颖 等，2020）。制定养老服务立法框架，明确居家养老的原则及其相关主体的责任，包括老年人及其家庭是居家养老第一责任主体，政府依法承担相应的财政保障职责，社会力量依法参与居家养老服务，建立有效的管理体制和运行机制，这将是制度框架和资金支持趋向稳定的根本保障。所以，法治化是衡量养老服务制度定型与否的重要指标，也是养老服务长远发展的根本保障。

6.1.1.2 系统性

党的十九大报告将"系统性、整体性、协同性"作为改革取得重大突破的宝贵经验。完善民生制度安排也应如此，尤其是养老服务涉及面广、链条长，这决定了养老服务体系的建设、有关政策制定和制度安排更需有系统观念。居家养老政策的系统性是制约政策能否产生实效的关键指标，既反映在政策体系自身是否内容全面、是否成体系、政策间是否衔接顺畅上；也反映在与其他政策体系和制度安排的协同性上，包括人口政策、医养结合政策、其他社会保障制度安排等是否存在交叉、冲突；还反映在居家养老涉及的多元主体之间是否协同配合上，包括政府及其相关部门等政策制定主体是否协同、各类养老服务机构和组织等服务供给主体是否有效分工等。一项好的政策虽然内容全面、措施多元，但如果与相关政策存在明显冲突，则可操作性将大打折扣。同样地，如果政策涉及的主体在政策制定和实施过程中，高筑壁垒、维护部门利益而非老年人利益，缺乏协同配合的精神，那么政策的落实将存在极大难度，成效也将大打折扣。

6.1.2 政策支持力度

居家养老政策支持的力度是指通过政策倾斜，对关乎居家养老发展的人、财、物等资源的配置力度。主要从财政资金对居家养老的投入、政策惠及老年人的数量，以及政策支持下服务设施的数量等方面来衡量。其中，财政资金投入指标在一定程度上反映出政府的重视程度和支持力度，政策惠及人群数和设施数量两个指标可以反映出政策支持的效果。

6.1.2.1 财政资金投入

由于长期以来，我国政府收支分类科目中没有养老服务单独预算科目，在"社会保障"预算类科目中也没有单独列出养老服务，养老服务的资金来源和支出都是在"社会福利"专项科目，或挂靠"优抚"等其他科目，给养老服务的财政投入和支出的测量统计带来极大的困难，所以居家养老也就不可能有专门科目。同时，中央预算内投资项目资金的拨付也是以省份为单位下达资金，以不同建设项目类别核算，也缺少"养老服务"或"居家养老服务"的单独统计。基于以上现实情况，本节居家养老财政资金投入仅指的是政府收支分类科目"社会福利"的彩票公益金专项支出部分，包括中央财政和地方财政两个层面。对国家发展改革委负责的中央预算内投资金额，只呈现其中用于社区养老服务设施的部分。

6.1.2.2 惠及人群数

居家养老政策惠及人群数即各项政策所覆盖的老年人数量，是用以反映政策支持成效的较为直观的指标。具体包括低收入老年人养老服务补贴、失能老年人护理补贴、高龄津贴、农村留守老年人关爱服务制度等惠及的老年人数。由于在实际工作中，养老服务领域的底数不清是一个长期问题，在有关政策的惠及人数方面，有统计数、填报数、调查数、推算或核算数等不同的口径。比如，对于农村留守老年人关爱服务政策对象即农村留守老年人的数量，长期以来，在政策层面都沿用全国老龄办开展的城乡老年人生活状况调查数据估算的 1600 万，所以在全部省份都建立此关爱制度后，我们可以说制度惠及群体达 1600 万人。但同时，"十三五"时期以来，民政部为提高民政信息化水平推进建设"金民工程"，在养老服务系统纳入了农村留守老年人关爱板块，而各地实际填报数，无论是制度惠及数还是实际巡访老年人数，都存在一定程度上的不一致。为了避免理解歧义和争论，本书使用的惠及人群数指的是制度覆盖人群，采用民政部公布的有关数据，而非其他高校、科研机构调查、测算数据，也非各地填报数据。

6.1.2.3 设施数量

居家养老服务设施数量指的是在社区建设的养老服务机构和设施数，以及相应的床位数量，用以反映在政策支持下可供居家老年人方便享用的社区养老服务设施的建设情况。本书收集了 2012—2020 年 9 年间，社区养老服务机构和设施、床位数据。与上一指标类似，由于民政领域统计口径的变化，社区养老服务机构和设施的统计亦非长期单独统计的指标。根据民政部公布的统计数据①，在 2011 年及之前并没有社区养老机构和设施的指标。2012 年开始出现"社区留宿和日间照料床位"统计指标，2013 年仍然沿用此指标。2014 年开始在床位数指标基础上，增加了"社区养老服务机构和设施"和"互助型养老设施"两个指标，并在此后至 2019 年一直保留此两项指标。自 2016 年起，"互助型养老设施"进一步明确为"社区互助型养老设施"。直到 2018 年，"社区养老服务机构和设施"明确为"社区养老照料机构和设施"。2019 年开始不再统计"社区留宿和日间照料床位"，而是统一为"社区养老照料机构和设施、社区互助型养老设施共有床位"。2020 年，统计指标发生较大变化，将往年的相关指标统一为"社区养老服务机构和设施"及其"共有床位"数。②

6.1.3 政策精准性

政策精准性既反映政策制定的理念和价值取向，也反映政策执行是否出现偏差。居家养老政策的精准性可以体现政策制定的理念和目标，具体包括两方面：一是政策引导的精准性，即通过政策措施的制定和实施，引导有关主体实现政策目标是否有偏差。比如，在税费优惠等扶持政策引导

---

① 主要指历年《民政事业发展统计公报》和《社会服务发展统计公报》，以及季报和月报数据。

② 需要说明的是，由于受限于当时的政策和实践认识，文中所述的几种统计指标的口径并不完全一致，所涵盖的设施的种类并不完全相同，但都表示建设在社区的用以支持周边老年人享受有关养老服务的机构和设施，所以从这个角度来讲，本书用以描述社区养老服务设施数量发展的一个总体趋势，虽然缺少一定的精确性，但仍然是可行的。

下，社会力量参与居家养老服务是否出现了土地、设施和场所等被变相用于其他用途而偏离政策目标的情况。二是对象瞄准的精准性，即政策措施是否清晰且精准地指向了真正有需要的老年人，这是政策能够顺利且有效实施的前提，既体现在政策文本的表述上，又体现在政策的实施过程中。比如，农村留守老年人的关爱服务政策是否对农村留守老年人作了清晰界定，且对开展关爱服务的对象范围作出了说明；服务补贴和护理补贴政策是否明确了通过评估程序，将经济支持和服务支持资源提供给刚需老年人群体等。

6.2　居家养老政策支持的成效

在各层级、各类居家养老政策创制和实施的推动下，政策覆盖面不断扩大、惠及老年人数不断增多，社区养老服务设施不断完善，服务项目逐渐多元，居家养老得到了发展。在保障老年人群体基本养老服务需求、提高服务供给质量、培育多元服务供给力量、撬动社会资源等方面的支持成效初步显现。

6.2.1　政策措施内容逐渐细化

根据上一章对我国居家养老有关政策的梳理可以看出，2000 年以来，国家层面和地方层面涉及居家养老服务的政策日益丰富，政策供给整体呈现充足态势。从政策供给数量上看，国家层面涉及居家养老的政策文件达百余项。尤其是 2013 年《国务院关于加快发展养老服务业的若干意见》印发以来，国务院各部门制定出台大量配套政策文件。仅 2013—2014 年，民政部等部门出台的配套政策就达 60 多项，大部分都涉及居家养老服务内容。此外，"十一五"时期以来，国家层面制定了每个"五年"的国民经济和社会发展规划纲要、养老服务专项规划和涉老规划，其中或以养老服务专章，或以居家养老为单独章节，均有较为详细的任务和措施表述。地方层面有关部门制定居家养老政策更为活跃。截至目前，有 13 个省份发布了养老服务综合性条例，17 个省、市制定了专门的居家养老服务条例。根据在"北大法宝"法规政策系统的检索，2001 年以来，地方层面制定的居家养老政策，仅以居家养老为名的专项政策就有 155 件，综合性养老服务政策涉及居家养老服务内容的数以千计。同样地，地方层面也普遍制定了当地养老服务体系五年规划，对居家养老的基础性地位予以明确。

从政策内容上看，政策关注点从居家养老服务设施、服务内容的倡导性和规范性描述逐渐转向聚焦服务对象与服务内容，解决财政支持和设施配套建设、设施用地等问题方面，通过土地、税费、金融、资助、人才、标准等优惠扶持政策和监管措施，激发社会投资活力，呈现了从鼓励性向支持性功能的转变。在政策内容和措施的细化方面，不仅作为养老服务主管部门的民政部，其他相关部门也出台配套落实措施，为居家养老服务和设施提供政策支持。比如，住房和城乡建设部指导各地探索将空置公租房免费提供给社会力量，供其在社区为老年人开展日间照料、康复护理等服务，截至 2020 年 9 月底，累计已有 8551 套公租房免费提供给社会力量，用于发展居家社区养老服务①。

6.2.2 政策受益面逐渐扩大，实践效果初步显现

居家养老政策受益面扩大体现在政策对象范围的拓展和政策惠及人数的增长方面。通过本书第 3 章对居家养老政策发展历程的梳理总结，可以看到居家养老政策对象已从城市特困、低保低收入老年人，逐渐扩大到所有有居家养老服务需求的老年人，体现了政策对象从选择型到普惠型的转变。尤其 2011 年我国首个养老服务专项规划明确提出对全体老年人改善服务的要求，养老服务政策对象的范围在政策层面覆盖到全体老年人②。

从具体的政策覆盖人群上看，受益老年人数的增长也体现了这一点。根据民政部的统计，截至 2019 年，全国所有省级行政区均建立了高龄津贴

---

① 民政部门户网站. 民政部对"关于以居民小区为单位建立'便民爱心食堂'的建议"的答复［EB/OL］.［2022 - 01 - 10］. http：//xxgk. mca. gov. cn：8011/gdnps/pc/content. jsp？id＝15435&mtype＝4.

② 该规划提出，在保障孤老优抚对象及低收入的高龄、独居、失能等困难老年人的服务需求基础上，要兼顾全体老年人改善和提高养老服务条件。

制度，30 个省级行政区建立了服务补贴制度，29 个省级行政区建立了护理补贴制度，20 个省级行政区建立了留守老年人关爱服务制度①。截至 2020 年底，全国享受老年人补贴的总人数为 3853.6 万。其中，享受高龄补贴的老年人 3104.4 万，享受护理补贴的老年人 81.3 万，享受养老服务补贴的老年人 535.0 万，享受综合老龄补贴的老年人 132.9 万②。

居家养老政策支持的效果还体现在财政支持力度，以及在政策和资金支持下社区养老服务机构和设施的发展方面。截至 2020 年底，全国共支出老年福利经费 385.7 亿元，养老服务经费 131.3 亿元③。"十三五"期间，中央财政累计投入 50 亿元支持 203 个地区开展居家和社区养老服务改革试点。据不完全统计，仅中央财政对前两批 54 个试点地区的 20 亿元资金支持，就带动地方财政、社会投资等配套资金 331.97 亿元投入居家和社区养老服务④，以政策支持居家养老服务发展将带动整个养老产业社会资本投资，为我国经济发展注入新的强劲动力。此外，为落实《国务院办公厅关于全面推进城镇老旧小区改造工作的指导意见》（国办发〔2020〕23 号）⑤，财政部于 2019 年、2020 年共安排中央补助资金 1400 多亿元，支持各地改造城镇老旧小区 5.9 万个，惠及居民约 1100 万户⑥。

居家养老所依托的社区养老服务设施的完善度不断提升。各地根据老年人口密度与需求密集度，合理规划布局养老服务设施，最大化发挥设施服务功能。根据《2020 年民政事业发展统计公报》，截至 2020 年底，全国

---

① 央广网. 老年人高龄津贴、服务补贴和护理补贴制度基本覆盖全国〔EB/OL〕.（2019-01-04）〔2021-09-21〕. http：//m. cnr. cn/news/20190104/t20190104_ 524470622. html.
② 民政部门户网站. 民政部对"关于实行全国统一老年人公共服务基本优待政策，切实保障老年人合法权益的建议"的答复〔EB/OL〕.〔2022-01-19〕. http：//xxgk. mca. gov. cn：8011/gdnps/pc/content. jsp？id＝15425&mtype＝4.
③ 同②.
④ 数据来源为"十三五"期间开展居家和社区养老服务改革试点的地区报送材料.
⑤ 该指导意见提出，将小区及周边适老设施、无障碍设施、加装电梯、新建或改造建养老和助餐设施等内容纳入城镇老旧小区改造范围.
⑥ 民政部门户网站. 民政部对"关于在社区开办托老所让居家养老灵活多样的建议"的答复〔EB/OL〕.〔2022－01－19〕. http：//xxgk. mca. gov. cn：8011/gdnps/pc/content. jsp？id＝15433&mtype＝4.

共有社区养老服务机构和设施 29.1 万个，床位 332.8 万张[①]。相较于 2012 年，机构和设施数以及床位数都有了大幅度的数量增长（如表 6-1 所示），为居家老年人就近就便获取服务提供了设施保障。在养老服务人才培养政策支持下[②]，截至 2020 年底，全国已培训 80 万名养老护理员，为居家养老服务质量的提升打下了基础。

表 6-1　2012—2020 年社区养老服务机构和设施及床位数增长情况

年份	社区养老服务机构和设施数（万个）	社区养老床位数（万张）
2012		19.8
2013		64.1
2014	5.9	187.5
2015	8.8	298.1
2016	11.1	322.9
2017	12.6	338.5
2018	13.6	347.8
2019	16.5	336.2
2020	29.1	332.8

6.2.3　居家养老服务日益丰富，社会力量成为供给主力

通过上一章各地居家养老政策实践情况梳理可以看到，各地通过购买服务、支持公益创投等政策引导，鼓励社会组织承接居家养老服务项目，服务内容和模式不断创新，涌现出"居家养老服务包"、"物业+居家养老"、有机结合居家养老服务和志愿服务的时间积累、"独居老年人

[①]　民政部门户网站.2020 年民政事业发展统计公报［EB/OL］.（2021-09）［2022-01-19］. http://images3.mca.gov.cn/www2017/file/202109/1631265147970.pdf.

[②]　民政部会同人力资源社会保障部印发《关于实施康养职业技能培训计划的通知》，并协调将养老护理员培训列为《职业技能提升行动方案（2019—2021 年）》重要内容，到 2022 年底前拟培养培训 200 万名养老护理员、1 万名养老院院长和 10 万名专兼职老年社会工作者。

巡访机制"、绘制"关爱地图"建立主动提供服务机制等新模式和新做法。医疗服务资源不断向社区和家庭延伸,多地因地制宜地探索了家庭医生签约团队提供闭环式社区卫生医疗服务、建设社区中医健康驿站、完善新农合配套政策推进农村医养融合等医养结合新模式。此外,"互联网+"理念深入渗透各地居家和社区养老服务中。老年证和高龄津贴等福利待遇实现网上办理、服务需求和供给零距离对接的"OTO"(线上到线下)模式、实现养老服务响应和监管智慧化,以及建设"虚拟养老院"和"没有围墙的养老院"等,大大提高了居家老年人享受服务的便利性。

多样化的主体共同参与促进居家养老服务的格局逐渐形成。各地积极出台扶持政策,发挥市场机制作用,鼓励民间资本投入,构建以社会力量为主体的养老服务多元供给格局,培育或引入品牌化、连锁化服务机构,总体上实现了新增、独立建设的社区养老服务设施60%以上交由社会力量运营的目标。比如,广州市124个社区养老服务综合体中,由专业社会力量运营的占85.5%;1157个助餐点全部由社会力量运营。杭州市市级6家服务商整合了全市604家线下服务实体加盟,统筹规划开展紧急救助、孤寡、独居老年人主动关怀服务。

▶ 6.3　居家养老政策支持的不足

6.3.1　政策目标和理念仍然模糊

从2008年居家养老的概念被提出,至2011年首个养老服务体系专项规划提出"居家养老为基础"以来,无论机构养老是补充还是支撑,居家养老在养老服务体系中的"位置"一直被固定而清晰地表述为"居家(养老)为基础",然而表述既定并不代表着居家养老政策的定位、目标取向和价值理念已经清晰。

首先,居家养老在公共服务和基本公共服务体系中的定位不明,影响居家养老政策的定位，以及政策规划和公共资源的配置。居家养老的"基础性"地位已在养老服务体系建设中明确，但对"基础"的内核是强调作为基本公共服务的"基本"，还是发挥传统"兜底"作用的认识并不统一。前者意味着政府的财政责任以及对公民的基本福利权的保障，而后者则是补缺型取向的体现。这一问题在国家政策文件中尚未清晰，在地方的政策实施中也千差万别。因为性质定位不明，导致了责任划分不清，表现为政府和市场的边界、中央政府和地方政府的事权财权划分、社会和家庭的边界都模糊不清晰等问题，居家养老服务资源分布及供给结构都由此受到了极大的影响。

其次，政策目标取向不明确。由于政策层面缺乏长远规划，关于居家养老的主体、对象、内容、方式等的政策框架不明。在政策层面，居家养老服务对象已扩展至全体老年人①。尤其是在全面建成小康社会，走向共同富裕的道路上，老年人的共同富裕是实现共同服务目标的应有之义，让所有老年人共享发展成果是共同富裕的内在要求。然而，实际情况却一直存在着政策上对象范围的扩大与实施中缩小的矛盾，进而未能摆脱"补缺型"的束缚。

最后，政策价值理念不清晰。公共政策通过对价值、理念和文化的反思、选择、扬弃实现对社会价值的分配。同样地，居家养老政策对我国传统养老文化的态度也将影响家庭的社会价值。居家养老政策的理念是家庭友好，还是社会化？通过社会服务的供给对家庭养老是弥补还是代替？对家庭成员提供照护服务是以"挤入效应"为主，还是以"挤出效应"为主？政策是以回归家庭为导向推进"再家庭化"，还是以社会化为手段实行"去家庭化"？以上一系列问题，在居家养老政策中还不能找到答案。尤其是其中关于主体责任和边界的问题在理论层面尚未进行深入讨论，在政策层面也未清晰界定，这直接导致了居家养老政策中"家庭视角"的缺失。

---

① 如《社会养老服务体系建设规划（2011—2015 年）》提出，在保障孤老优抚对象及低收入的高龄、独居、失能等困难老年人的服务需求基础上，要兼顾全体老年人改善和提高养老服务条件。

毫无疑问，居家养老的第一责任主体是老年人及其家庭。在居家养老政策发展历程中，关于家庭角色的表述先后有"家庭养老为根基"（2000）、"居家供养为基础"（2000）、"充分利用家庭照料资源，走政府、社会、家庭和个人相结合的养老保障道路"（2001），以及"居家养老为基础"（2011年以来）等表述，其间变化反映出对家庭作用和功能认识呈现弱化的趋势。这一方面将导致对家庭和家庭成员价值的低估，对家庭养老支持不足；另一方面也将带来家庭责任弱化的问题（李连友等，2019）。

以上表明了居家养老政策的定位、目标和价值理念还不清晰，必然影响到居家养老政策体系的建立和政策实践的效果，甚至在具体项目实践中会发生差序紊乱和效果对冲的现象（郑功成，2019）。

6.3.2 法制缺失，尚未形成支持体系

整体上，我国养老服务的法治化水平还较低。一方面，养老服务法律规制残缺意味着居家养老法治化水平低。如本书第4章对居家养老政策体系的解析，我国居家养老所依据的法律主要为《中华人民共和国老年人权益保障法》，最新的修正案于2018年通过和实施。其中涉及居家养老的表述有三处，零散分布于"总则""家庭赡养与扶养""社会服务"三章中①。在行政法规层级是缺失的。部门规章方面只有《养老机构管理办法》有一句相关表述。省级和较大的市的人大及其常委会制定的地方性法规相对较丰富，对于解决地方具体事项具有指导意义。养老服务制度还远远未定型，作为养老服务体系一部分的居家养老在法治化方面还有很长的路要走。

另一方面，居家养老法制不足形成了以政策性文件为主的局面，规制

---

① 《中华人民共和国老年人权益保障法》（2018年修正）关于居家养老的表述为："总则"第五条："国家建立和完善以居家为基础、社区为依托、机构为支撑的社会养老服务体系"；第二章"家庭赡养与扶养"第十三条："老年人养老以居家为基础，家庭成员应当尊重、关心和照料老年人"；以及第四章"社会服务"第三十七条："地方各级人民政府和有关部门应当采取措施，发展城乡社区养老服务，鼓励、扶持专业服务机构及其他组织和个人，为居家的老年人提供生活照料、紧急救援、医疗护理、精神慰藉、心理咨询等多种形式的服务。"

性弱且难以系统化。居家养老政策的制定以行政部门为主导，而非立法机关，不仅没有国家层面的法律，而且从中央层面尚没有一部养老服务的专项政策（只有老龄政策文件），这是当前我国居家养老政策存在的最大问题，也直接造成了居家养老政策的强制性不足，且制定过程必然要经过部门利益的博弈。同时，在政策的实施阶段，由于强制性不足，且我国社会保障制度总体上处于主要依靠从中央政府到县级政府发布的政策性文件实施阶段，主要制度安排的重要制定权会被地方政策消解，地区之间政策统一性差、随意性大（郑功成，2021）。比如，试点中政策实施的偏差，则是在政策传递过程中基于"因地制宜"原则，以及实际的科层制体制和考核压力等，对政策本意打折扣的结果。

政策自身优点在于灵活性和快捷性，通过实施具体措施短平快解决问题，但居家养老由于历史原因及涉及部门众多，缺乏体系设计，政策散见于政策、规划、标准，"碎片化"现象突出。"碎片化"的一面是系统性和协同性欠缺，政策衔接不足。不同政策文件对居家养老的表述、要求不一致，甚至会出现不同部门的政策理念"打架"的现象。比如，国家层面民政部明确政策提倡个人举办家庭化、小型化养老机构，但这些机构难以通过现行的消防审验，也不容易为居民所接受，常常产生"邻避效应"。两个部门出于部门职能，制定政策的立场不同，但政策内容的不一致则对市场主体造成误导，在一定程度上不利于居家养老的发展。"碎片化"的另一面是可持续性和稳定性差的隐患。"碎片化"政策的特点是措施化而非制度化，其实施的力度、广度会因时、因人而异，进而会使效果打折扣、昙花一现。比如，调研中多位社区养老服务驿站负责人反映"驿站补贴"政策取消得太突然①，驿站经营策略难以迅速

---

① 笔者注：此处"'驿站补贴'政策取消"，指的是2021年9月23日北京市民政局等单位印发修订后的《北京市社区养老服务驿站运营扶持办法》，废止了2018年的驿站运营扶持办法、2017年的《关于建立居家养老巡视探访服务制度的指导意见》，以及2019年印发的《关于做好本市老年人"精准帮扶"需求滚动调查工作的通知》3个文件，取消了2018年驿站运营扶持办法中"根据社区养老服务驿站服务收费流量总和的一定比例给予的服务流量补贴"，取而代之以"满足基本养老服务对象的基本养老服务需求、维持驿站基础运转而给予的基础补贴"和为了推进养老机构和设施星级评定而给予的"星级评定补贴"。

随之调整等问题，说明了支持政策的调整给市场主体和社会组织运营带来困扰。

由此可见，虽然涉及居家养老的政策越来越多，内容也逐渐丰富，但以政策性文件为主而法治化严重不足。政策的修订与更迭在一定程度上说明政府的不断探索与创新，但也暴露出制度远未定型、思路尚不明晰导致的政策稳定性和可持续性差的问题，对市场主体的发展带来不利影响，表明居家养老的政策支持体系尚未形成。

6.3.3 精准性不足，引导方向待进一步明确

居家养老政策的精准性不足，首先体现在政策对象的瞄准机制上。本书第 4 章应用政策工具对国家层面居家养老政策文本进行内容分析的结果显示，对老年人的支持政策中，基于老年人能力评估或综合评估的对象识别在政策中未得到应有的重视，这将导致分层分类满足老年人需求难以实现。此外，通过对"十三五"时期居家和社区养老服务试点地区实践的观察，发现试点资金使用存在一定的"大水漫灌"或"撒胡椒面"的现象，反映出从试点的设计到资金的执行，都并未精确瞄准刚需群体，不能做到精准发力和重点保障。老年人底数和需求调查是提高服务供给和政策支持精准性的重要保障，否则就会造成需求群体瞄准的偏差和供需的错位，带来政策精准度不够、缺乏衔接、解决难点效果不佳等问题。此外，以经济收入为主的"身份"指标，而非基于失能等级评估的"体能"指标来瞄准对象，是造成精准性不足的另一原因。即便收入相同，但健康状况差别迥异，家庭照护资源也不同，进而老年人会有不同的养老服务需求，应该以分层分类的思维加以区别，提供给老年人确实所需的支持。

其次，居家养老政策的精准性不足体现在政策对市场主体和社会组织的引导方向不精准方面。比如，北京市关于老年助餐的政策文件规定，老年餐桌的布局根据"广覆盖、贴需求、惠民生、可触及"原则，有服务半

径和服务人数的布局标准，也有社区议事、协商等的程序规定①。但政策的实施却下达了"将在全市建立 1000 家养老助餐点"的任务要求②。这种"自上而下"的任务导向一方面向市场主体和社会组织传递了"热"信号，导致各行各类企业和组织汹涌而至，如此容易导致既缺少运营主体的实质门槛标准，又缺乏及时有效的跟踪问效机制。另一方面，也必然为市场主体和社会组织运营驿站带来障碍。

6.3.4　支持存在缺位和越位

政府对养老服务的干预既存在缺位也存在越位，表现在居家养老政策方面则是政策支持的缺位和越位，导致了居家养老发展仍面临诸多现实困境。

首先，居家养老政策支持的缺位既体现在政策的空白上，又表现为政策文件过于宏观，缺少具体操作的可行性。如使用政策工具分析结果显示的家庭视角的缺失，对家庭及家庭成员支持的不足；针对不同收入、年龄、身体状况和照护资源供给情况的老年人，分层分类提供有针对性的服务供给政策缺失；对居家养老稳定而持续的财政投入的经济支持政策缺失；公办养老服务机构在资源配置中占优势地位，公平竞争的市场环境还未有效形成等，都是政策支持缺位的具体表现。需要说明的是，政策支持的缺位同时会带来支持错位问题，比如缺少分层分类政策，则必然导致公共资源不能投向最需要支持的老年人群体，即产生了资源错配。

其次，当政府"看得见的手"作用范围过宽，市场"看不见的手"作用发挥不充分（叶奕，2017）时，就会发生政策支持的越位。政府的扶持

---

① 根据北京市民政局牵头印发的《关于进一步加强老年人助餐配餐服务工作的意见》（2019），老年餐桌应统筹考虑地区人口密度、老年人口分布状况、用餐服务需求、服务半径、养老服务驿站分布等因素，由各区政府主导，统一规划老年餐桌的布局设置。城市社区，原则上每个老年餐桌服务半径不超过 1000 米，服务老年人口不低于 2000 人。农村社区，原则上 500 户以上的村应设置老年人餐桌，其他村可根据老年人的用餐需求和消费能力设置。各区配送餐服务的布局落地依实际需求确定，应根据社区（村）大多数老年人和其他群众的需求与意见，通过社区（村）议事会等社区民主协商程序决定是否建设老年餐桌，商定如何使其可持续发展并形成方案和决议。
② 付佳. 北京将发展 1000 家养老助餐点 让老年人在家门口吃上"暖心饭"［N］. 北京社区报，2021-05-31.

对于行业发展至关重要，但不计成本的支持和补贴则"过犹不及"，反而在一定程度上降低了行业自主探索发展的能动性，导致市场主体和社会组织参与居家养老的路径和模式仍在探索中，市场机制的发挥还较为有限。在调研中了解到，由于政府对居家养老服务设施场地的免费提供或给予租房补贴等支持措施，社区养老驿站等设施具有了一定"公益"属性，所以作为"条件交换"，政府对其面向购买服务对象群体提供的服务项目、频次、方式都作了较为详细的规定。北京市西城区 MY 社区养老驿站负责人在访谈中表示，政府的过细规定在一定程度上限制了驿站的发展。

一是驿站的定位应该与时俱进，只承担政府兜底服务是不行的。一方面，政府兜底对象每个月都在减少，不会成为主要服务群体；另一方面，只依靠政府补贴没有"造血"能力，就拓展不了服务，驿站就发展不了。二是政府和企业的边界应该清晰。政府方向明确，进行引导，剩下的交给市场，不应该过多干预，既不需要过多的补贴，也不应该有过多的限制。三是驿站不具有独立法人资格，所以不能作为经营场所办理注册和登记手续，也就限制了驿站开展经营性活动的可能。

最后，政策支持的缺位和越位在一定程度上造成了居家养老发展的市场困境和社会困境。市场困境的主要问题在于没有形成足够购买力的市场，公共资源得不到公平合理的配置；社会困境则是由于政府主导的供给环境行政化有余而独立性不足（房莉杰 等，2020）。其中最重要的困境包括：一是市场主体和社会组织发育不足，内生动力有待激发，政策的不稳定将直接导致服务供给的不可持续。二是居家养老服务的可替代性高，专业性不足。据北京市养老服务驿站的调查统计显示，大量居家社区养老服务机构提供的服务以文体娱乐、就餐助餐、家政服务、老年讲座等为主，面向高龄、失能老年人的专业照护服务缺乏，造成了供需结构性矛盾。

总之，对于如何划清事业和产业的边界，厘清政府和市场的职责，发挥市场机制作用，充分动员社会力量在服务、资本、人才培养等方面积极参与，推进整个产业发展等问题，还缺乏全面系统的战略思维和发展规划。传统家庭保障功能弱化，家庭支持未提上日程；居家养老服务组织存在法人身份难题；政府的支出责任没有法定，且央地财政的事权财权责任划分未有定论；市场力量充分参与养老服务还面临诸多现实障碍，在一定程度上造成了市场主体活力不足，产业供需结构性错配，专业服务能力有待进一步提升。

———第 7 章———
完善我国居家养老政策支持体系的建议

针对居家养老政策制定和发展历程梳理、内容分析、实施和效果评估中反映的政策支持缺失等问题，本章提出完善居家养老政策支持体系的原则，在参考国际经验的基础上，对构建和完善"两维度三体系"的政策支持框架和支持内容提出政策建议。

▷ 7.1 完善居家养老政策支持体系的原则

7.1.1 重视家庭

养老是一种特定的传统文化，中国传统文化具有顽强的生命力（姚远，1996）。在我国多层次的社会保障体系中，家庭保障是重要的基础（郑功成，2019），养老服务体系的建设更要重视家庭作用。作为中国儒家文化的一部分，中国传统养老文化的思想内核是孝观念。发展居家养老，完善居家政策支持体系，必须尊重传统养老文化。在政策制定过程中体现传统养老文化的特点：一是重视家庭。"养儿防老"表明我国家庭代际关系中的"反哺"传统。家庭养老不仅包含物质的供养，还包括精神赡养，甚至后者的重要程度更超过前者。二是重视邻里互助和守望相助的传统。邻里关系并不只是物理距离上的接近，更会衍生出在生活上和精神上的互助与支持。这也是现代居家养老重视社会支持网络的文化基础所在。三是

140

重视和依赖国家的干预。在儒家文化传统的家国一体体制下，君臣关系和父子关系是近似的具有所属性质的关系类比，所以统治者以"君君臣臣""君为臣纲"固化着君臣之道时，也以"父为子纲"及尊老律例规制着家庭养老关系，而家庭养老也需要依赖国家的规制和支持，这是我国传统养老文化的特点。只有深刻理解养老问题背后的文化传统，遵循历史经验，并结合现实需要，居家养老政策才能适用、好用。

基于环境老年学理论和积极老龄观，建立居家养老政策家庭视角，从支持家庭照顾者和支持家庭环境两个维度着手。家庭照顾者支持维度，首要的是承认家庭照护的价值，给家庭照护者权益补偿。在政策层面认同家庭成员提供养老服务的责任义务和社会价值（丁建定，2013），对维护家庭关系、促进家庭功能具有重要意义。具体支持方式包括经济支持和服务支持，前者是通过给付津贴，承认家庭照顾者的劳动付出，弥补其收入的下降；后者则通过提供咨询服务、照护培训、心理慰藉，以及提供短期机构托养、社区日间照料等喘息服务，缓解家庭照顾者因照顾老年人而产生的身心压力。

环境维度支持包括"软"环境（家庭养老文化）的建立，以及"硬"环境（有形的物理环境）的改善。前者家庭文化的重塑既需要常规的宣传手段，也需要综合经济手段建立以家庭为整体的优惠政策支持。目前，我国《个人所得税专项附加扣除暂行办法》在个人所得税扣除项目中增加了"赡养老人专项"附加扣除，在建立以家庭为基础的家庭税方面迈出了重要一步。建立家庭住房保障政策，通过购房资格优先、购房贷款优惠、给予一次性奖励等措施，鼓励和引导子女与需要照护服务的老人同住，为家庭养老的实现提供基础保障。最后，针对当前我国人口的高流动性和高人户分离比的现实背景，应在户籍管理方面进行突破，打破老年人享受护理补贴和服务补贴的户籍限制，建立以实际常住为主要条件的福利待遇给付机制，保障长期随子女生活的老年人能够享受有关福利补贴和优惠。后者物理环境改善即环境支持主线的内容，主要通过家庭适老化改造减少老年人在家中生活的安全风险，尽可能延长老年人健康居家养老的时间。

7.1.2 需求导向

居家养老政策支持中的需求导向指的是满足有需要者的需要，这是
"以人为本"思想在养老服务工作中的最直接体现，也是保障服务供需对
接、服务资源优化配置的前提。"满足需要"具有两方面含义：一是应对
老年人的需求作出及时回应，不能无视老年人的需求；二是对老年人的回
应和保障应从老年人的需求出发，而不是从社会组织和市场主体的供给喜
好出发，或出于臆断或想象提供老年人没有实际需求的服务，导致供需错
配和资源浪费。

居家养老政策支持的需求导向体现在3个层面：尊重老年人需求、满
足家庭需求、尊重地区特色需求，其中老年人的需求是核心。首先，个体
层面，老年人因不同经济状况、自理程度、文化水平、婚姻状况、居住水
平等而产生因人而异的服务需求，要求政策体系建立目标瞄准机制，分类
分层提供有针对性、各有侧重的支持措施。其次，家庭层面，也要求在家
庭视角下，对家庭成员予以支持。结合本书对居家养老的分类，应重点针
对家庭支撑型老年人提供照护服务支持和经济支持。最后，地区层面，应
尊重地区特色，因地制宜。人口多、发展不均衡是我国的基本国情。老年
人口基数大、老龄化速度快、高龄化比例高、少子化态势并行，是我国人
口老龄化的特点。同时，我国不同地区、不同民族由于文化、传统、习俗
的差异，对居家养老的需求和理念有很大差异。以新疆维吾尔自治区南疆
地区为例，维吾尔民族世代以家庭养老为养老方式，所以养老服务工作安
排和政策制定应适应民族地区的社会结构与文化传统，这样政策才有生命
力和可操作性，才不会造成观念冲突和资源浪费。

7.1.3 法治引领

发达国家在社会福利领域普遍重视法治化，通过立法维护老年人及其
家庭照料者的合法权益（郭金来，2021）。我国养老服务专项法律还处于
空白，这带来了政府、社会、市场、家庭和老年人责任边界不清晰，制度
建设理念模糊等问题。加快养老服务领域立法进程，实现养老服务制度定

型，对明确各方主体责任边界，建立规范化、体系化和可持续的服务体系，促进社会公正具有重要意义。居家养老作为我国老年人普遍的养老方式选择，法治化应贯穿政策实施过程，并运用法治化思维和方法解决居家养老问题。

法治化是居家养老服务规范化、居家养老政策支持体系化和可持续性的前提，因为只有通过法律"赋权明责"，才能将政府对基本养老服务的财政责任、对特殊困难群体的法定保障责任固定下来，以公权力推行法定福利制度安排，保障公民的基本福利权益。在定性的制度框架下，以政策有效引导社会组织和市场主体参与提供居家养老服务。通过法治化管理，规范市场主体行为，在保障满足老年人高层次需求的基础上，加强监督和规制，维护市场的良性竞争，避免非法集资等损害老年人权益的事件发生。

居家养老制度应通过法律制度的形式固定下来，逐步实现法治化、制度化，并根据需要适时进行动态调整。一方面，可以通过行政立法和司法方式来巩固家庭养老功能，调整家庭养老各方的关系。如《中华人民共和国老年人权益保障法》中明确对家庭成员赡养老年人进行了规定。另一方面，通过养老服务法律法规来明确其他支持主体，包括政府、市场、社会等在支持家庭养老中的责任和义务。

应通过政府主导、市场运作、全社会的广泛参与来保证居家养老服务支持体系的良性运转。政府主导，就是要突出政府在居家养老服务体系中制定规划、出台政策、投入资金、培育市场、营造环境等方面的主导作用；市场运作，就是尊重市场规律，发挥市场资源配置作用，调动企业提供养老产品和服务的积极性，补充居家养老的不足和缺陷；社会参与，就是引导各类非营利机构、志愿者等社会力量参与进来，共同构建居家养老服务支持体系。

◤ 7.2　参考国际经验

同我国情况类似，在诸多发达国家，家庭成员和亲友提供了大部分的居家老年人的照护工作，其经济价值估计会远远超过正式照顾费用。鉴于这些国家长期照护体系未来面临的人口与成本压力，家庭成员照护作用的延续至关重要，而且居家照护也是老年人自身所喜欢的方式。所以，继续寻求支持和维持家庭照护的供应方式，对于被照护者、照护者和公共体系而言，成为一种潜在的多赢策略。发达国家对居家养老的支持政策有3个层面：一是立法确认居家养老的重要意义和家庭照护者的价值；二是保障非正式照顾者的权益：休假、社保、身心健康、经济补贴；三是为非正式照顾者提供全面支持：弹性工作、培训、喘息服务（短期托养）。从支持对象的角度，发达国家的老龄化（社会服务）支持政策兼顾了三类对象：一是通过确立"去机构化"和"再家庭化"服务体系支持服务供给主体；二是通过综合全面的家庭照护者支持政策，支持家庭和家庭照护成员；三是通过长期护理保险和有关支付补贴制度，降低老年人购买照护服务的压力。从政策内容的角度，主要涉及3个主要方面：照护与劳动市场、照护者的福祉以及对照护者的经济认可。具体的政策包括帮助照护者将照护与带薪工作相结合、减少照护者的倦怠与压力，以及认可与照护相关的额外费用等方面。

7.2.1　经需求评估提供老年人服务和经济支持

对居家老年人的支持体现在为有需求的老年人减轻获取服务的障碍和负担，包括提供经济支持、需求评估和服务方案建议等方面。在尚未建立长期照护保险制度的国家，为需要照护服务的老年人提供现金津贴的做法经常被认为是一种好办法，因为它可以最大限度地保障需求者的独立性，而且在近年来已经变得越来越重要。在超过四分之三的经合组织国家中，此类现金补助方案允许使用津贴来支持家庭照护者，甚至用于正式雇佣担任照护者角色的家庭成员。这一照护现金津贴方案的主要目的经常被用于扩大被照护者的选择范围与灵活性，而补偿或鼓励家庭照护者仅属于次要目的。但这类现金津贴设定的金额通常要低于同等服务的实物价值。

在所有提供现金津贴的经合组织国家中，被照护者的津贴金额取决于其照护需求。日常生活活动能力受限的老年人在接受照护需求评估后，会根据其丧失自理能力的程度，被分为 3 到 4 个级别，在有些国家最多可分为 7 个级别。在有的国家，被照护者可选择接受实际照护服务或照护现金津贴，但奥地利、法国和一些东欧国家则有所例外，只提供现金津贴。除了按收入状况测试结果来确定照护津贴的比利时和西班牙，以及对超过一定收入水平的被照护者按照收入状况测试结果来确定其津贴金额的法国和荷兰之外，大多数国家并不依据收入状况来决定该照护津贴的金额。向被照护者提供现金津贴被认为存在一定风险，涉及家庭关系货币化问题。利他主义和责任感通常被认为是亲属提供非正式照顾的主要动机。而希望得到被照护者的财产，特别是遗赠，则是另一项内在动机。引入可使被照护者在亲属中选择如何分配额外资源的现金津贴机制，可能会增加家庭成员之间的竞争。

在已经建立长期照护保险制度的国家，对老年人的经济支持和服务支持则通过长期照护服务体系实现。以德国为例，被保险人缴纳长期照护保险费用满 2 年（2008 年前是满 5 年）后，无论其年龄、收入和财产状况，当有照护需求时，由保险人委托健康保险医疗服务中心（the German Health Insurance Medical Service，MDK）或独立评估人为被保险人作评估，凡是经过评估，符合照护等级（2017 年之前为 3 级，2017 年之后根据新的长期照护保险法案改为 5 个等级）的，可获得一定的保险给付。给付的形式包括：服务给付，即照护需求者入住照护服务机构，由机构提供服务，也可以是在家由居家照护服务机构提供入户的照护服务；现金给付，即照护需求者在家中，由家人或者亲戚提供照护服务，而保险直接支付给被保险人照护补贴；混合给付，即以上两种的组合，被保险人可以自己决定实物给付和现金给付的比例，以及组合的形式，可以选择白天在机构、晚上居家，或者短时地入住照护机构，或者完全居家，但当照护者因休假或者其他原因无法提供照护服务时，由专业的社区居家照护机构提供服务等。

7.2.2 立法确认家庭照护者的价值

按照 Esping-Andersen（1990，1999）对福利国家的分类，德国被归类为"保守福利制度"。刘易斯（LEWIS，1992）指出德国福利体制属于"强烈针对男性养家糊口的政治体制"。这是由于德国具有深厚的法团主义的历史传统，社会保险制度的设立主要为职业相关的保障制度。同时，基于以家庭为基础的父权制文化传统，德国的老年人照护基本上都是以家庭成员提供护理为主。养老院中的照料起着次要作用，而照料服务所提供的动态专业照护所占的比例也相对较低（ALBER et al.，1999）。俾斯麦福利体系重视家庭作用的发挥，通过提供现金转移给付等，支持家庭在福利供给中发挥重要功能（陈诚诚，2016）。但在 20 世纪 90 年代之前，家庭照护基本是由家庭成员无偿提供。《长期照护保险法》的颁布，明确长期照护保险相关主体各项权益的同时，确立了以居家照护为基础的立法原则，从法律层面对居家照护的价值予以明确。一方面，在《长期照护保险法》实施之初，居家照护给付提前于机构照护给付，前者是 1995 年 4 月 1 日，而后者为 1996 年 7 月 1 日。另一方面，在法案的基本原则中也充分体现了支持居家照护的理念。根据《长期照护保险法》，长期照护应以支持居家照护为优先，并且支持保险基金支付由照护需求者家人和邻里提供的照护服务，这样使得照护需求者尽可能长时间地在熟悉的居家环境中接受照护服务。部分机构式照护和短期机构照护服务优先于完全机构式照护。

德国的《长期照护保险法》的家庭支持理念还体现在保险费率的设定，以及家庭照护者福利等方面。对于无子女的被保险人，其缴费率比普通被保险人的缴费率高 0.25（如被保险人的缴费率为 1.275%，则无子女者的缴费率为 1.525%），以此鼓励家庭生育。

2016 年 10 月，《长期照护保险法》进行第三次修订，《长期照护保险加强法案》（PSG Ⅲ）颁布出台，进一步确认了家庭照护者的福利，既包括支持向家庭照护者直接支付报酬，还包括规定家庭照护者有权享受养老保险缴费、工伤保险认定、失业保险津贴等社会保障福利。自 2017 年 1 月

1 日起, 作为家庭照护者每周居家照护等级为 2~5 级的一个或多个需要照料的人, 如果满足每周至少照护 2 天, 时长超过 10 小时, 则家庭照护者可被视为护理工作者, 从长期照护保险中获得报酬。若家庭照护者每周的有薪工时不超过 30 小时, 则长期照护保险基金为其缴纳养老保险, 金额取决于护理水平和获得的福利类型 (仅护理津贴、门诊护理福利或综合福利)。家庭照护者在工作中、工作途中发生意外事故的意外伤害保险、工伤保险费用, 也由长期护理保险支付, 用以应对照护者意外风险。若家庭照护者自身是专业的护理人员, 为照顾家人辞职, 则整个照料期间由长期照护保险基金代为缴纳失业保险金; 在家庭照料活动结束后无法顺利开始就业的, 家庭照护者还可以获得失业救济金和积极的就业支持福利。当家庭照护者因生病、度假或其他原因无法进行照顾时, 照护需求者有权依据法案第 39 条规定, 请求 1 年最长 4 周的替代照护, 前提为照护者已居家为照护需求者进行了至少 6 个月的照顾工作。

7.2.3　保障非正式照顾者的合法权益

减少在职工作的家庭照护提供者工作和照护的双重压力, 保障家庭照护者权益的政策可能会提升个人就业能力, 使照护成为更多潜在照护者的一种可行选择。照护者权益包括休息和休假的权益、获得经济补偿的权益、获取信息和技能支持的权益以及维持身心健康的权益等。

7.2.3.1　提供休假和弹性工作时间

对于在职工作的家庭照护者而言, 充足、及时的照护假 (带薪或无薪) 对照护居家老年人非常重要。目前, 在四分之三的经合组织成员国中, 劳动者所享有的带薪照护假仅限于一个月内或被照护者患上绝症的情形。在日本, 带薪休假的时间也相当长。假如相关企业在劳动者休假期间不提供补偿, 照护者则可以休假长达 93 天, 并通过劳动保险获得相当于 40% 工资的金额。在薪酬方面, 北欧国家支付劳动者的带薪假的报酬往往最高。例如在挪威和瑞典, 劳动者带薪假的报酬分别相当于工资的 100% 和 80%。在丹麦, 作为雇主在劳动者休照护假期间继续支付全额工资的交换, 政府相关部门还会报销其相当于病假津贴最高限额达 82% 的最低费用。除了休假之外，弹性工作时间安排可帮助照护者留在劳动者队伍中并满足其照护需求。

弹性工作时间安排可通过制订良好的工作解决方案，为照护者提供足够的收入和工作社交网络等方式来平衡其照护义务和工作之间的关系。比利时对照护者带薪休假的政策非常细致，分为3种：一是缓和治疗假，用以照护身患绝症的父母，最长两个月（可延长一个月），可全职或兼职工作。二是医疗救助假，最长可达12个月，可分几段来休，每位残疾者可休假1~3个月。可以准予全职或兼职工作。三是时间信贷，兼职或全职劳动者的职业生涯暂时中断去照护家中老人。3种假期对照护者的享受资格规定不同，分别涉及照护者入职工作时间，以及家庭被照护成员的健康状况，需要医院开具持续护理的证明。在休假期间，有关待遇的支付主要从国家补偿金中支付。芬兰作为北欧福利国家，在职的家庭照护者带薪休假政策也具有很强的包容性。根据芬兰法律规定，照护家庭成员的在职劳动者，只要满足在该公司工作满一年且工作经验不低于10年，可享受工作交替假时长为90天，最长可达359天，具体天数的确定根据不同公司或集体协议的具体规定。在照护假期间，国家通过失业基金和社会保险支付劳动者每日失业补助70%的补偿金（工龄25年以上者发放每日失业补助的80%）。在无薪休假方面，自2010年以来，无薪弹性工作安排已经成为工作交替假的一部分。因照护原因而决定兼职工作的人，可向就业及经济发展办公室申请兼职补助（需雇主同意）。补助多少与减少的工作时长成正比。任何劳动者都可因社会原因或健康原因要求兼职工作，每次时长不超过26个星期。雇主必须考虑该请求，但法律并未强制规定雇主必须同意该请求。

7.2.3.2 提供信息资源和技能支持

德国《长期照护保险法》规定，家庭照护者可以免费参加护理基金提供的护理课程，长护保险基金有义务提供此类课程。其中一些课程由非营利组织、成人教育中心、社区援助或教育协会合作提供。通过护理培训可以给家庭照护者提供实用的技能和信息，并提供不同主题的建议和支持。这些课程还为护理人员提供交流思想和建立联系的机会。如果需要，培训也可以在需要护理的人的家中进行。

瑞典对照护者提供综合性的临时照护与支持系统。瑞典实施将公共服务实体（如各机构的医务人员）、私人参与者、当地社区、非政府组织以及家庭和朋友等资源相结合的项目支持家庭照护者，该项目包括咨询、培训和临时护理等内容。市政部门白天免费为家庭照护者提供居家临时照护服务，几乎全国 290 个市政部门都提供类似服务，而且还包括其他形式的临时照护，如"24 小时即时救济服务"（临时、免预约的上门服务），或周末短暂休息等。市政部门在水疗酒店提供照护者住宿，并安排对被照护者 1~2 天的护理服务。多种策略结合不同形式的临时照护服务在减轻照护者的压力方面具有互补性。除了临时照护服务之外，公共部门还鼓励社会医务人员与照护者之间的交流。与照护者的合作有助于创建更多"对照护者友好的机构"，咨询方案也被视为在主要的"一揽子"计划中为家庭照护者提供的一项支持服务。这些方案既有志愿组织运作的，也有公共服务运作的，如帮助热线服务等，并且正在朝进一步融合的方向发展。

还有一些国家采取的倡议措施正在促进形成一种更具综合性和一体化的咨询体系。爱尔兰的"关爱照护者"倡议为照护者建立了一个综合性的机构支持网络，可提供有关"居家照护"的技能培训课程。荷兰采用一种预防性咨询和支持方法：预防性急救护理（Preventieve Ondersteuning Matel-zorgers，POM）。个人一旦被纳入国家照护计划，接受过培训的社会工作者就会联系该人进行家访。这些工作者为照护者提供信息，并且进行为期 3 个月的电话随访，以防止照护者——特别是在提供照护的早期阶段——出现心理健康问题。在美国，《全国家庭照顾者支助项目》（*National Family Caregiver Support Programme*）包括支助小组、个人咨询、研讨会和小组工作等内容。

照护者可能并不完全了解自己可获取的各种服务，并且可能很难从分散的服务中获得相关帮助。比如，对于补助或税收补贴和减抵的资格标准可能不清楚，照护者很难协调预约医生、安排临时照护休假或预约社会工作者等事项，特别是与个人或家庭责任和工作问题结合在一起的情况下，因此照护者可能需要向其他家庭照护者或社会工作者寻求帮助。与咨询服务类似，部分国家尝试为照护者及家人打造一站式的有效信息协调帮助。此类信息中心帮助照护者与其他有类似经历的个人保持联系，并获取相应的（经济、身体、情感与社会）帮助资源和被照护者的疾病或残疾等信息。例如，在法国，地方信息与协调中心（Local Information and Coordination Centres，CLIC）提供与所有老龄化和老年人需求议题相关的信息和帮助。此类帮助可由个人单独提供，且社会工作者会定期与照护者会面。这些信息中心将照护者与医务人员联系起来，以解决与被照护者残疾相关的问题。奥地利就是此类病例管理服务的典范，当地社会服务中心评估照护者的需求，帮助他们找到相应的服务。不同社会服务中心可提供诸多支持服务，例如，维也纳医疗和社会保障中心以及蒂罗尔综合社会和医疗保障区等。它们可提供的帮助涉及规划、组织和信息等不同层面。照护者在当地支持中心注册后，将会被安排与地区护士联系，后者会评估其需求，据此指导确定合适的服务机构，并帮其获得相应的服务。管理性和协调性任务是此类机构的工作重点，但此类机构也作为当事人与正规服务机构之间的经纪人和联系人。其目的在于避免医疗保健需求与社会保障供给之间的差距，并用知识和技能来强化照护者的照护能力，使其能够应对履行照护职责时所面临的困难。

7.2.3.3 提供替代性喘息服务

临时照护是指暂时缓解照护者负担的各种不同类型的干预措施。通常来说，此类短暂休假的目的是提升或恢复照护提供者承受照护压力的能力（VAN EXEL et al.，2006）。最常见的临时照护形式包括：日间照护服务、居家暂时休息、制度性临时休息。界定临时照护的一个重要因素是这种临时休息时间的长短。一些服务提供短期停留（如日间照护服务），而另一些则考虑较长时间的临时休息（照护者的休假、紧急护理等）。临时休息时的照护工作可在社区护理或由机构提供，由家人和朋友等各种参与者以及护士来提供此类临时照护服务。

几乎所有经合组织国家在涉及照护者的政策中都包括临时照护。部分国家提供了更加多样化的"一揽子"支持措施（长短期休假相结合），以便更好地满足照护提供者的需求。在其他许多国家，临时照护被视为一项服务，但却没有具体的权利可使照护者获得此类服务，也没有直接提及照护者有权享受此类临时休息的天数。在爱尔兰，照护者全年可使用一笔临时照护费用。奥地利则提供了一项特殊津贴，用于支付最长可达 4 周时间的临时照护服务。德国的保险制度中存在为最长 4 周时间的临时照护服务提供资金的规定。在卢森堡，长期照护保险包括额外提供为期 3 周的临时照护资金。芬兰卫生和社会事务部制订《关于非正规照护扶持的国家发展计划》，规定连续照护的照护者每月享有至少 3 天的临时休息时间。虽然大多数经合组织国家对收入有限的个人可提供一些补贴，但短期临时照护费用仍直接由相关家庭承担。例如在奥地利、芬兰和匈牙利，公共资金不承担居家临时休息时的照护费用，照护使用者需支付全部费用。但是在丹麦，市政委员会有义务公费为照顾亲属者提供替代性或临时照护服务。夜间临时照护在减轻照护者主观报告的负担方面被证明行之有效，但它可能会加速被照护者进入福利机构的过程（PICKARD，2004）。

7.2.4 给予非正式照顾者经济补偿

对照护者的补助是承认提供照护会涉及照护者的费用。照护者通过获得一些收入来补偿其因减少工作时间而损失的薪酬或因照护他人而产生的额外费用，从而有助于履行相关照护职责。此外，对照护者的补助还有力地表明了照护者承担有重要的社会作用，应该通过提供财务奖励的方式予以认可。

直接向照护者支付费用的国家在照护补偿和资格条件等方面的规定差异较大，主要包括以下两种类型：一是向有正式工作的家庭照护者提供报酬的国家；二是按收入状况测试结果确定有关照护补助的国家。而且，各国的补偿金额与资格条件都有所不同。在北欧国家（丹麦、芬兰、挪威和瑞典），支付给照护者的款项被视为个人报酬。负责长期护理服务的市政部门直接雇佣家庭照护者。不同城市为照护者提供的薪酬标准存在差异，其中包括芬兰规定的最低金额（2009 年为每月 336 欧元），而在其他国家，照护者的薪酬则根据照护需求有所不同，相当于常规家庭帮工的小时工资。因此，照护者的补偿水平相当丰厚，且为其照护努力提供了公平的补偿，但却没有对家庭成员提供比此类照护工作更充分的抑制措施，因为这种补偿构成了相对较低的工资，且不太可能补偿相关照护的全部价值。北欧国家的目标在于提供更多的重症特别护理，但获取这项津贴的权利取决于地方政府部门的评估结果。市政部门在批准此类津贴时有非常严格的限制条件，且法律没有规定政府提供照护津贴的义务，因此该津贴的吸引力可能会仅限于低收入者。提供相关照护补贴通常是为了使被照护者留在家中，而不是被转移到某个机构内，特别是在照护任务非常繁杂或沉重的情形下。相比之下，更多的家庭照护者通过被照护者而获得照护补贴。这种补偿形式要求对照护强度作出适当的定义，而标准化的评估可能有助于限制此项津贴权利的地方差异性。尽管照护工资似乎是改善针对和补偿照护者工作的一种理想途径，但它仍然属于一种成本相对昂贵的选择；而且，还存在是否应该使用更合格或更有经验的正式照护者的合法性问题。

将现金津贴分配给家庭照护者的任务较为艰巨，因为它涉及一些权衡因素。通常，此类现金补助会包含若干资格要求，以便界定合格的照护者（如主要照护者）、照护的程度（如每周照护小时数）、照护者与被照护者之间的关系（如特定亲属、共同居住者）以及合格的被照护者的照护需求程度（如较高照护需求）。在实践中，其中一些要求可能很难在管理中得以核实，并且可能会遭到滥用。此类资格要求也可能被认为不具有公平性，或者说具有随意性。例如在英国，每位长期被照护者仅有一名照护者有权领取此类补助，而且即使照护者照护一人以上也不能"按其照护人数"获得多项补助。而在爱尔兰，只要每名照护者在周一至周日隔周提供照护工作，法律允许"兼职照护"或两个照护者分担该照护职责。除了制定合法的资格要求方面的问题外，相关部门在制定照护者津贴时通常要作出权衡，为更广泛的照护者群体（包括涉及照护强度较低的一些照护者）提供一种代币认可，并向范围更窄的目标照护者团体提供更有价值的支持。大多数国家选择了后一种做法。

日本设立了家庭照护者提供长期照护假福利，长期照护休假制度中无雇主支付劳动者补贴的规定，但有就业保险的投保者在休长期照护假时可领取相应津贴。享受该福利的条件是，劳动者（不包括日工）向父母或配偶的父母提供长期照护，且必须定期照护至少两周。此外，为了从就业保险中获得长期照护假福利，至少需要在开始休假前的两年内投保 12 个月。如果就业保险的被保险人满足此要求，他可以获得相当于休假前工资 40%的长期照护假津贴（如果工资和当前津贴总额超过该劳动者休假前工资的 80%，超过的部分会被缩减），领取时间不超过 3 个月。

7.2.5 科技支持服务供给，减少家庭照护者压力

日本十分注重智能化技术在老龄服务领域的应用，出台政策支持科技服务于介护介助领域，运用到介护服务及相关产品、设备和设施环境中，以科技和数据支撑照护服务的完善、减少照护提供者的劳动强度，提升老年人的舒适感和生活质量，并刺激了规模化的康复辅助器具、智能化产品的产业发展。

日本制订出台《积极老龄化与信息通信技术解决方案》，并发布"新成长战略"，支持高科技含量的辅具的广泛应用。一是支持科技应用于老年产品用品。小到老年人餐具（如水杯、辅助筷、勺子的材质选择，功能设计），老年尿裤的设计，大到智能护理床、智能马桶、介助起降机、洗澡辅助器，以及符合人体力学和老年人支撑需求的座椅、桌边柜等协助老年人完成日常生活活动的辅助器具和家具，都体现科技支撑对弥补老年人能力的人性化。二是运用物联网技术和大数据，精准掌握老年人健康状态。比如，通过在智能热水壶、智能微波炉等日常使用的电器设备中，增加语音对话、探测、传感和数据传输功能，通过对使用频率等数据进行记录，可判断老年人的健康状态。三是设施环境的优化和改造。日本的老年（高龄）住宅设计行业发展成熟。以"安全安心、便于移动、动作轻松"为基本原则的老年住宅设计，不仅考虑老年人的身体健康状况，做到满足基本生活活动的无障碍设计；还结合照护方案充分兼顾照护需求，将照护设施用具的使用和空间要求一同考虑，以最大限度提高老年人生活的便利性和舒适性，以及提供照护服务的便捷性和高效性。通过人性化和智能化的设计，合理使用感性装置和识别系统，减少老年人生活的障碍，以让老年人即使在半失能、失能状态下，也尽可能实现居家照护，既降低了老年

人入住机构的照护服务成本，也减轻了照护者的劳动强度，减少了照护风险的发生。

7.3 构建系统协同的居家养老政策支持体系框架

7.3.1 推进居家养老多元主体协同共治

居家养老政策支持需要通过政策主体协同共治达成，表现为居家养老各方供给主体的协同治理，以及相关部门的协调配合。根据 Johnson 和吉尔伯特主张的福利四分法，福利供给应重视国家（政府）、家庭、市场和社会的作用（任娜，2015），各方主体在明确责任边界的基础上，互相补充，共同提供福利服务（何文炯 等，2021）。但是我国福利多元理论与西方不同，是政府引导下的"一元主导"和"多元协同"的组合（房莉杰等，2020），所以在协同治理中，政府职责的界定尤为重要，既不能调控缺位，也不能使"看不见的手"伸得太远造成支持越位。政府发挥主导作用，健全规划和制度，引导和支持各方提供服务保障。对于基本养老服务提供财政保障，对特殊困难老年人群体承担兜底责任，对基本养老服务清单之外的其他服务项目通过政策支持，规范和扶持市场主体和社会组织提供服务，对其他高层次养老服务需求则通过市场机制发挥资源配置主体作用，政府实施有效监管。老年人及其家庭是居家养老的第一责任主体，承担着满足老年人的情感需求和服务需求的首要责任。当老年人自我养老难以满足需求，并且在家庭成员的照护也不能有效解决问题时，则需要政府引导的社会服务的介入。市场主体和社会组织根据老年人需求，创新服务模式和内容，提升服务质量，为老年人提供适宜价格的服务，满足老年人需求。

居家养老政策支持体系中的协同共治还要求相关部门合作治理（席恒，2020），提供社会支持，以提升居家养老政策支持整体效能。相关部门在有清晰的责任边界的基础上，以合作治理的理念，从满足老年人需求角度出发，推进居家养老政策落地，解决居家养老各项困境难题。无论是作为养老服务主管部门的民政部门，还是与之密切联系的卫生健康部门、人力资源社会保障部门、老龄部门，以及与服务要素和各环节密切相关的自然资源部门、住建部门、市场监管部门、工信部门等，只有通过协同合作，共同推进政策制定与实施，才能真正使居家养老各项政策落地，真正满足老年人的居家养老需求。

7.3.2　建立分层分类的对象瞄准机制

居家养老政策支持的对象维度既包括需方，即有需求的老年人和家庭（成员），也包括服务供方，即各类社会组织和市场主体。首先，有需求的老年人群体是政策支持对象的第一层次，应该建立以综合能力评估为基础的服务需求评估机制，结合老年人的经济状况、家庭照护资源情况，根据不同分类分层，有侧重地为老年人提供服务支持。在保证居家养老服务面向所有老年人提供的同时，优先保障刚需群体的服务满足。其次，老年人家庭及其家庭成员是支持对象的第二层次，通过家庭照护者服务给付、家庭照护培训等支持政策，提高家庭照护者专业技能，为家庭养老赋能。同时，通过喘息服务、短期托养、带薪休假、提供智能照护设备支持等政策安排，降低家庭照护者的身心压力，实现为家庭养老的减负。最后，各类社会组织和市场主体作为居家养老服务的供给方是政策支持的第三层次，通过提供服务场所和设施、给予建设和运营补贴等，降低其运营成本，引导和鼓励其为居家老年人提供就近就便的优质服务。

7.3.3　围绕"六条主线"完善居家养老政策支持内容

针对前述的政策支持 3 类对象，政府及相关部门应科学运用需求型、供给型和环境型政策工具，围绕"六条主线"构建面向老年人、家庭、市场主体和社会组织的政策支持体系。

7.3.3.1　经济支持

首先，针对老年人的经济支持即通过发放老年人服务补贴、护理补

155

贴、高龄津贴等福利补贴，完善补贴补助的方式方法，既保障照护水平提高，又保障老年人获得感增强；以及建立相关保险和福利及救助相衔接的长期照护保障制度，为老年人购买居家养老服务提供给付保障。

其次，对家庭提供经济支持则应建立以家庭收入为基础的财税优惠政策；探索建立家庭照护者津贴制度，对长期照料失能、失智长辈的家庭照料者给予一定的补贴；为履行赡养义务的子女购买照护培训课程等提供津贴支持；参照德国《长期照护保险法》关于家庭照护者社会保险权益的维护做法，对全职照顾老年人的无业家庭成员建立由财政代缴养老保险等社会保险个人缴费部分，以充分认可家庭成员养老的社会价值。

最后，对市场主体和社会组织的经济支持则应建立积极的税收优惠扶持、金融支持、财政补助支持等政策，包括对符合税法规定条件并经认定为非营利组织的养老服务机构，其取得的符合条件的收入按规定免征企业所得税；对符合运营条件的机构和组织给予建设补贴、运营补贴、连锁补贴、星级等级奖励等补助和奖励；鼓励银行向养老服务机构提供贷款支持，鼓励金融机构开发适合养老服务行业的贷款融资产品等。

7.3.3.2 服务支持

第一，面向老年人的服务支持。居家老年人的服务需求主要包括生活照料需求、医疗护理需求和精神慰藉需求等。提供服务包括：一是满足基本生活照料需求。这是老年人的主要养老需求，包括老年人的日常起居饮食照料、洗浴、就医等方面的照顾。二是医疗护理需求。对于那些罹患较严重疾病的老年人来说，除了生活照料，还需要较专业的医疗护理服务，老年人的医疗护理服务需求仅仅依靠家庭成员是难以满足的，必须通过专业的卫生医疗机构和护理服务机构提供相应的服务支持。三是精神慰藉需求。家庭所能提供的精神慰藉对老年人来说是最为理想的，这也是中国老年人更认可家庭养老的一个重要原因。

第二，对家庭照护者的服务支持。从家庭成员的需求，特别是家庭照料者的需求来看，照料的长期性可能导致照料者健康状况变差，社会交往、闲暇时间减少，心理压力增大，最终陷入身心俱疲的状态和异常艰难的境况。因此，居家养老服务支持政策的一项重要内容就是要对家庭照料者给予应有的支持，包括经济、就业、心理、培训、喘息服务等方面都应该给予家庭照料者更多的关注和支持。发展家庭"喘息服务"，通过社会化的短期照护（托养）方案的提供，为家庭的长期照料者提供替代性服务。因此，政府可在税收、场地、技术、人力资源等方面给予相关组织相应的照顾。同时，加强"喘息服务"提供者、志愿服务人员及家庭照顾者的技能培训，提升服务供给质量。

7.3.3.3　环境支持

环境支持既包括适老化改造等硬性环境的改善，也包括尊老爱老社会氛围的软环境，还包括标准化、规范化等规制和监管。从老年生态学理论出发，老年人个人能力与社会和物理环境条件之间的相互作用决定了一个人能够适应在地养老的程度。物理环境体现在于某个地方生活很长一段时间，通过创造特殊的节奏和常规来形成一种对环境的控制感；社会环境则表现为老年人与他人发展的社会关系。居住在家中既是满足情感需要的感性选择，也是缓解老年人离开工作岗位后由于物理场所变化带来不适应感的理性选择，有助于老年人适应社会角色的变化，维持原有社会关系的同时重新扩展社会融入，以及保持安全感、自主性和归属感。熟悉环境包括老年人自己的家庭环境，以及延伸出去一定距离的生活社区环境。另外，环境老年学理论为如何通过政策支持老年人居家养老提供了理论支撑和框架，明确了支持老年人和服务供给者"人"的维度，以及支持设施建设、规范监管、老年友好社会建设等"环境"的维度。

如何避免生活环境的剧烈变化，使老年人减少疏离感，是老年环境支持政策应考虑的首要原则。所以老年住宅的硬件环境支持政策包括两个层面，其一为住房安排，其二为功能性的房屋设计。在住房安排方面，在发生剧烈变化的社区中，即使老年居民仍在社区中，但他们中的一些人也会经历疏离感、不安全感和社会排斥感。这表明，老年人对社会关系变动的敏感更加明显。所以，无论从支持家庭养老功能的发挥，还是减少老年人对社会环境变化的不适应来看，老年住宅安排均应将子女与老年人同住或相邻而住纳入政策支持范围。在住房资源配置上，支持子女与需要照顾的老年人同住，并通过贷款利率、首付限额、住房补贴等措施予以鼓励（李

连友 等，2019）。在老年住宅的适老化功能设计方面，要使居家养老得以实现必须做出消除环境障碍的行动。这些行动包括通过室内物理改造，提高家庭环境的可达性和可用性，提高安全性，减少活动表现的困难，以提高老年人居家生活的独立性。具体措施是支持进行住宅的物理环境改造和小区的适老化配套设施改造，包括在楼梯上安装坡道，在浴室安装安全栏，并使房屋和设施更容易接近和使用。借鉴居家养老改革试点地区的做法，对特殊困难老年人家庭通过发放改造补贴、购买服务，支持完成居家改造。对老年人居住比较密集的社区，通过优惠措施吸引和鼓励社会力量打包进行改造。

在减少硬件环境障碍和社会关系疏离的同时，营造全社会的尊老爱老氛围，创造利于居家养老的软环境，对于传承中华民族优秀敬老孝老文化传统，形成对家庭养老的正确认识具有深远意义。通过评比表彰孝老爱亲道德模范、创建老年温馨家庭、老年友好型城市，树立标杆，激励家庭承担养老责任。

7.3.3.4 设施场所支持

以居家养老为导向的养老服务设施支持政策，应摒弃"床位指标"，并从优化老年人生活圈，提高养老服务的可及性的角度做好资源统筹、土地规划和设施建设。一是科学规划和配置居家养老服务设施用地。落实人均用地要求，按照需求半径与供给半径的匹配，设计布局服务网点，避免社会资本扎堆造成供大于求，导致资源浪费和服务流量不足。二是充分利用和整合社区资源，发动物业等现有资源，采取新建、改造等方式，保障居家养老服务场地供给，增加服务设施，避免出现设施过于分散，难以形成规模经营效益的问题。同时，最大限度降低市场主体和社会组织的资产负担。三是鼓励探索对相邻居住区的配套养老服务设施进行资源整合、统筹利用，统一管理运营。四是对市场主体和社会组织运营服务设施予以建设补贴或运营补贴的同时，鼓励和支持其参与星级评定，根据星级评定结果给予相应奖励性补贴，以激励机构和组织的高服务质量。

7.3.3.5 人才资源支持

人才是关系到养老服务行业健康、可持续、高质量发展的核心要素。

居家养老服务人才资源支持政策，应解决 3 个层面的问题：职业认同、专业化、职业发展和激励。首先，职业认同感低是导致养老服务人才流失，影响养老服务人才队伍建设的首要因素。养老照护是不同于医疗护理和家政服务的专业领域，在老年人日常生活能力的维持和恢复、慢病老年人的照料和康复等方面，具有不可替代的作用。强化养老护理职业概念，需要具备相应的职业技能，通过符合标准和规范的职业技能考试才能够上岗。通过开展护理员职业技能大赛，在全社会营造养老护理工作专业化、职业化形象，提高养老护理员的职业地位和自我认同感。其次，通过政策鼓励高等院校设立养老护理和管理相关专业，鼓励职业院校培养专业技术人才，优化专业课程设置和人才培养方案。最后，加强养老护理人才队伍的激励，包括对毕业后到养老机构和组织从事护理工作的给予一次性入职补贴，定期组织开展在职技能培训等系列政策支持，打造一支专业化、高水平的养老服务队伍。

此外，在职业化养老护理队伍建设的同时，还应通过政策引导建立专业的志愿服务队伍。专业志愿服务者的"专业"之处体现在其与正式工作人员一样具有服务技能，且为老年人提供服务是基于科学和稳定的工作计划，而非临时性的一哄而上。所以相应地，这些志愿者应该签订服务协议，同样也应承担由于服务过失带来的责任，从而作为职业护理队伍的有益补充，为居家老年人提供高质量的服务。

7.3.3.6 信息和技术支持

居家养老的信息和技术支持指的是通过使用互联网、物联网、云数据、应用软件，以及智能化产品用品和设备等技术手段，把居家老人数据和需求信息与服务供给方实现信息对接（青连斌，2021），以最大限度优化资源配置并实现服务监管。信息和技术支持方向包括以下 3 方面：一是建立服务需求与供给信息的云服务对接平台，打通当地医院、养老院、社区服务中心等养老服务资源，探索各具特色的老年人口服务需求与供给对接模式。需要指出的是，将老年人服务场景系统与补贴申请、核算、监管平台实现对接，应该是通过数据抓取而非填报的方式实现数据上传。只有这样才能保障信息的实时对接，也减轻了社会组织和机构的工作量、减少数据报送出错率，更提高监管的及时性。二是将居家养老服务信息系统主动对接综治、公安、人力资源社会保障、卫健等部门数据，形成综合的老年人动态信息数据和数据库，为制定有关居家养老政策提供精准数据支持。三是支持发展并推广智能养老终端设备的使用，以失能、失智、独居、空巢等老年人为重点，普及以远程提醒、自动报警、动态监测和记录查询等为基本功能的应急终端设备，降低老年人发生意外事故的风险。同时，通过智能助浴床等设备的辅助，降低护理人员的工作强度和工伤风险。

7.3.4 综合使用政策支持手段，建立政策运行良性机制

居家养老政策支持体系的建立需要综合运用多种政策手段，包括法律手段、行政手段、经济手段和宣传手段。首先，如前所述，立法是制度定型、责任划清、赋权明责的基础，是政策理念实施和资源分配的根本保障。加快养老服务专项立法进程，以法治思维解决居家养老存在的问题，推动形成体系化、规范化的政策支持体系。其次，行政手段和经济手段是政府常用的支持方式，通过资金投入、经济杠杆的使用、税费优惠政策的出台，引导和培育市场。最后，宣传手段的合理使用将有助于营造孝亲敬老的社会氛围，形成老年人友好型社会环境，为建立协同共治的治理体制奠定基础。

按照政策运行的阶段，居家养老政策运行机制涉及政策问题形成、政策制定、政策实施、政策评估等方面。感知并回应社会问题，形成政策议题，是居家政策运行的开端，而在制定和实施过程中，主体的协同配合、充分参与则是居家养老政策能够良性运行的前提，政策的评估和反馈是审视政策执行是否有偏差，政策路径是否清晰，以及政策效益是否显著的重要环节，也是政策修订和完善的依据。根据本书第4章采用政策工具对居家养老政策文本分析的结果，在环境型政策工具，尤其是其中监管考核类政策工具的使用方面还有待加强，应将问题导向和结果导向有机结合，加大政策落实的考核，以形成政策运行闭环，并真正提高政策实效。

此外，政策良性运行还要求居家养老公共资源实现整合利用，这是降

低服务供给成本，提高服务效率的有效途径。从老年人的角度看，老年人所拥有或接触的家庭资源、社区资源、政策支持资源等决定着其可获得的照护服务、经济补贴、日间照料服务等服务的数量和程度。从市场主体和社会组织的角度看，人力资源、场地设施、客群关系等资源的整合利用，对于其拓展服务范围、扩大运营规模、降低运营成本、提高整体效益都具有积极的作用。机构社区居家融合发展，以及"连锁化运营""社区嵌入式机构""机构辐射社区和居家"等实践，体现的即是资源整合的理念。

综上所述，通过重构居家养老政策支持体系，增强政策制度的精准性、协调性、系统性，清楚界定各部门职责，明确各级政府、各职能部门以及其他主体的责任，有效解决现有政策数量庞杂，部门政策之间、部门与地方政策之间"打架"、可操作性不强等问题，实现各种政策有效衔接，将增强制度合力。

——第 8 章——
结论与不足

▶ 8.1　主要结论

本书围绕居家养老政策展开全面研究。基于对老年人居家养老服务需求和现状的分析，梳理国家层面居家养老政策发展历程和内容，从地方实践考察政策落实情况，并以广州市老年人助餐政策"解剖麻雀"，总结政策落实的障碍和解决之策；通过建立多维度政策评估指标，对居家养老政策支持效果进行客观评估，并提出重构政策支持体系的原则和具体建议。

本书通过对调查数据的分析发现，老年人的居家养老服务需求包括经济保障需求、照护服务需求、健康医疗需求、精神文化需求、设施和环境适老化需求，不同老年人由于身体状况、经济水平、家庭照护资源的差异对服务有不同的需求。从照护服务需求程度和照护资源两个维度，可以将老年人居家养老分为"家庭协助型""家庭支撑型""社会协助型""社会支撑型"。居家养老政策应支持优先满足刚需群体的需求，并以多层次、多样化的服务满足不同老年群体的需求。

自 1982 年人口老龄化议题进入国家公共政策视野并设立全国工作机构以来的 40 年间，我国居家养老服务由国家政策性文件和地方性法规主导。在国家层面，居家养老法律法规缺失，主要依靠政策性文件规范和引导，具有以行政部门主导、自上而下部署和倡导的特点。地方层面表现更为积极，多个省市制定了地方性的居家养老法规或行政规章，为国家层面法律和有关政策的制定提供了支撑，形成了自下而上促进政策完善的机制。

但是，我国居家养老政策存在体系不健全、内容结构失衡等问题。政策支持呈现出"重供方、轻需方"，"重社会养老、轻家庭养老"等特点，整体上未能针对老年人不同类型的养老需要精准发力。在政策工具的使用上，供给型政策工具使用偏多，环境型政策工具使用严重不足；需求型政策工具中基于评估的支持政策较为缺乏。

通过分析居家养老试点改革地区的政策实践并进行政策评估发现，在政策实施阶段存在"最后一公里"问题。法制的缺失导致制度难以定型和相关主体权益不明确；条块分割的管理体制、部门职能的交叉等因素，带来了政策"碎片化"和"打补丁"等现象；部门分割治理和资源整合不到位，是影响居家养老政策实施、降低政策支持整体效能的主要因素。统一领导、部门协同共治，是推进政策实施广度、深度和速度的解决之道。

本书的基本结论是：养老服务公共政策的核心是解决居家老年人养老问题，满足老年人多元需求。具体结论包括：第一，不同层级老年人居家养老需求具有差异性。应建立以评估为基础的瞄准机制，分层分类满足老年人居家养老需求，重点关注"家庭支撑型"老年人及其他特殊刚需群体。第二，满足老年人居家养老需求的供给主体是多元化的，包括老年人自身、非正式照顾主体、正式照顾主体。政策支持在直接支持老年人的同时，应支持家庭和非正式照顾者，以及扶持和规范社会组织和机构等正式照顾主体，鼓励提供多样化服务。第三，我国居家养老政策在支持老年人居家养老方面取得了一定成效，但仍存在严重不足，亟待完善政策支持体系，解决居家养老面临的困境，保障老年人有尊严、高质量地在家养老。第四，我国居家养老政策制定理念经历了从消极到积极的转变，但仍需将积极老龄观的基本原则贯彻至制定过程中。第五，我国居家养老政策体系法治化严重不足，亟须加强法治引领，通过立法实现"赋权明责"。第六，政策的生命力在于实施，破除条块分割、部门分治的管理体制将有助于解决政策落实难题、提高政策效能。第七，完善居家养老政策支持内容，综合使用政策支持手段，建立政策运行良性机制，以保障政策支持实效。

▶ 8.2　研究不足与下一步研究方向

一是由于当前我国国家层面尚未形成居家养老的统一政策规划和成熟制度安排，地方层面的立法实践和政策创制更为积极，形成了"地方先于中央"的局面。而地方层面居家养老专项政策和相关政策数量庞大，且地区间政策制定和公开的差异大，所以在研究过程中虽然把握了主体和主流政策，尽可能全面收集地方政策情况，但客观上难以做到穷尽，造成政策掌握的完整性有一定欠缺。

二是由于时间有限，本书对完善居家养老政策支持体系的建议还在框架层面，未能进行充分展开，缺少具体设计方案。

三是农村视角的缺失。虽然在需求分析部分，对城乡居家老年人的需求进行了描述，但在政策分析部分未结合老年人居家养老的城乡差异提出符合农村实际的政策建议。

参 考 文 献

1. 中文著作与期刊论文

［1］白维军，李辉．"老有所养"家庭支持政策体系的构建［J］．中州学刊，2020（7）：69-75.

［2］白维军，王邹恒瑞．积极老龄化视域中的家庭养老政策支持研究［J］．北京航空航天大学学报（社会科学版），2021，34（1）：62-68.

［3］边恕，黎蔺娴，孙雅娜．社会养老服务供需失衡问题分析与政策改进［J］．社会保障研究，2016（3）：23-31.

［4］边恕，黎蔺娴．积极老龄化视角下的我国多维养老服务体系研究［J］．辽宁大学学报（哲学社会科学版），2019，47（2）：83-91.

［5］陈诚诚．德国经验：政府"聘用"子女照顾困难老人［N］．中国社会报，2014-12-30（3）.

［6］陈诚诚．德国长期照护保险制度的特色及改革动态［J］．中国医疗保险，2014（12）：68-70.

［7］陈芳芳．整体政府视角下长期照护保险制度优化研究：以支持居家养老为政策导向［J］．治理研究，2019（3）：68-78.

［8］陈功，赵新阳，索浩宇．"十四五"时期养老服务高质量发展的机遇和挑战［J］．行政管理改革，2021（3）：27-35.

［9］陈建领，成海军，邱维伟．北京市社区养老服务驿站的运营模式、服务特点及发展建议［J］．中国民政，2021（12）：42-45.

［10］陈江豪．城乡居民养老观念及其差异研究：基于 CGSS 2015 数据的实证分析［J］．社会与公益，2021（3）：84-87.

［11］陈雷，俞贺楠，周缘园，等．农村社会养老保险政策实施公平性有效性及可持续性评估：兼论新型农村社会养老保险的改革与发展战略［J］．辽宁师范大学学报（社会科学版），2011（6）：15-23.

［12］陈庆彬，宋睿．我国养老服务供需平衡对策的研究［J］．冰雪运动，2019（6）：39-41.

［13］陈伟涛．"和而不同"：家庭养老、居家养老、社区养老和机构养老概念比较研究［J］．广西社会科学，2021（9）：144-150.

［14］陈益华．居家养老供需主体协调发展机制分析［J］．新西部（理论版），2017（1）：10-11.

［15］陈友华．居家养老及其相关的几个问题［J］．人口学刊，2012（4）：51-59.

［16］程飞达．仁则寿：儒家仁爱观念对老年人心灵建设的启发［J］．中国浦东干部学院学报，2018（2）：130-136.

［17］翟振武，刘雯莉．从功能发挥的角度定义老年：对老年定义与健康测量的反思与探讨［J］．中国体育科技，2019（10）：3-9.

［18］丁建定．居家养老服务：认识误区、理性原则及完善对策［J］．中国人民大学学报，2013（2）：20-26.

［19］丁建定．居家养老服务发展需要重视的几个问题［J］．开放导报，2018（6）：25-28.

［20］杜鹏．老年人口划分标准问题［J］．人口研究，1992（2）：50-52+10.

［21］费孝通．家庭结构变动中的老年赡养问题：再论中国家庭结构的变动［J］．北京大学学报（哲学社会科学版），1983（3）：7-16.

［22］风笑天．从"依赖养老"到"独立养老"：独生子女家庭养老观念的重要转变［J］．河北学刊，2006（3）：83-87.

［23］高红．城市老年人社区居家养老的社会支持体系研究：以青岛市为例［J］．南京师大学报（社会科学版），2011（6）：42-47.

［24］高琪梅．国内社区居家养老服务研究综述［J］．德州学院学报，2021（5）：79-84.

［25］葛兰娜·斯皮茨，罗素·沃德，边燕杰．谈谈美国的家庭养老：兼与中国社会学同仁商榷［J］．社会学研究，1989（4）：110-118.

［26］关信平．对"老龄社会"的认知纠偏［J］．人力资源，2013（3）：26-27.

［27］郭丽娜．我国居家养老服务的结构性错配及应对［J］．中国卫生事业管理，2020（8）：635-640.

［28］郭丽娜，吴瑞君．居家养老服务供需适配：一个理论分析框架［J］．河北大学学报（哲学社会科学版），2020（5）：136-145.

［29］郭林．中国养老服务70年（1949—2019）：演变脉络、政策评估、未来思路［J］．社会保障评论，2019（3）：48-64.

［30］郭倩，王效俐．基于财政补贴的民办养老服务供给博弈分析［J］．系统工程，2018（10）：42-52.

［31］韩央迪．家庭主义、去家庭化和再家庭化：福利国家家庭政策的发展脉络与政策意涵［J］．南京师大学报（社会科学版），2014（6）：21-28.

［32］何为东，袁海霞，张淼，等．湖北省公卫健康人才队伍建设政策建构研究［J］．黄冈师范学院学报，2021（3）：131-138.

［33］何文炯．建立健全多层次老年收入保障体系［J］．中国社会保障，2017（5）：29.

［34］何文炯．老年照护服务资源需要优化配置［J］．中国社会保障，2017（1）：37.

［35］何文炯，王中汉．论老龄社会支持体系中的多元共治［J］．学术研究，2021（8）：73-80+188.

［36］何艺轩，王郁芳．社区居家"医养结合"养老模式支持体系研究［J］．成都师范学院学报，2018（2）：106-111.

［37］贺广明，刘毅．新时期养老观念构建与革新［J］．中国老年学杂志，2020（5）：1105-1109.

[38] 侯冰. 老年人社区居家养老服务需求层次及其满足策略研究
[J]. 社会保障评论, 2019 (3): 147-159.

[39] 侯慧丽. 社会养老服务类型化特征与福利提供者的责任定位
[J]. 中国人口科学, 2018 (5): 83-93+128.

[40] 胡发贵. 儒家的养老与敬老思想 [J]. 江苏大学学报 (社会科学版), 2013 (2): 14-17.

[41] 胡宏伟, 时媛媛, 肖伊雪. 公共服务均等化视角下中国养老保障方式与路径选择: 居家养老服务保障的优势与发展路径 [J]. 华东经济管理, 2012 (1): 119-123.

[42] 华颖. 中国医疗保险经办机制: 现状评估与未来展望 [J]. 西北大学学报 (哲学社会科学版), 2020 (3): 157-166.

[43] 华颖, 郑功成. 中国养老保险制度: 效果评估与政策建议 [J]. 山东社会科学, 2020 (4): 66-74.

[44] 黄石松, 孙书彦, 郭燕. 我国"一老一小"家庭支持政策的路径优化 [J]. 新疆师范大学学报 (哲学社会科学版), 2022 (3): 1-10.

[45] 贾祝军. 居家养老研究综述 [J]. 品牌 (下半月), 2015 (2): 42-43.

[46] 姜沂彤. 居家养老的社会支持研究 [J]. 现代交际, 2015 (6): 28-29.

[47] 金英爱, 徐从德, 刘琰. 传统养老观念背景下的养老压力影响因素分析 [J]. 社会福利 (理论版), 2013 (12): 7-10+6.

[48] 邝光裕, 张珍珠. 福利多元主义视角下城市社区养老穗港合作模式研究: 以广州市越秀区长者综合服务中心为例 [J]. 法制与社会, 2015 (25): 188-189.

[49] 李兵, 张航空, 陈谊. 基本养老服务制度建设的理论阐释和政策框架 [J]. 人口研究, 2015 (2): 91-99.

[50] 李超. 有情养老: 先秦儒家养老思想的情感逻辑 [J]. 齐鲁学刊, 2020 (6): 39-47.

[51] 李国锋, 孙雨洁. 文献量化视角下人才引进政策评估 [J]. 科

技管理研究, 2020 (4): 61-72.

[52] 李连友, 李磊, 邓依伊. 发达国家家庭养老公共政策的理论逻辑、内容属性与经验启示 [J]. 社会保障研究, 2020 (6): 57-67.

[53] 李连友, 李磊, 邓依伊. 中国家庭养老公共政策的重构: 基于家庭养老功能变迁与发展的视角 [J]. 中国行政管理, 2019 (10): 112-119.

[54] 李琬予, 寇彧, 李贞. 城市中年子女赡养的孝道行为标准与观念 [J]. 社会学研究, 2014 (3): 216-240+245-246.

[55] 李玉玲. 我国居家、社区、机构养老服务融合模式发展研究 [J]. 学术探索, 2016 (9): 61-65.

[56] 林文浩, 周建芳. 我国居家养老家庭支持政策研究: 政策工具、作用对象与预期家庭影响 [J]. 老龄科学研究, 2021 (3): 13-28.

[57] 刘颂. 居家养老送餐服务研究综述 [J]. 老龄科学研究, 2016 (9): 36-46.

[58] 刘喜珍. 养老伦理的时代差异 [J]. 北方工业大学学报, 2008 (2): 75-80.

[59] 刘向杰. 养老服务机构市场化的政府补贴机制研究 [J]. 技术经济与管理研究, 2015 (8): 76-80.

[60] 柳森. 彭希哲: 是时候重新定义 "老年" 和 "老年人" 了 [J]. 决策探索 (上), 2017 (12): 80-81.

[61] 鲁全. 中国的家庭结构变迁与家庭生育支持政策研究 [J]. 中共中央党校 (国家行政学院) 学报, 2021 (5): 93-99.

[62] 鲁迎春, 陈奇星. 从 "慈善救济" 到 "权利保障": 上海养老服务供给中的政府责任转型 [J]. 上海行政学院学报, 2016 (2): 76-84.

[63] 陆杰华, 白铭文, 柳玉芝. 城市老年人居住方式意愿研究: 以北京、天津、上海、重庆为例 [J]. 人口学刊, 2008 (1): 35-41.

[64] 陆杰华, 郭冉. 从新国情到新国策: 积极应对人口老龄化的战略思考 [J]. 国家行政学院学报, 2016 (5): 27-34+141-142.

[65] 马冬梅, 王佳慧, 顾悦, 等. 我国养老助餐服务研究述评 [J].

社会福利（理论版），2018（3）：1-5.

[66] 马瑞霞．社区居家养老服务立法研究：基于各地养老服务条例的立法分析 [J]．法制博览，2021（36）：9-12.

[67] 马姗伊．人口老龄化视角下我国家庭养老支持体系建设研究 [J]．当代经济研究，2021（3）：104-111.

[68] 马雯嬿，段港飞，何橄．上海流动人口随迁子女教育政策评估研究 [J]．中国集体经济，2018（34）：154-156.

[69] 穆光宗．中国传统养老方式的变革和展望 [J]．中国人民大学学报，2000（5）：39-44.

[70] 裴霞．社区居家养老的金融支持探究 [J]．时代金融，2020（9）：8-9.

[71] 彭忠益，石玉．中国政策评估研究二十年（1998—2018）：学术回顾与研究展望 [J]．北京行政学院学报，2019（2）：35-43.

[72] 祁峰，刘海军．我国政府承担养老责任的理论阐释与完善 [J]．生产力研究，2012（11）：111-112+115.

[73] 钱宁．中国社区居家养老的政策分析 [J]．学海，2015（1）：94-100.

[74] 钱夙伟．北京日报：老年餐如何打通"最后一公里" [J]．中国食品工业，2021（17）：19.

[75] 青连斌．"十四五"时期发展养老服务重在补短板强弱项 [J]．中国社会工作，2020（23）：10.

[76] 青连斌．政府兜底和养老机构定位职能要精准到位 [J]．中国党政干部论坛，2015（12）：64.

[77] 青连斌．完善顶层设计解决我国养老服务难题 [J]．中国党政干部论坛，2018（2）：32-34.

[78] 青连斌．我国家庭养老的困境与居家养老服务发展的趋势 [J]．晋阳学刊，2016（4）：79-88.

[79] 青连斌．应对人口老龄化的另一种思路 [J]．湖湘论坛，2019（1）：46-51.

［80］青连斌．应对人口老龄化要更新四大理念［J］．中国社会工作，2019（23）：8.

［81］青连斌．补齐农村养老服务体系建设短板［J］．中国党政干部论坛，2016（9）：83-86.

［82］青连斌，刘天昊．夯实居家养老在养老服务体系中的基础地位［J］．理论视野，2021（3）：56-59.

［83］曲绍旭．养老观念的影响因素分析：基于CGSS2010的实证研究［J］．老龄科学研究，2015（12）：33-41.

［84］曲绍旭，郑英龙．服务资源整合视角下城市居家养老服务供需平衡路径的优化［J］．河海大学学报（哲学社会科学版），2020（1）：74-81+107-108.

［85］曲纵翔，汪峻宇．政策工具、战略过程及参与主体 乡村振兴战略演进的三维架构研究：基于148份中央政策文本的量化分析［J］．中共福建省委党校（福建行政学院）学报，2021（1）：79-91.

［86］饶晶．老年助餐服务发展的困境与启示：以黄石市社区"幸福食堂"为例［J］．新疆广播电视大学学报，2021（3）：54-57.

［87］任德新，楚永生．伦理文化变迁与传统家庭养老模式的嬗变创新［J］．江苏社会科学，2014（5）．

［88］任娜．福利多元主义视角下我国居家养老服务供需研究［J］．中国民政，2015（15）：12-13.

［89］任娜．我国老年人居家养老分类分层研究［J］．中国物价，2022（2）：108-112.

［90］盛丽，陈曦．居家养老"养十条"精准满足老年人需求［J］．中国工人，2016（7）：40-41.

［91］世界卫生组织．积极老龄化政策框架［M］．中国老龄协会，译．北京：华龄出版社，2003.

［92］施巍巍，任志宏．北京市居家养老服务制度的变迁与走向：以新制度经济学为视角［J］．北京行政学院学报，2020（5）：73-80.

［93］石玎．居家养老的影响因素与政策选择［J］．社会保障评论，

2019（4）：146-159.

［94］宋宝安．老年人口养老意愿的社会学分析［J］．吉林大学社会科学学报，2006（4）：90-97.

［95］宋健峰，袁汝华．政策评估指标体系的构建［J］．统计与决策，2006（22）：63-64.

［96］宋娜，李俏．政府服务视域下的农村老年人精神需求供给研究［J］．社会福利（理论版），2017（7）：24-27.

［97］隋云鹏．中国传统社会的家庭养老及孝文化的传承［J］．人文天下，2017（3）：26-30.

［98］孙鹃娟．河南、贵州农村老年人的主观生活评价和养老观念［J］．中国老年学杂志，2014（6）：1619-1621.

［99］孙文灿．区块链技术在养老服务中的应用［J］．社会福利，2019（12）：25-27.

［100］孙文灿．坚持放管结合推进养老服务发展：解读新修改的《中华人民共和国老年人权益保障法》［J］．社会福利，2019（1）：27.

［101］覃李慧．论家庭养老支持政策的探索实践与机制建构［J］．老龄科学研究，2021（4）：1-12.

［102］同春芬，张健．居家养老概念研究综述［J］．中共青岛市委党校（青岛行政学院）学报，2017（4）：67-73.

［103］同春芬，刘嘉桐．积极老龄化研究进展与展望［J］．老龄科学研究，2017（9）：69-78.

［104］童星．重视养老服务中的风险防范与化解［J］．中国社会工作，2019（23）：11.

［105］汪旭，朱艳菊．新时代中国科技创新政策评估指标体系构建探讨［J］．科技风，2021（32）：171-173.

［106］王光利．社会转型背景下中国传统"孝老"文化与居家养老模式的传承与重构研究［J］．法制与社会，2019（34）：136-138.

［107］王辉．政策工具视角下我国养老服务业政策研究［J］．中国特色社会主义研究，2015（2）：83-89.

［108］王辉．政策工具选择与应用的逻辑研究［J］．公共管理学报，2014，11（3）：14-23.

［109］王建祥．四川眉山：探索"综合体+"城市普惠养老新模式［J］．中国民政，2021（12）：62-63.

［110］王莉莉．老龄服务中的供需平衡［J］．中国社会保障，2019（7）：64-65.

［111］王莉莉．中国居家养老政策发展历程分析［J］．西北人口，2013（2）：66-72.

［112］王莉莉．中国老年人社会参与的理论、实证与政策研究综述［J］．人口与发展，2011（3）：35-43.

［113］王芹荨．"居家养老"与"社会养老"相结合的政策支持研究［J］．现代经济信息，2016（23）：11-12+19.

［114］王婷．中国政策结构的内在逻辑：以农村社会养老保险政策为例［J］．政治学研究，2018（3）：62-71+127.

［115］王婷．情境—结构—行为：政策过程分析的维度识别与建构［J］．国外理论动态，2017（10）：105-114.

［116］王晓丽．政策评估的标准、方法、主体［J］．福建论坛（人文社会科学版），2008（9）：137-140.

［117］王延涛，王媛杰．我国居家养老社区支持的现状、困难及建议［J］．现代管理科学，2018（7）：45-47.

［118］王一笑．老年人"养儿防老"观念的影响因素分析：基于中国老年社会追踪调查数据［J］．调研世界，2017（1）：11-17.

［119］王裔艳．澳大利亚居家服务体系研究［J］．人口与发展，2011（5）：87-95.

［120］魏倩倩．城市公共物品供给中政府与非营利组织的协作：以宁波市政府购买居家养老服务政策为例［J］．现代交际，2015（7）：35-36.

［121］魏彦彦．中国现行家庭养老支持政策分析与评估［J］．中国老年学杂志，2014（22）：6526-6529.

［122］邬沧萍．积极应对人口老龄化理论诠释［J］．老龄科学研究，

2013（1）：4-13.

[123] 构建城乡助餐服务体系 破解老年人"一餐热饭"难题 [J].
社会福利，2020（8）：33-34.

[124] 社会福利政策实施效果评估指标体系座谈会顺利召开 [J].社
会福利（理论版），2013（9）：66.

[125] 吴宾，刘雯雯.中国养老服务业政策文本量化研究（1994～
2016）[J].经济体制改革，2017（4）：20-26.

[126] 吴洁.儒家孝道思想视角下现代家庭养老对策研究 [J].邢台
学院学报，2020（4）：9-14.

[127] 武玲娟.新时代我国养老服务中的政府职责定位研究 [J].东
岳论丛，2018（9）：134-141.

[128] 席恒.公共物品多元供给机制：一个公共管理的视角 [J].人
文杂志，2005（3）：138-143.

[129] 席恒.养老服务的逻辑、实现方式与治理路径 [J].社会保障
评论，2020（1）：108-117.

[130] 席恒.分层分类：提高养老服务目标瞄准率 [J].学海，2015
（1）：80-87.

[131] 席恒，马云超.养老服务七支柱及其完善 [J].中国社会保
障，2014（5）：33-35.

[132] 席恒，王满仓.日本"介护保险"对中国养老保险制度的启示
[J].世界经济与政治，2001（9）：65-70.

[133] 夏红升，李璋奇.老年人居家养老的社区支持网络研究 [J].
现代商业，2017（25）：173-175.

[134] 谢东虹.户籍、流动原因与老年人的长期居留意愿：基于2015
年流动人口动态监测数据 [J].调研世界，2019（3）：37-42.

[135] 许琳，刘亚文.老年残疾人家庭支持政策研究述评 [J].社会
保障研究，2017（1）：95-101.

[136] 许萍，龚平.儒家孝道在当代家庭养老中的价值 [J].理论观
察，2015（9）：92-94.

［137］岩汀．西方养老观念的变化［J］．社科信息文荟，1995（18）：15.

［138］杨建海．失能半失能老人居家养老的社会支持体系研究［J］．人民论坛，2019（19）：64-65.

［139］杨立雄，余舟．养老服务产业：概念界定与理论构建［J］．湖湘论坛，2019（1）：24-38+2.

［140］姚俊．"多支柱"社会养老服务政策的理念与设计研究：基于服务递送的视角［J］．现代经济探讨，2015（7）：48-52.

［141］姚俊，张丽．政策工具视角下中国养老服务政策文本量化研究［J］．现代经济探讨，2018（12）：33-39.

［142］姚远．从宏观角度认识我国政府对居家养老方式的选择［J］．人口研究，2008（2）：16-24.

［143］姚远．对中国家庭养老弱化的文化诠释［J］．人口研究，1998（5）：48-50.

［144］姚远．养老：一种特定的传统文化［J］．人口研究，1996（6）：30-35.

［145］姚远．中国家庭养老研究述评［J］．人口与经济，2001（1）：33-43+11.

［146］姚兆余，陈日胜，蒋浩君．家庭类型、代际关系与农村老年人居家养老服务需求［J］．南京大学学报（哲学·人文科学·社会科学），2018（6）：34-42+155-156.

［147］余晓艳，赵银侠．以政策支持体系助推智慧居家养老服务发展：以西安市为例［J］．陕西行政学院学报，2018（1）：30-35.

［148］袁缉辉．强化家庭作用支持居家养老［J］．上海大学学报（社会科学版），1995（6）：30-34.

［149］张歌．城市居家养老服务资金发展困境：障碍与对策：以上海为例［J］．现代经济探讨，2014（7）：73-77.

［150］张航空．流动人口养老观念与养老意愿影响因素分析［J］．调研世界，2013（1）：18-21.

［151］张苗苗．城市"四二一"家庭老年人养老观念探析［J］．改革与开放，2014（5）：71-72+59.

［152］张鹏蓉，阮亚妹．论中国老年人文化价值观念的演变［J］．哈尔滨职业技术学院学报，2017（5）：98-100.

［153］张世峰．构建养老服务保障制度框架之思考［J］．社会福利，2008（4）．

［154］张耀华．从健康老龄化到积极老龄化：人口老龄化的应对之策［J］．改革与开放，2018（8）：83-84.

［155］张怡青，胡丽美，杜逸芳，等．基于政策工具的我国社会化养老政策分析［J］．现代商贸工业，2021（26）：50-53.

［156］张映芹，冯亚江．人口新常态下的积极老龄观：健康、参与、生产和权益［J］．老龄科学研究，2019（4）：51-60.

［157］张雨倩．居家社区养老模式下老年人需求层次研究［J］．合作经济与科技，2016（18）：186-188.

［158］赵立新．社区服务型居家养老的社会支持系统研究［J］．人口学刊，2009（6）：41-46.

［159］赵明，苏鹏．新时代背景下老龄化社会中城镇居民养老观念变化刍议：基于社会交换理论的分析［J］．劳动保障世界，2019（20）：30.

［160］赵晓芳．健康老龄化背景下"医养结合"养老服务模式研究［J］．兰州学刊，2014（9）：129-136.

［161］郑功成．从物质文化需要走向美好生活需要：改革开放以来的中国民生发展［J］．群言，2018（10）：14-17.

［162］郑功成．从政策性文件主导走向法治化：中国特色医疗保障制度建设的必由之路［J］．学术研究，2021（6）：80-88+177.

［163］郑功成．多层次社会保障体系建设：现状评估与政策思路［J］．社会保障评论，2019（1）：3-29.

［164］郑功成．法治是保障医保基金安全的治本之道［J］．中国医疗保险，2021（3）：9-11.

［165］郑功成．奋力实现"十四五"时期医保制度基本成熟［J］．中

国医疗保险，2021（3）：10-12.

[166] 郑功成. 立法质量不高成为依法治国瓶颈［J］. 求知，2015（9）：63.

[167] 郑功成. 面向 2035 年的中国特色社会保障体系建设：基于目标导向的理论思考与政策建议［J］. 社会保障评论，2021（1）：3-23.

[168] 郑功成. 全面理解党的十九大报告与中国特色社会保障体系建设［J］. 国家行政学院学报，2017（6）：8-17+160.

[169] 郑功成. 以民生福祉新提升促进共同富裕取得新进展［J］. 中国纪检监察，2020（24）：52-54.

[170] 郑功成. 以人民为中心：新时代中国民生保障［J］. 教学与研究，2021（9）：2.

[171] 郑功成. 中国社会保险法制建设：现状评估与发展思路［J］. 探索，2020（3）：31-41+2.

[172] 郑功成. 实施积极应对人口老龄化的国家战略［J］. 人民论坛·学术前沿，2020（22）：19-27.

[173] 郑功成，周弘，丁元竹，等. 从战略高度完善我国社会保障体系:学习习近平总书记关于完善社保体系重要讲话精神［J］. 社会保障评论，2021（2）：3-19.

[174] 郑石明. 政策科学的演进逻辑与范式变迁［J］. 政治学研究，2020（1）：87-101+127-128.

[175] 钟慧澜. 理论融合视阈下的城市社区老年助餐多元供给研究：以上海个案为例［J］. 兰州大学学报（社会科学版），2017（5）：98-106.

[176] 钟永圣，李增森. 中国传统家庭养老的演进：文化伦理观念的转变结果［J］. 人口学刊，2006（2）：51-55.

[177] 周博颖，张璐. 住房保障政策评估方法及指标体系研究［J］. 城市发展研究，2020（11）：111-117.

[178] 周佳佳，康越. 北京市养老驿站的政策演变及发展趋势分析［J］. 北京化工大学学报（社会科学版），2019（1）：30-34.

[179] 周悦. 政策过程理论下我国老年人补贴制度研究：基于2016年全国省市层面数据 [J]. 社会福利（理论版），2017（8）：7-11+26.

[180] 朱倍佳. 上海市为老助餐服务需求现状调查研究 [J]. 经营与管理，2021（7）：76-80.

[181] 朱春奎，李玮. 叙事政策框架研究进展与展望 [J]. 行政论坛，2020（2）：67-74.

[182] 朱海龙，欧阳盼. 中国人养老观念的转变与思考 [J]. 湖南师范大学社会科学学报，2015（1）：88-97.

[183] "综合体+"城市普惠养老的眉山模式 [J]. 社会福利，2021（7）：33-34.

[184] 武汉市：从供给侧改革发力全面提升居家养老服务水平：解读《武汉市推进"互联网+居家养老"新模式实施方案》 [J]. 社会福利，2019（3）：25-26.

2. 学位论文

[1] 谷薇. 智慧型居家养老服务中的地方政府职能研究 [D]. 唐山：华北理工大学，2019.

[2] 何婷. 农村居家养老服务的地方政府职能研究 [D]. 西安：西北大学，2019.

[3] 孔唯鑫. 居家养老服务中的政府责任研究 [D]. 大连：东北财经大学，2018.

[4] 刘红芹. 政府购买居家养老服务的绩效研究 [D]. 兰州：兰州大学，2012.

[5] 刘禹君. 中国老龄产业市场化发展研究 [D]. 长春：吉林大学，2017.

[6] 孟娣娟. 城市中老年人居住偏好及居家养老服务需求分析 [D]. 南京：南京中医药大学，2017.

[7] 孙敬华. 积极老龄化视角下中国长期护理保险政策研究 [D]. 济南：山东大学，2021.

［8］孙祺宇. 可持续发展视阈下老年人长期照护保障研究［D］. 长春：吉林大学，2017.

［9］陶东杰. 人口老龄化、代际冲突与公共政策研究［D］. 武汉：华中科技大学，2016.

［10］王长坤. 先秦儒家孝道研究［D］. 西安：西北大学，2005.

［11］修宏方. 社区服务支持下的居家养老服务研究［D］. 天津：南开大学，2013.

［12］张昊. 智慧养老视域下中国养老服务体系的优化路径研究［D］. 长春：吉林大学，2020.

［13］章晓懿. 城市社区居家养老服务质量研究［D］. 镇江：江苏大学，2012.

［14］钟振亚. 基于老年人生理与行为特征的无障碍家居设计研究［D］. 南京：南京林业大学，2016.

［15］周慧. 老年人需要满足与福利政策［D］. 济南：山东大学，2020.

［16］周垚. 中国治理出生性别比偏高的公共政策研究［D］. 天津：南开大学，2010.

［17］朱浩. 城市社区养老服务的递送机制研究［D］. 杭州：浙江大学，2015.

3. 英文期刊论文

［1］AVEYARD H. Doing a literature review in health and social care：a practical guide［M］. London：Open University Press，2018.

［2］BERGMAN A，WELLS L，BOGO M，et al. High-risk indicators for family involvement in social work in health care：a review of the literature［J］. Social work，1993，38（3）：281-288.

［3］BETTIO F，PLANTENGA J. Comparing care regimes in Europe［J］. Feminist economics，2004，10（1）：85-113.

［4］BETTIO F，SIMONAZZI A，VILLA P. Change in care regimes and female migration: the "care drain" in the Mediterranean [J]. Journal of European social policy, 2006, 16 (3): 271-285.

[5] BRENNAN D, CASS B, HIMMELWEIT S, et al. The marketisation of care: rationales and consequences in Nordic and liberal care regimes [J]. Journal of European social policy, 2012, 22 (4): 377-391.

[6] BOLIN K, LINDGREN B, LUNDBORG P. Informal and formal care among single-living elderly in Europe [J]. Health economics, 2008, 17 (3): 393-409.

[7] BRETT J O, STANISZEWSKA S, MOCKFORD C, et al. Mapping the impact of patient and public involvement on health and social care research: a systematic review [J]. Health expectations, 2014, 17 (5): 637-650.

[8] ANNE C S, NORAH K, JACQUIE E. Client-centred, community-based care for frail seniors [J]. Health & social care in the community, 2003, 11 (3): 253-261.

[9] COLLINS D. The comparative study of social care [J]. Social policy & administration, 1980, 14 (3): 267-270.

[10] DAHLBERG L. Interaction between voluntary and statutory social service provision in Sweden: a matter of welfare pluralism, substitution or complementarity? [J]. Social policy & administration, 2005, 39 (7): 740-763.

[11] DAVEY A, PATSIOS D. Formal and informal community care to older adults: comparative analysis of the United States and Great Britain [J]. Journal of family and economic issues, 1999, 20 (3): 271-299.

[12] HENDERSON E J, CAPLAN G A. Home sweet home? Community care for older people in Australia [J]. Journal of the American medical directors association, 2007, 9 (2): 88-94.

[13] FIELD D. Book review: understanding health and social care: an introductory reader [J]. Palliative medicine, 1999, 13 (4): 360.

[14] FILLINGHAM D. Resource management in health and social care: essential checklists [M]. [S. l.: s. n.], 2006.

［15］FINFGELD - CONNETT D. Concept comparison of caring and social support ［J］. International journal of nursing terminologies and classifications, 2007, 18（2）: 58-68.

［16］FYSON R. Co-Production and personalisation in social care: changing relationships in the provision of social care ［M］. London: Jessica Kingsley, 2007: 167.

［17］GOMI I, FUKUSHIMA H, SHIRAKI M, et al. Relationship between serum albumin level and aging in community - dwelling self - supported elderly population ［J］. Journal of nutritional science and vitaminology, 2007, 53（1）: 37-42.

［18］HAYES G. The NHS information technology（IT）and social care review 2009: a synopsis ［J］. Journal of innovation in health informatics, 2010, 18（2）: 81-88.

［19］HIEDA T. Comparative political economy of long-term care for elderly people: political logic of universalistic social care policy development ［J］. Social policy & administration, 2012, 46（3）: 258-279.

［20］HOLROYD E A, MACKENZIE A E. A review of the historical and social processes contributing to care and caregiving in Chinese families ［J］. Journal of advanced nursing, 1995, 22（3）: 473-479.

［21］Home care in Europe: the solid facts ［M］. WHO Regional Office Europe, 2008.

［22］KODNER D L. Whole - system approaches to health and social care partnerships for the frail elderly: an exploration of North American models and lessons ［J］. Health & social care in the community, 2006, 14（5）: 384-390.

［23］KAUFMAN S R. The ageless self: sources of meaning in late life ［M］. University of Wisconsin Press, 1986.

［24］BETTINA M, INGEMAR K M, RTEN L. According to need? Predicting the amount of municipal home help allocated to elderly recipients in an urban area of Sweden ［J］. Health & social care in the community, 2005, 13（4）:

366-377.

[25] MASON A, WEATHERLY H, SPILSBURY K, et al. A systematic review of the effectiveness and cost-effectiveness of different models of community-based respite care for frail older people and their carers [J]. Health technology assessment, 2007, 11 (15).

[26] MURPHY-CULLEN C L. Review of changing practice in health and social care [M]. [S. l. : s. n.], 2001.

[27] NOELKER L S, WALLACE R W. The organization of family care for impaired elderly [J]. Journal of family issues, 1985, 6 (1): 23-44.

[28] NUGENT C D, MCCLEAN S I, CLELAND I, et al. Sensor technology for a safe and smart living environment for the aged and infirm at home [M]. [S. l. : s. n.], 2014.

[29] OECD. Babies and bosses—reconciling work and family life: a synthesis of findings for OECD countries [M]. Paris: OECD Publishing.

[30] OECD. OECD employment outlook [M]. Paris: OECD Publishing.

[31] OCHIAI E. Care diamonds and welfare regimes in East and South-East Asian societies: bridging family and welfare sociology [J]. International journal of Japanese sociology, 2009, 18 (1): 60-78.

[32] PICKARD L. The effectiveness and cost-effectiveness of support and services to informal carers of older people [M]. Audit Commission PSSRU, University of Kent, London School of Economics and University of Manchester, 2004.

[33] RIZZO V M, ABRAMS A. Utilization review: a powerful social work role in health care settings [J]. Health & social work, 2000, 25 (4): 264.

[34] GILROY R. Taking a capabilities approach to evaluating supportive environments for older people [J]. Applied research in quality of life, 2007, 1 (3-4): 343-356.

[35] ROWE J W, KAHN R L. Successful aging [J]. The gerontologist, 1997, 37 (4): 433-440.

[36] RUMMERY K. A comparative discussion of the gendered implications

of cash-for-care schemes: markets, independence and social citizenship in crisis? [J] . Social policy & administration, 2009, 43 (6): 634-648.

[37] HILLEL S. The Israeli Long-Term Care Insurance Law: selected issues in providing home care services to the frail elderly [J] . Health & social care in the community, 2005, 13 (3): 191-200.

[38] STORLA C A. Community care: the family, the state and social policy (Book Review) [J] . Humanity and Society, 1984, 8 (2): 224.

[39] MARY S, BOLL H E. Danish home care policy and the family: implications for the United States [J] . Journal of aging & social policy, 2006, 18 (3-4): 27-42.

[40] Values-based health and social care: beyond evidence-based practice [M] . SAGE, 2010.

[41] DIJK H M, CRAMM J M, NIEBOER A P. The experiences of neighbour, volunteer and professional support-givers in supporting community dwelling older people [J] . Health & social care in the community, 2013, 21 (2): 150-158.

附 录

附录 1

国家层面居家养老有关政策内容分析单元编码表

序号	政策名称	内容分析单元	编码	归类
1	中国老龄问题全国委员会印发《关于老龄工作情况与今后活动计划要点》的通知》（中老字〔1983〕2号）	（二）通过各种报刊、电视台、广播电台、电影、文艺、出版等进一步广泛地宣传教育，深刻认识老龄问题的重要性和迫切性。宣传老年人继续为社会发展作贡献的先进事例，促使和鼓舞老年人消除孤独寂寞感，欢度晚年，能愉快地安度晚年，养老、爱老、敬老、且感到自己生活得有意义、有作为。宣传人民群众敬老、爱老的各种典型事迹（包括个人、集体和街道），表彰"老吾老以及人之老"的传统美德	1—2	I
2		（三）为了适当地发挥老年人的作用，更好地组织老年人参与各方面的社会活动	1—3	E
3		（五）各部门可就各自主管的业务范围，开设老年人医院、老年人门诊所，老年人家庭病床、轮回看病；开设老年人日间公寓，解决老年人日间无人照顾老年人的困难	1—5	M

184

续表

序号	政策名称	内容分析单元	编码	归类
4	民政部办公厅《关于印发〈全国城市社区服务工作经验交流会议纪要〉的通知》(民办发〔1989〕33号)	一、两年来城市社区服务工作的基本情况。街(镇)福利院、老人公寓、托老所4100余所，老年人活动场所和服务设施16500余个。区、街(镇)社区服务中心、心理咨询辅导服务设施以及老人庇护所等设施的兴建，标志着社区服务设施的发展进入一个新的发展阶段	2—1	M
5		二、(六)积极探索新的服务领域、服务形式。探索开展社区康复服务，提高老年人、残疾人的身心健康水平；探索开展对老年人、残疾人等对象的庇护服务，维护他们的合法权益	2—2—6	N
6		三、(二)要立足本职。把老年人、残疾人、烈军属、困难户等作为社区服务中，民政部门首先要做好自己分管的工作。在社区服务中，民政工作搞好了，民政工作就落到了实处。在这个基础上，逐步延伸，为社区居民提供各种服务，解决他们生活中的诸多不便，提高人们的生活质量	2—3—2	J
7		一、各类社区服务设施11.2万个，形成了以社区服务中心为骨干，以老年人、残疾人、优抚对象和便民利民服务为主要内容，以发展社区服务实体来增强自我发展能力的社区服务业格局	3—1	M
8	民政部、国家计委、国家体改委等14个部门《关于加快发展社区服务业的意见》(民办函〔1993〕255号)	三、社区服务业的发展目标是：85%以上街道兴办一所社区服务中心，一所老年公寓(托老所)，一所残疾人收托所和一所以上托幼机构	3—3	H
9		四、社区服务业的基本任务是：加速建设社区服务中心，开展各种便民家庭服务，养老服务等服务项目。立足民政，面向社会，为老年人、残疾人、优抚对象提供社会福利服务	3—4	D
10		六、专门为优抚对象、残疾人、老年人提供服务的社区服务项目，创办初期免征两年能源交通基金和预算调节基金	3—6—1	O
11		对敬(养)老院(托老所)、老年公寓、老年人寄托所)，民政部门管理的具有社会福利性质的老年人活动中心和老年公寓，其固定资产投资方向调节税，按国家税务总局国税发〔1993〕67号文件规定执行	3—6—2	O

续表

序号	政策名称	内容分析单元	编码	归类
12		二、指导方针:(6)动员有关部门和全社会力量,调动广大老年人的积极性,从实际出发,有计划、有步骤地推进老龄事业的发展,实现老有所养、老有所医、老有所学、老有所为、老有所乐的目标	4-2-6	H
13		(9)坚持家庭养老与社会养老相结合的原则	4-2-9	N
14		(10)坚持物质供养和心理调适相结合的原则。改善老年人的文化生活和家庭、邻里、代际关系,多方面提高老年人的生活质量	4-2-10	D
15	国家计委、民政部、劳动部、人事部、卫生部、财政部、国家教委、全国总工会、全国妇联、全国老龄委《关于印发〈中国老龄工作七年发展纲要(1994—2000年)〉的通知》(中老联字〔1994〕70号)	三、任务目标:(15)积极推进老年立法,建立健全老年法规。定颁布"中华人民共和国老年人权益保障法"。各地继续修改完善老年法规,并抓好贯彻执行。严肃查处侵犯老年人权益案件	4-3-15	F
16		(16)实现老有所养,建立起适合我国国情的国家、社区、家庭、个人相结合的社会养老保障体系。在农村,以家庭养老为基础,与社区扶持相结合,发扬子女赡养老人的优良传统,保证老年农民的生活水平不低于当地家庭成员的生活水平	4-3-16	D
17		(17)要广泛建立老年家庭病床,送医上门	4-3-17	C
18		(18)实现老有所为,发挥老年人作用。鼓励、支持低龄和健康老人的自愿量力的前提下,参与社会发展	4-3-18	E
19		(21)增加老年福利设施,扩大老年社会化服务。积极兴办托老所、敬老院、福利院和照料各种老年人的社区服务组织	4-3-21	M
20		四、(24)把老龄事业纳入国民经济和社会发展总体规划	4-4-24	H
21		(25)改革和完善老龄工作管理体制	4-4-25	J
22		(26)加强老龄问题的宣传	4-4-26	I
23		(27)多渠道筹等措老龄事业发展资金	4-4-27	O
24		(30)加强对老龄工作的领导	4-4-30	J

续表

序号	政策名称	内容分析单元	编码	归类
25		第二章 第十条 老年人养老主要依靠家庭，家庭成员应当关心和照料老年人	5—2—10	C
26		第十一条 赡养人应当履行对老年人经济上供养、生活上照料和精神上慰藉的义务，照顾老年人的特殊需要	5—2—11	F
27		第十五条 赡养人不得以放弃继承权或者其他理由，拒绝履行赡养义务	5—2—15	F
28	《中华人民共和国老年人权益保障法》(1996年8月29日通过，1996年8月29日中华人民共和国主席令第七十三号公布)	第三章 第三十条 新建或者改造城镇公共设施、居民区和住宅，应当考虑老年人的特殊需要，建设适合老年人生活和活动的配套设施	5—3—30	M
29		第三十三条 国家鼓励、扶持社会组织或者个人兴办老年福利院、敬老院、老年公寓、老年医疗康复中心和老年文化体育活动场所等设施	5—3—33	N
30		第三十四条 各级人民政府应当引导企业开发、生产、经营老年生活用品，适应老年人的需要	5—3—34	N
31		第三十五条 发展社区服务，逐步建立适应老年人需要的生活服务、文化体育活动、疾病护理与康复等服务设施和网点	5—3—35—1	M
32		发扬邻里互助的传统，提倡邻里间关心、帮助有困难的老年人	5—3—35—2	E
33		第四章 第四十一条 国家应当为老年人参与社会主义物质文明和精神文明建设创造条件	5—4—41	E

续表

序号	政策名称	内容分析单元	编码	归类
34	国务院办公厅转发民政部等部门《关于加快实现社会福利社会化意见》的通知（国办发〔2000〕19号）	二、（二）到2005年，在我国基本建成以国家兴办的社会福利机构为示范，其他多种所有制形式的社会福利机构为骨干，社区福利服务为依托，居家供养为基础的社会福利服务网络	6-2-2-1	N
35		普遍建立起社区福利服务设施并开展家庭护理等系列服务项目	6-2-2-2	M
36		（三）社会福利机构和社区除集中养老、助残外，应发挥多种服务功能，为家庭服务提供支持	6-2-3-1	C
37		要大力发展社区福利服务设施网点，建立社区福利服务体系	6-2-3-2	M
38		因地制宜地为老年人、残疾人、孤儿等特殊困难群体提供各种福利服务	6-2-3-3	N
39		二、（五）坚持家庭养老与社会养老相结合，充分发挥家庭养老的积极作用，建立和完善老年社会服务体系	7-2-5-1	D
40		坚持政府引导与社会兴办相结合	7-2-5-2	N
41		广泛开展敬老爱老道德教育，加强老龄工作法制建设	7-2-5-3	I
42	中共中央、国务院《关于加强老龄工作的决定》（中发〔2000〕13号）	（六）建立家庭养老为基础，社区服务为依托，社会养老为补充的养老机制；逐步建立比较完善的以老年福利、生活照料、医疗保健、体育健身、文化教育和法律服务为主要内容的老年服务体系	7-2-6	N
43		（八）完善社会保障制度，逐步建立国家、社会、家庭和个人相结合的养老保障机制，确保老年人生活、医疗等方面的基本需求	7-2-8	N
44		（十一）要加强社区建设，依托社区发展老年服务业，进一步完善社区为老年人服务的功能。今后事业单位的退休人员要逐步与所在单位相脱离，由社区组织管理社会服务	7-2-11	N
45		（十八）金融机构要充分发挥信贷支持作用，热情关注、积极支持社区老年服务设施、活动场所和福利设施的建设，按照信贷通则加大贷款支持力度	7-2-18	O

续表

序号	政策名称	内容分析单元	编码	归类
46		三、(二) 2. 逐步建立社区老年人口健康档案, 加强健康教育和健康监测	8—3—2—2	D
47		(三) 2. 国家在充分利用现有设施建设的基础上, 增加对养老设施建设的投入。街道要有与老年人需求相适应的养老院或托老所	8—3—2—1	M
48		大力发展社区老年照料服务。在社区建立综合性、多功能的服务站, 依托社区老年服务设施, 采取上门服务、定点服务等形式, 开展看护照料, 精神慰藉、家务帮助等服务项目	8—3—2—2	N
49	国务院《关于印发〈中国老龄事业发展"十五"计划纲要〉的通知》(国发 [2001] 26号)	有条件的地区应逐步建立老年人紧急呼叫系统	8—3—2—3	L
50		充分利用家庭照料资源, 积极探索支持家庭成员照料老年人的有效办法, 逐步优化支持老年人居家养老的社会和社区环境	8—3—2—4	C
51		加强社区老年管理与服务人员的培训, 提高职业道德和业务素质	8—3—2—5	K
52		(四) 2. 鼓励老年人继续参与社会发展	8—4—2—1	E
53		支持老年人自助互助。注意充分发挥老年人在基层民主政治建设中的作用	8—4—2—2	E
54		四、(三) 1. 在坚持政府主导, 加大对老年福利事业投入的同时, 要充分运用市场机制, 动员社会各方面力量广泛参与	8—4—3—1	N
55		计划、财政、工商、税务、物价、国土、建设和民政等部门要制定优惠扶持政策	8—4—3—2	O

189

续表

序号	政策名称	内容分析单元	编码	归类
56		一、1. 大力挖掘社区资源，建立和完善社区老年福利服务网络，为居家养老提供支持，为社区照料提供载体，为老年人活动提供场所	9—1—1	M
57		2. 在城市，以社区居委会为重点，新建和改扩建一大批社区老年人福利服务设施和活动场所，逐步形成社区居委会有站点，街道有服务中心的社区老年人福利服务设施网络	9—1—2	M
58		3. 新建和改扩建的街道社区级老年人福利服务设施要突出综合性特点，从当地老年人急需的服务项目入手，逐步具备多种功能	9—1—3	M
59	民政部《"社区老年福利服务星光计划"实施方案》	4. 在农村，以乡镇敬老院为重点，新建和改扩建一批乡镇老年人福利服务设施和活动场地，逐步形成县（市）有中心，乡镇有敬老院的老年人福利服务设施网络	9—1—4	M
60		5. 农村新建，改扩建的敬老院要逐步具备住养、入户服务、文体活动等功能，并向综合性，多功能的社会福利服务中心发展	9—1—5	M
61		6.（1）方便适用。社区老年人福利服务设施应当位于交通便利，环境良好，方便社区老人就地，就近享受服务的地方，让广大老年人看得见，摸得着，用得上	9—1—6—1	M
62		（3）功能配套。服务内容多种项目。入户服务的内容要逐步覆盖住养、入户服务、日间照料、保健康复、文体娱乐等方面，陪护服务等方面，为老年人建立社会福利服务档案，为有需求的老年人提供方便快捷的服务	9—1—6—3	N
63		二、3. 各省、自治区、直辖市民政厅（局）具体负责当地"星光计划"资助项目的组织实施	9—2—3	J
64		4. 必须保证民政部和省级民政部门掌握的福利金的绝大部分即 80% 集中使用于"星光计划"	9—2—4	O

续表

序号	政策名称	内容分析单元	编码	归类
65	民政部《"社区老年福利服务星光计划"实施方案》	三、5. 要要贯彻落实国家在建设用地、税收、信贷、电信、用水、用电等方面的优惠政策	9—3—5—1	O
66		要坚持社会福利社会化的基本思路，着力在投资主体多元化、建立市场化运行机制和新型管理体制上很下功夫	9—3—5—2	N
67		一、以满足人民群众日益增长的养老服务需求为出发点，以保障城市"三无"对象和低保对象等困难老年人为重点，发展老年福利服务事业，推进社会福利社会化	10—1	B
68		三、1. 制定出台促进老年社会福利事业发展的优惠政策	10—3—1—1	O
69		把养老服务尤其是"三无"对象和低保对象的保障对象提到工作议事日程	10—3—1—2	A
70		2. "三无"对象和低保对象老年人的基本生活和养老服务得到较好的保障	10—3—2	A
71	民政部《关于开展养老服务社会化示范活动的通知》（民函〔2005〕48号）	3. 建立以国家、集体投入为主导，以社会力量为新的养老基础，以社区老年福利服务机构为骨干的老年福利服务体系，以老年福利服务为依托，为老年人提供生活照料服务	10—3—3	D
72		5. 企事业单位、社会团体、个人等社会力量积极振兴老年福利服务事业	10—3—5	N
73		6. 大力提倡社会互助，发展相壮大志愿者服务队伍，实现志愿者服务活动的经常化、制度化	10—3—6	N
74		7. 建立一支具有奉献精神和专业水平较高的养老服务队伍	10—3—7	K
75		8. 养老机构建筑设计符合国家标准，设施设备完善、管理规范、服务优质，实现由福利型向福利型向开放型、封闭型向供养康复型的转变，维护供养对象的合法权益	10—3—8	F
76		五、3. 要选择领导重视且工作基础较好的不同类型的城市市辖区和县级以及大中城市的养老机构开展试点和示范	10—5—3	N

191

续表

序号	政策名称	内容分析单元	编码	归类
77		一、促进社会福利由补缺型向适度普惠型转变	11—1—1	D
78		进一步巩固、完善以居家为基础，以社区为依托，以机构为补充的养老服务体系	11—1—2	D
79		三、（一）示范单位党委、政府重视老龄工作，把开展养老服务社会化示范活动列为年度重要工作，提上议事日程	11—3—1—1	J
80		加大了财政投入，重点保障了"三无"、低保和特困老人的养老服务	11—3—1—2	O
81		（二）社会力量积极参与养老服务事业，兴办了民办、民办公助等形式多样的养老机构和养老服务中介组织，能有效推动养老服务社会化	11—3—2	N
82	民政部《关于开展"全国养老服务社会化示范单位"创建活动的通知》（民函[2006] 292号）	（三）对养老服务业的发展在计划立项、财政补贴、设施建设规划、土地划拨、房屋租购、减免税费等方面，结合本地实际制定了具体的扶持保护政策，并认真贯彻执行	11—3—3	O
83		（四）建立了爱岗敬业的专业化服务队伍，引入职业社会工作者	11—3—4	K
84		（七）养老服务项目的设置从社区老年人的需求出发，满足"三无"、低保、困难老年人需求，同时合理安排经营项目，医疗保健，文体娱乐，精神慰藉，权益保护等主要提供的服务要包括生活照料，有条件的地方需求	11—3—7—1	B
85		（八）对喘需服务的独居或空巢、困难、特殊贡献、百岁以上老人实行由政府购买服务，对经济有困难的老人实行低偿扶助	11—3—7—2	N
86		五、（二）要通过创建活动，形成尊老、敬老、爱老的社会氛围；要采取多种宣传形式，推动社会力量关心、支持、举办养老社会化服务单位	11—3—8	A
87			11—5—2	I

续表

序号	政策名称	内容分析单元	编码	归类
88		二、(三)鼓励发展居家老人服务业务。要通过政策引导，鼓励社会资本投资兴办以老年人为对象的老年生活照顾、家政服务、心理咨询、康复服务、紧急救援等业务，向居住在社区（村镇）家庭的老年人提供养老服务，为他们营造良好的生活环境	12—2—3	N
89	国务院办公厅转发全国老龄委办公室和发展改革委等部门《关于加快发展养老服务业的意见》的通知》(国办发〔2006〕6号)	(五)促进老年用品市场开发。制定鼓励措施，引导企业开发、生产老年人特殊用品，促进老年用品市场发展，满足老年人的多方面需求	12—2—5	N
90		(六)加强教育培训，提高养老服务人员素质	12—2—6	K
91		三、各地区、各有关部门要加强领导，把加快发展养老服务业列入议事日程，纳入经济社会发展规划，明确工作目标，认真落实责任。要进一步强化政府公共服务职能，强化服务意识，改进服务方式，提高工作效率	12—3—1	J
92		要组织或促进建立建筑设施、卫生条件、质量标准、服务规范等养老服务行业标准，开展服务质量评估和服务行为监督，促进养老服务业向规范化、标准化发展	12—3—2	F
93		要鼓励建立养老服务行业中介组织，发挥其在行业自律、沟通企业与政府联系等方面的积极作用	12—3—3	N

续表

序号	政策名称	内容分析单元	编码	归类
94		二、(三) 2. 在巩固家庭养老、完善养老，医疗等社会保障制度的同时，重视和解决五保老人、"低保"老人、残疾老人、高龄老人、空巢老人和老年妇女等特殊老年人的问题，努力使老年人共享社会经济发展成果	13—2—3—2	B
95		3. 在鼓励家庭成员为老年人提供服务的同时，加快建立以居家养老为主、机构养老为辅的为老社会服务体系，完善服务功能，提高服务质量，满足老年人的服务需求	13—2—3—3	D
96		四、(二) 启动"社区为老服务工程"，解决老年人最关心、最直接、最现实的养老问题。在城镇新建或改造1500个建筑面积至少在200平方米以上的街道社区为老服务中心	13—4—2—1	M
97	《中国老龄事业发展规划"十一五"纲要》	在公共财政预算中增设社区养老服务预算科目，并保持逐年增长	13—4—2—2	O
98		城市要有老年公寓、养老院、护理院、临终关怀医院、托老所、老年活动中心。养老护理机构的床位数达到老年人总数的12‰	13—4—2—3	M
99		五、(二) 鼓励社会力量开展以社区为基础的老年生活照料、家政服务、康复护理、紧急救援、心理咨询等服务项目，形成为老服务网络体系，为居家养老人提供优质、便捷的服务	13—5—2	N
100		(三) 鼓励和扶持开发老年产品，引导企业生产满足老年人各种需求的门类齐全、品种多样、经济适用的老年用品	13—5—3—1	N
101		拓展多种经济成分并存的老年卫生健康服务领域，为老年人提供预防、医疗、护理和康复保健等服务	13—5—3—2	N
102		九、(四) 加快培养老龄产业所需的各类人才，特别要加快培养养急需的老龄产业管理人员、服务人员	13—9—4	K

续表

序号	政策名称	内容分析单元	编码	归类
103	全国老龄委办公室、国家发展改革委、民政部等10部门《关于全面推进居家养老服务工作的意见》（全国老龄办发[2008]4号）	二、基本任务：力争"十一五"期间，全国城市社区基本建立起多种形式、广泛覆盖的居家养老服务网络，使社区养老服务设施不断充实，服务内容和形式不断丰富，专业化和志愿者相结合的居家养老服务队伍不断壮大，居家养老服务的组织管理体制和监督评估机制逐步建立、健全和完善	14—2—1	D
104		农村社区依托乡镇敬老院、村级组织活动场所等现有设施资源，力争80%左右的乡镇拥有一处集供养托老和社区照料、居家养老等多种服务功能于一体的综合性老年福利服务中心，1/3左右的村委会和自然村拥有一所老年人文化活动和服务的站点	14—2—2	H
105		三、保障措施：（一）制定居家养老服务发展规划	14—3—1	H
106		（二）各级政府要统筹安排居家养老服务设施建设，队伍建设和运营管理等问题，合理配置资源	14—3—2—1	O
107		有条件的地区可针对当地特点的居家养老服务即开设立专项资金，开设资助项目，探索适应当地特点的居家养老服务模式	14—3—2—2	O
108		（三）贯彻落实支持居家养老服务的优惠政策。贯彻落实国家现行关于养老服务机构的税收优惠政策，对养老服务类的养老服务机构提供的养老服务免征营业税，对各类非营利性养老服务机构免征自用房产、土地的房产税、城镇土地使用税等	14—3—3	O
109		（四）要按照当地社区建设规划和老年人实际需要，协同各个部门，整合资源，在城市社区和大部分农村乡镇建设综合性居家养老服务中心、居家养老服务站点等基础性服务设施，大力推动专业化的老年医疗卫生、康复护理、文体娱乐、信息咨询、老年教育等项目的开展，构建社区为老服务网络，为老年人提供就近就便的多种服务	14—3—4—1	M
110		吸引生活自理的老人走出家门到社区为老服务门面接受服务和参加活动；对生活不能自理的老人则采取派专人上门包护，满足老年人生活照料、医疗护理、文化娱乐、心理慰藉等多种需求	14—3—4—2	B

续表

序号	政策名称	内容分析单元	编码	归类
111		依托城市社区信息平台，在社区普遍建立为老服务热线、紧急救援系统、数字网络系统等多种求助和服务形式，建设便捷有效的为老服务信息系统	14—3—4—3	L
112		（五）加强专业化与志愿者相结合的居家养老服务队伍建设。要鼓励各类职业培训机构对居家养老服务人员开展职业技能培训，考试合格发给相应的职业资格证书	14—3—5—1	K
113	全国老龄委办公室、国家发展改革委、民政部等10部门《关于全面推进居家养老服务工作的意见》（全国老龄办发〔2008〕4号）	要逐步改善和提高居家养老服务人员的地位和待遇。紧密结合社会工作者职业水平评价制度的实行，为居家养老服务人员的专业落实相应的物质待遇；对符合条件的从事居家养老服务人员，要按规定享受相应的就业再就业扶持政策	14—3—5—2	K
114		（六）各级政府应积极培育、规范管理各类居家养老服务机构，鼓励居家养老服务机构发展连片辐射、连锁经营、统一管理的服务模式	14—3—6	N
115		（七）各地政府应加强对居家养老服务工作的管理和监督，建立相应工作机制。在社区（乡镇）和街道（乡镇）建立居家养老服务中心、站点，受政府委托负责本辖区居家养老服务的实施和管理	14—3—7	M
116		（八）各级政府应充分认识新形势下发展居家养老服务的重要性，把它列入政府工作议程	14—3—8	J
117	民政部《社区老年人日间照料中心建设标准》	社区老年人日间照料中心建设应满足日托老年人在生活照料、保健康复、精神慰藉等方面的基本需求，做到规模适宜，功能完善，安全卫生，运行经济	15—1	M

续表

序号	政策名称	内容分析单元	编码	归类
118		一、（二）社会养老保障制度尚不完善，公益性老龄服务设施、服务网络建设滞后，老龄服务市场发育不全，供给不足，老年社会管理工作相对薄弱，侵犯老年人权益的现象仍时有发生	16—1—2	D
119		二、（二）建立以居家为基础、社区为依托、机构为支撑的养老服务体系，居家养老和社区养老服务网络基本健全，全国每千名老年人拥有养老床位数达到30张	16—2—2	H
120		（三）3. 按照社会主义市场经济的要求，积极发展老龄服务业。加强政策指导，资金支持，市场培育和监督管理，发挥市场机制在资源配置上的基础性作用，充分调动社会各方面力量积极参与老龄事业发展	16—2—3—3	N
121	国务院《关于印发〈中国老龄事业发展"十二五"规划〉的通知》(国发〔2011〕28号)	4. 充分发挥家庭和社区功能，着力巩固家庭养老地位，优先发展社会养老服务，构建居家为基础、社区为依托、机构为支撑的社会养老服务体系，创建中国特色的新型养老模式	16—2—3—4	D
122		三、（四）1. 重点发展居家养老服务。建立健全县（市、区）、乡镇（街道）和社区（村）三级服务网络，城市街道和社区基本实现居家养老服务网络全覆盖；80%以上的乡镇和50%以上的农村社区建立包括居家养老服务在内的社区综合服务设施和站点	16—3—4—1—1	M
123		加快居家养老服务信息系统建设，做好居家养老服务信息平台试点工作，并逐步扩大试点范围	16—3—4—1—2	L
124		培育发展居家养老服务中介组织，引导和支持社会力量开展居家养老服务	16—3—4—1—3	N
125		鼓励社会服务企业发挥自身优势，开发居家养老服务项目，创新服务模式	16—3—4—1—4	N

197

续表

序号	政策名称	内容分析单元	编码	归类
126	国务院《关于印发〈中国老龄事业发展"十二五"规划〉的通知》(国发〔2011〕28号)	大力发展家庭服务业，并将养老服务特别是居家养老护理服务作为重点发展任务	16-3-4-1-5	D
127		积极拓展居家养老服务领域，实现从基本生活照料向医疗健康、精神慰藉、法律服务、紧急救援等方面延伸	16-3-4-1-6	N
128		2. 大力发展社区照料服务。把日间照料中心、托老所、星光老年之家、互助式社区养老服务中心等社区养老设施，纳入小区配套建设规划。本着就近、就便和实用的原则，开展全托、日托、临托等多种形式的老年社区照料服务	16-3-4-2	M
129		(五)1. 在城乡规划建设中，充分考虑老年人需求，加强街道、社区"老年人生活圈"配套设施建设，着力改善老年人的生活环境	16-3-5-1	M
130	国务院办公厅《关于印发〈社会养老服务体系建设规划(2011—2015年)〉的通知》(国办发〔2011〕60号)	二、(一)社会养老服务体系建设应以居家为基础，社区为依托，机构为支撑，着眼于老年人的实际需求，优先保障孤老优抚对象及低收入的高龄、独居、失能等困难老年人的服务需求，兼顾全体老年人改善和提高养老服务条件的要求	17-2-1	D
131		(二)居家养老服务涵盖生活照料、家政服务、康复护理、医疗保健、精神慰藉等，以上门服务为主要形式。对身体状况较好、生活基本自理的老年人，提供家庭服务、老年食堂、法律服务等服务；对生活不能自理的高龄、独居、失能等老年人提供家务劳动、辅具配置、送饭上门、无障碍改造、紧急呼叫和安全援助等服务	17-2-2-1	B
132		有条件的地方可以探索对居家养老的失能老年人给予专项补贴，鼓励他们配置必要的康复辅具，提高生活自理能力和生活质量	17-2-2-2	B
133		符合条件的老年养护机构还应利用自身的资源优势，培训和指导社区养老服务组织和人员，提供居家养老服务，实现示范、辐射、带动作用	17-2-2-3	K

续表

序号	政策名称	内容分析单元	编码	归类
134		三、(二)3. 以居家养老服务为导向,以长期照料、护理康复和社区日间照料为重点,分类完善不同养老服务机构相应设施的功能,优先解决好需求最迫切的老年群体的养老问题	17-3-2-3	M
135		四、(二)改善居家养老环境,健全居家养老服务支持体系	17-4-2-1	C
136		在居家养老层面,支持有需求的老年人实施家庭无障碍设施改造。扶持居家服务机构发展,进一步开发和完善养老服务内容和项目,为老年人居家养老提供便利服务	17-4-2-2	D
137	国务院办公厅《关于印发〈社会养老服务体系建设规划(2011—2015年)〉的通知》(国办发[2011]60号)	在城乡社区养老层面,重点建设老年人日间照料中心、托老所、老年人活动中心、互助式养老服务中心等社区养老设施,推进社区综合服务设施增强养老服务功能,使日间照料服务基本覆盖城市社区和半数以上的农村社区	17-4-2-3	M
138		五、(二)中央设立专项补助投资,依据各地经济社会发展水平、老龄人口规模等,积极支持地方社会养老服务体系发展,重点用于社区日间照料中心和老年养护机构设施建设	17-4-5	O
139		五、(三)制定和完善居家养老、社区养老服务机构和机构养老服务的相关标准,建立相应的认证体系,大力推动养老服务标准化,促进养老服务示范活动深入开展	17-5-3	F
140		(四)有条件的地方,可以探索实施老年人护理补贴、护理保险,增强老年人对护理照料的支付能力	17-5-4	B
141		(六)以社区居家养老人服务需求为导向,以社区日间照料中心为依托,按照统筹规划、实用高效的原则,采取便民信息网、热线电话、爱心门铃、健康档案、服务手册、社区呼叫系统,有线电视网络等多种形式,构建社区养老服务信息网络和服务平台,发挥社区综合性信息网络平台的作用,为社区居家养老年人提供便捷高效的服务	17-5-6	N

续表

序号	政策名称	内容分析单元	编码	归类
142	民政部《关于鼓励和引导民间资本进入养老服务领域的实施意见》（民发〔2012〕129号）	一、（一）采取政府补助、购买服务、协调指导、评估认证等方式，鼓励各类民间资本进入居家养老服务领域	18—1—1	N
143		（二）支持民间资本拓展居家养老服务内容，为老年人提供生活照料、家政服务、精神慰藉、康复护理、居家无障碍设施改造，安全援助和社会参与等多方面服务	18—1—2	N
144		（三）鼓励民间资本在城镇社区举办老年人日间照料中心、托老所、老年之家、老年活动中心等养老服务设施，支持社区养老服务网点连锁发展、扩大布点，提高居家社区养老服务的可及性	18—1—3	M
145		（四）鼓励民间资本参与农村居家和社区养老服务发展，重点为向留守老年人及其他有需要的老年人提供日间照料、短期托养、配餐等服务	18—1—4—1	B
146		支持村民自治组织发展农村互助养老模式	18—1—4—2	E
147	民政部《关于推进养老服务评估工作的指导意见》（民发〔2013〕127号）	三、推进养老服务评估工作的主要任务：（一）养老服务评估可以分为居家养老服务需求评估、机构养老服务需求评估和补贴领取资格评估等	19—3—1	B
148		（四）居家养老服务机构可以根据评估结果分析老年人服务需求，在征得老年人同意的前提下，加强与相关服务单位的服务对接，制订个性化的服务方案，提高居家养老服务的针对性和效率	19—3—4	B
149	国务院《关于加快发展养老服务业的若干意见》（国发〔2013〕35号）	一、（二）基本原则。坚持保障基本。以政府为主导，发挥社会力量作用，着力保障特殊困难老年人的养老服务需求，确保人人享有基本养老服务。加大对基层和农村养老服务的投入，充分发挥社区基层组织和服务机构在居家养老服务中的重要作用。支持家庭、个人承担应尽责任	20—1—2	D
150		（三）发展目标。到2020年，全面建成以居家为基础、社区为依托、机构为支撑，养老服务产品更加丰富、市场机制不断完善，功能完善、规模适度、覆盖城乡的养老服务体系，养老服务业持续健康发展	20—1—3—1	H

续表

序号	政策名称	内容分析单元	编码	归类
151		产业规模显著扩大。以老年生活照料、老年产品用品、老年体育健身、老年文化娱乐、老年金融服务、老年旅游等为主的养老服务业全面发展，养老服务业增加值在服务业中的比重显著提升，全国机构养老、居家社区生活照料和护理等服务提供1000万个以上就业岗位。涌现一批带动力强的龙头企业和大批富有创新活力的中小企业，形成一批养老服务产业集群，培育一批知名品牌	20—1—3—2	N
152	国务院《关于加快发展养老服务业的若干意见》（国发〔2013〕35号）	二、（二）发展居家养老便捷服务。地方政府要支持建立以企业和机构为主体、社区为纽带，满足老年人各种需求的居家养老服务网络	20—2—2—1	N
153		要通过制定扶持政策措施，积极培育居家养老服务企业和机构，上门为居家老年人提供助餐、助洁、助行、助急、助医等定制服务，大力发展居家养老政府购买服务，为居家老年人提供规范化、个性化服务。兴办或运营老年供餐、社区日间照料、老年活动中心等形式多样的养老服务项目	20—2—2—2	N
154		发展老年人文体娱乐服务。地方政府要支持社区利用社区公共服务设施和社会场所组织开展适合老年人的群众性文化体育娱乐活动，并发挥群众组织和个人积极性	20—2—2—3	E
155		鼓励专业养老机构利用自身资源优势，培训和指导社区养老服务组织和人员	20—2—2—4	K
156		发展居家养老网络信息服务。地方政府要支持企业和机构运用互联网、物联网等技术手段创新居家养老服务模式，发展老年电子商务，建设居家养老网络平台，提供紧急呼叫、家政预约、物品代购、健康咨询、服务缴费等适合老年人的服务项目	20—2—2—5	L

续表

序号	政策名称	内容分析单元	编码	归类
157	民政部《关于建立养老服务协作与对口支援机制的意见》(民发〔2013〕207号)	二、确保到2020年，我国全面建成以居家为基础，社区为依托，机构为支撑，功能完善、规模适度、覆盖城乡的社会养老服务体系	21—1	H
158		三、(一) 开展人员培训。为培训能力不足的养老机构或地区培训养老服务人员	21—3—1	K
159		(二) 加强互助合作。养老机构合作开展异地养老，候鸟式养老等	21—3—2	N
160	民政部、国家标准委、商务部、质检总局、全国老龄办《关于加强养老服务标准化工作的指导意见》(民发〔2014〕17号)	二、(二) 2. 要加强基础通用标准研究制定，优先制定和实施老年人服务需求评估，服务质量监管和等级评定，养老服务安全管理等标准	22—2—2—2	B
161		(三) 到2020年，基本建成涵盖养老服务基础通用标准，管理标准和支撑保障标准，以及老年人产品用品标准、地方和企业标准相衔接，覆盖全面，重点突出，结构合理的养老服务标准体系	22—2—3	H
162		二、(一) 加强完善包括养老服务基础通用标准，服务技能标准，服务机构管理标准，老年产品用品标准等在内的养老服务标准体系	22—3—1—1	F
163		积极研究制定居家养老服务标准	22—3—1—2	F
164	住房和城乡建设部、国土资源部、民政部、全国老龄办《关于加强养老服务设施规划建设工作的通知》(建标〔2014〕23号)	二、要按照一定规划期城镇老年人口构成、规模等因素，合理确定养老服务设施类型、布局和规模，实现养老服务设施的均衡配置	23—2	M
165		四、在城市总体规划、控制性详细规划编制和审查过程中，城乡规划主管部门应严格贯彻落实《意见》所提出的人均用地不低于0.1平方米的标准，依据规划要求，确定养老服务设施布局和建设标准，分区分级规划设置养老服务设施	23—4	M
166		五、开展养老服务设施规划建设情况监督检查，各地住房城乡建设主管部门应加强养老服务设施规划建设情况监督检查，每年至少开展一次全面检查	23—5	G

续表

序号	政策名称	内容分析单元	编码	归类
167	住房和城乡建设部、国土资源部、民政部、全国老龄工作委员会办公室《关于加强养老服务设施规划建设工作的通知》(建标〔2014〕23号)	六、建立养老服务设施规划建设工作协作机制。各地住房城乡建设主管部门会同国土资源、民政和老龄办等部门，应按本通知要求做好沟通协调，建立协作机制，制订年度计划，明确工作任务，落实责任单位，共同推进养老服务设施建设工作	23—6	J
168		二、(一)完善养老服务和设施规划。将相关设施建设规划纳入城市总体规划、控制性详细规划，并严格实施，满足老年人生活需要	24—2—1	M
169		(三)加强居家和社区养老服务设施建设。新建居家和社区养老服务设施与住宅同步规划、同步验收、同步交付使用	24—2—3—1	M
170	民政部、国土资源部、财政部、住房和城乡建设部《关于推进城镇养老服务设施建设工作的通知》(民发〔2014〕116号)	本《通知》下发以前居住(小)区要将居家和社区养老服务设施建设规划。新建居(小)区配建居家和社区养老服务设施的情况，由各地民政部门牵头，住房和城乡建设、国土资源、财政等部门积极配合，进行一次全面的清理检查	24—2—3—2	G
171		三、(一)明确责任，分工负责。要落实工作责任，完善工作流程，形成政府统一领导、部门密切合作的良性工作机制	24—3—1	J
172		(三)整合资源，发挥效益。要按照无障碍设施工程建设相关标准和规范，推动和扶持老年人家庭无障碍设施的改造，加快推进坡道、电梯等与老年人日常生活密切相关的公共设施改造	24—3—3	F
173		(四)落实政策，强化扶持。城镇养老服务设施建设按国家有关规定享受优惠政策，其建设过程中发生的规费按有关规定减免	24—3—4	O

续表

序号	政策名称	内容分析单元	编码	归类
174	教育部、民政部、国家发展改革委等9部门《关于加快推进养老服务业人才培养的意见》（教职成〔2014〕5号）	三、（四）11. 积极组织职业院校、本科院校在校生到养老机构和城乡社区、家庭等进行志愿服务	25-3-4-11-1	K
175		开展社会实践活动，增强学生的社会责任意识，激发从事养老服务事业的热情。采取学校与城乡社区对口服务等形式，组织学生关爱、帮扶孤寡老人、空巢老人、农村留守老人	25-3-4-11-2	K
176		12. 积极改善养老服务从业人员工作条件，加强劳动保护和职业保护，逐步提高工资福利待遇，稳定养老服务从业人员队伍	25-3-4-12	K
177		四、（五）通过各级各类媒体，广泛宣传养老服务业人才培养的重要性，积极引导社会舆论，认同和支持养老服务业人才培养的氛围，形成全社会尊重养老服务从业人员、尊重、支持养老服务业人才培养的良好环境	25-4-5	I
178	住房和城乡建设部、民政部、财政部等部门《关于加强老年人家庭及居住区公共设施无障碍改造工作的通知》（建标〔2014〕100号）	二、（一）老年人家庭无障碍改造应体现个性化居家生活基本需要	26-2-1-1	C
179		优先安排贫困、病残、高龄、空巢、独居、失能等特殊困难老年人家庭	26-2-1-2	B
180		对纳入年度改造计划的贫困老年人家庭，县级以上地方人民政府可以给予适当补助，由民政府主管部门会同财政主管部门确定资金补助标准，并明确资金审核和监管。主管部门要对补助资金使用进行审核和监管	26-2-1-3	B
181		（二）居住区公共设施无障碍改造资金应列入地方政府财政预算，并明确资金监管要求。会同财政主管部门确定资金补助标准，由民政主管部门	26-2-2	O
182	财政部、发展改革委、民政部、全国老龄办《关于做好政府购买养老服务工作的通知》（财社〔2014〕105号）	一、（一）坚持需求导向，注重创新机制。以老年人基本养老服务需求为导向，将政府购买养老服务与老年人基本养老服务需求相结合，重点安排与老年人生活照料、康复护理等密切相关的项目，优先保障经济困难的孤寡、失能、高龄等老年人的服务需求	27-1-1	A
183		三、（三）确定购买内容。在购买居家养老服务方面，主要包括为符合政府资助条件的老年人购买助餐、助医、助急、助洁、助浴、护理、护理等上门服务，以及养老服务网络信息建设	27-3-3-1	D

204

续表

序号	政策名称	内容分析单元	编码	归类
184		在购买社区养老服务方面，主要包括为老年人购买社区日间照料、老年康复文体活动等服务	27－3－3－2	N
185		在购买养老服务人员培养方面，主要包括为养老护理人员购买职业培训、职业教育和继续教育等	27－3－3－3	K
186		在养老评估方面，主要包括老年人能力评估和服务需求评估的组织实施、养老服务评价等	27－3－3－4	D
187	财政部、发展改革委、民政部、全国老龄办《关于做好政府购买养老服务工作的通知》（财社〔2014〕105号）	（五）提供资金保障。政府购买养老服务资金在现有养老支出预算安排中统筹考虑。对于新增的养老服务内容，地方各级财政要在科学测算养老服务项目和补助标准基础上，列入同级财政预算	27－3－5	O
188		（六）健全监管机制。各地要加强政府购买养老服务的监督管理，完善事前、事中和事后监管体系，要严格遵守相关财政财务管理规定，确保政府购买养老服务资金规范管理和使用，不得截留、挪用和滞留	27－3－6	J
189		（七）加强绩效评价。各地要建立健全由购买主体、养老服务对象以及第三方组成的综合评审机制，加强购买养老服务项目绩效评价	27－3－7	J
190		四、各地要高度重视政府购买养老服务工作，要建立健全政府统一领导，财政部门牵头，民政等有关职能部门协同，社会广泛参与的工作机制	27－4	J

续表

序号	政策名称	内容分析单元	编码	归类
191	财政部、民政部、全国老龄工作委员会办公室《关于建立健全经济困难的高龄失能等老年人补贴制度的通知》(财社〔2014〕113号)	一、(二)减轻经济困难的高龄、失能等老年人的养老服务负担，帮助他们提高支付能力	28-1-2-1	B
192		推动实现基本服务均等化。力争"十二五"末，全国范围内基本建成覆盖广泛、内涵丰富、衔接紧密的经济困难的高龄、失能等老年人补贴制度，保障水平不断提高，服务类型日益丰富，推动实现基本养老服务均等化	28-1-2-2	H
193		三、(一)补贴人员范围为经济困难的高龄、失能等老年人。各地应结合实际情况，清晰界定人员范围，明确补贴发放对象。其中：经济困难的高龄、失能等老年人需县级以上民政部门核定；经济困难的失能等老年人需经县级以上医疗卫生机构鉴定	28-3-1	B
194		(二)对经济困难的高龄、失能等老年人，地方各级人民政府应当逐步给予养老服务补贴	28-3-2	B
195		(五)经济困难的高龄、失能等老年人的养老服务补贴经费由地方财政负担	28-3-5	O
196	国家卫生和计划生育委员会办公厅《关于开展计划生育家庭养老照护试点工作的通知》(国卫办家庭函〔2014〕834号)	一、(一)了解试点范围内计划生育家庭特别是特殊困难家庭养老照护需求现状，摸清底数，为健康老龄化顶层制度设计提供依据	29-1-1	D
197		(三)提高试点范围内计划生育家庭成员对老年人身心健康水平的重视程度，提高居家照护能力和水平，为居家养老创造更适宜的家庭、社会环境，进一步促进有老年人的家庭健康、和谐发展	29-1-3	C
198		二、(四)组织经过培训的工作人员走进计划生育家庭，特别是计划生育特殊困难家庭及有失能老人的家庭，开展有针对性的生活照料、家庭保健、照顾护理、精神慰藉、紧急救援等活动	29-2-4	C
199		三、(三)部门协作，加大保障力度	29-3-3	J
200		(四)建立面向家庭、广泛参与、能够满足计划生育家庭老年人养老照护需求的服务网络和队伍	29-3-4-1	K
201		积极探索政府购买服务的新模式	29-3-4-2	A

续表

序号	政策名称	内容分析单元	编码	归类
202		二、(二)以养老服务为切入点,优先支持居家和社区养老服务项目,吸纳社区志愿服务和商业服务资源,建设一体化服务信息站	30—1—2	N
203		二、(一)2.对各种养老服务资源进行统一管理和有效利用,实现居家、社区和机构养老服务的有效衔接,加强与政府公共服务信息平台对接,使广大社区居民享受便利化的社区服务	30—2—1—2	L
204	民政部、发展改革委、工业和信息化部等6部门《关于开展养老服务信息惠民工程试点工作的通知》(民函〔2014〕325号)	(二)利用互联网、物联网等信息技术,融合各种智能化系统,形成各具特色的信息化养老综合管理服务系统,更好地依托养老机构为周边社区老年人提供服务	30—2—2	L
205		2.充分发挥养老机构的辐射带动作用,利用物联网,远程健康监测等手段,逐步实现向周边居家和社区老年人开放康复设施,提供营养配餐,培训交流、专业护理等,实现养老机构与周边社区居民的养老资源共享,拓展养老机构专业化服务惠及面	30—2—2—2	D
206		(三)1.加快社区服务信息化建设。建立居家和社区养老服务接入受理和服务资源管理服务功能,实现对居家和社区养老服务项目,并逐步实现市场化、社会化运营。服务对象信息数字化,完善社区服务设施网络环境,形成互联互通共享的信息服务系统	30—2—3—1	L
207		2.为居家和社区养老的老年人提供紧急呼叫、家政预约、健康咨询、物品代购,服务缴费等适合老年人的服务项目,并逐步实现市场化、社会化运营。服务对象信息数字化,利用移动信息相关的智能终端产品,利用移动信息技术,开展远程医疗,健康监测及居家护理等工作	30—2—3—2	L

续表

序号	政策名称	内容分析单元	编码	归类
208		二、（一）到 2015 年，基本形成规模适度、运营良好、可持续发展的养老服务体系，每千名老年人拥有养老床位数达到 30 张，社区服务网络基本健全	31—2—1—1	M
209	国家发展和改革委员会、民政部等 10 部门《关于加快推进健康与养老服务工程建设的通知》（发改投资〔2014〕2091 号）	到 2020 年，全面建成以居家为基础、社区为依托、机构为支撑的，功能完善、规模适度、覆盖城乡的养老服务体系，每千名老年人拥有养老床位数达到 35～40 张	31—2—1—2	M
210		加强顶层设计和政策引导，各级地方政府要注重政策配套和项目落地，共同采取有效扶持措施，营造健康与养老服务业健康发展的良好环境	31—2—1—3	N
211		三、（一）养老服务体系主要任务包括为老年人提供膳食供应、个人照顾、保健康复、娱乐和交通接送等日间照料的社区老年人日间照料中心，主要为失能、半失能老人提供生活照料、健康护理、康复娱乐等服务的老年养护院等专业养老服务设施，具备餐饮、清洁卫生、文化娱乐等服务的养老院和医养结合服务设施，以及为农村老年人提供养老服务的农村养老服务设施建设	31—3—1	D
212		四、（一）放宽市场准入，积极鼓励社会资本投资健康与养老服务工程	31—4—1	N
213		（四）发挥价格、税收、政府购买服务等支持作用，促进健康与养老服务项目市场化运营	31—4—4	N

续表

序号	政策名称	内容分析单元	编码	归类
214	商务部《关于推动养老服务产业发展的指导意见》(商服贸函〔2014〕899号)	二、(一)加快推动居家养老服务的多元化发展。依托非政府组织、社区组织、企业和社区医院等多种供给主体，建立健全省、市、县、乡镇(街道)、村(社区)等不同层次的居家养老服务网络，满足多层次的居家养老服务需求	32—2—1—1	N
215		鼓励社会中介组织、家政服务企业等社会力量参与居家养老服务，提供日常生活、医疗保健、精神生活，法律咨询等养老服务需求	32—2—1—2	N
216		重点支持有实力运作规范的家政服务企业承担居家养老服务任务，为有需求的老年人提供助餐、助浴、助洁、助急、助医等定制服务，完善居家养老服务体系	32—2—1—3	D
217		(二)加快推动社区养老服务的便利化发展。努力使符合标准的老年人日间照料中心、老年人活动中心等服务包括居家养老服务在内的社区综合设施和站点。城市社区、90%的乡镇和农村社区建设包括居家养老服务在内的社区综合设施和站点	32—2—2	M
218		(五)一是推动居家养老、社区养老的融合。充分发挥社区一对一多的优势，鼓励个人利用家庭资源在社区开展助老服务，倡导邻里相助和结对帮扶	32—2—5—1	D
219		二是推动居家养老服务与集中养老服务的融合。发挥居家养老、社区养老和集中养老的各自优势，取长补短，开展互利互补，服务信息、服务人员、服务标准和服务管理等方面的共享，逐步实现居家养老、社区养老和集中养老在服务对象、的共享	32—2—5—2	L
220		三是推动养老服务与医疗卫生的融合。推进医养结合，构建居家养老与医疗相互融合的服务模式	32—2—5—3	D
221		三、(七)丰富服务内容。鼓励家政服务企业积极承担居家养老、社区养老机构养老，鼓励社会养老服务，推动家庭自主养老，完善居家和社区养老，充分利用家庭养老，形成以家政服务企业为主体、其他社会力量广泛参与，政府协助推动的养老服务体系	32—3—7	N

续表

序号	政策名称	内容分析单元	编码	归类
222		（九）研究制订居家养老服务培训大纲，选定培训教材，完善培训流程，加强培训管理，培养合格的养老服务人员	32—3—9	K
223	商务部《关于推动养老服务产业发展的指导意见》（商服贸〔2014〕899号）	四、（十二）对于政府投资建设的不以营利为目的、具有公益性质的居家养老服务网点和家政服务网络中心，可按作价出资方式办理用地手续，但禁止改变用途和性质	32—4—12—1	O
224		加强金融支持。加大养老服务体系建设的贷款投入力度，加强对居家养老服务企业和养老服务产品供应链上下游企业的信贷支持	32—4—12—2	O
225		发挥养老基金作用，鼓励居家养老服务企业对低收入、家庭困难的老年人提供免费服务	32—4—12—3	A
226		一、鼓励民间资本在城镇社区举办或运营老年人日间照料中心等、老年人活动中心等养老服务设施	33—1—1	M
227	民政部、国家发展改革委等10部门《关于鼓励民间资本参与养老服务业发展的实施意见》（民发〔2015〕33号）	为有需求的老年人，特别是高龄、空巢、独居、生活困难的老年人，提供集中就餐、助浴、助洁、健康、休闲和上门照护等服务，并协助做好老年人信息登记、身体状况评估等工作	33—1—2	D
228		通过政府购买服务、协调指导、评估认证等方式，鼓励民间资本举办家政服务企业、居家养老服务专业机构或企业，上门为居家养老年人提供助餐、助浴、助洁、助急、助医等定制服务	33—1—3	D
229		积极引导有条件的居家养老服务企业实行规模化、网络化、品牌化经营，增加和扩大网点，提高养老服务的可及性	33—1—4	N
230		支持社区居家养老服务网点引入社会组织和家政、教育、物业服务等企业，兴办或运营形式多样的养老服务项目	33—1—5	D

续表

序号	政策名称	内容分析单元	编码	归类
231	民政部、国家发展改革委等10部门《关于鼓励民间资本参与养老服务业发展的实施意见》(民发〔2015〕33号)	鼓励专业居家养老机构对社区养老服务组织进行业务指导和人员培训	33—1—6	K
232		推进养老服务信息化建设,逐步实现对老年人信息的动态管理。有条件的地方,可为居家老年人免费配置"一键通"等电子呼叫设备	33—1—7	L
233		三、扶持发展龙头企业,特别要发展居家养老服务企业,培育一批带动力强的龙头企业和知名度高的养老服务业品牌,形成一批产业链长、覆盖领域广、经济社会效益显著的产业集群	33—3	N
234		四、促进医疗卫生资源进入社区和居民家庭,加强居家和社区养老服务设施与基层医疗卫生机构的合作	33—4	D
235		七、就业困难人员以灵活就业方式从事居家养老服务的,可按规定享受灵活就业社会保险补贴。积极改善养老护理员工作条件,加强劳动保护和职业防护	33—7	K
236	民政部、国家开发银行《关于开发性金融支持社会养老服务体系建设的实施意见》(民发〔2015〕78号)	二、(一)老年人居家养老服务设施建设项目。主要包括城市社区日间照料中心、老年食堂、老年活动中心和养老服务信息平台;其他要发展居家养老服务的县(区)为单位,实施整体化融资支持	34—2—1	O
237		(二)居家养老服务网络建设项目。主要包括为老年人上门提供助餐、助浴、助洁、助急,助医等服务,涵盖生活照料、健康服务、文化娱乐、精神慰藉、法律咨询等服务的居家养老服务型小微企业以及各类规模化、连锁化、品牌化的组织发展,对于此类项目通过统贷方式批量化支持	34—2—2	O
238		(四)养老服务人才培训基地建设项目。主要包括支持高等院校和职业院校增加养老服务相关专业和学科建设,培养相关专门人才;支持依托职业院校和养老机构开展养老服务相关专业培训,加强对相关人员的专业培训	34—2—4	K
239		(五)养老产业相关项目。主要包括直接支持为老年人提供生活照料、健康服务、产品用品的企业	34—2—5	L

续表

序号	政策名称	内容分析单元	编码	归类
240	《中华人民共和国老年人权益保障法（2015年修正）》	第二章 第十三条 老年人养老以居家为基础，家庭成员应当尊重、关心和照料老年人	35—2—13	C
241		第十四条 赡养人应当履行对老年人经济上供养、生活上照料和精神上慰藉的义务，照顾老年人的特殊需要	35—2—14	F
242		第十五条 对生活不能自理的老年人，赡养人应承担照料责任；不能亲自照料的，可以按照老年人的意愿委托他人或者养老机构等照料	35—2—15	I
243		第十八条 家庭成员应当关心老年人的精神需求，不得忽视、冷落老年人	35—2—18	F
244		第十九条 赡养人不得以放弃继承权或者其他理由，拒绝履行赡养义务	35—2—19	F
245		第二十四条 赡养人、扶养人不履行赡养、扶养义务的，基层群众性自治组织、老年人组织或者赡养人、扶养人所在单位应当督促其履行	35—2—24	F
246		第三章 第三十条 国家逐步开展长期护理保障工作，保障老年人的护理需求	35—3—30—1	B
247		对生活长期不能自理、经济困难的老年人，地方各级人民政府应当根据其能力失能程度等情况给予护理补贴	35—3—30—2	B
248		第三十一条 老年人无劳动能力、无生活来源，或者其赡养人和扶养人，和扶养人确无赡养能力或者扶养能力的，由地方各级人民政府依照有关规定给予供养或者救助	35—3—31	A
249		第三十三条 国家建立和完善老年人福利制度，根据经济社会发展水平和老年人的实际需要，增加老年人的社会福利。国家鼓励地方建立八十周岁以上低收入老年人的高龄津贴制度	35—3—33	A
250		第四章 第三十七条 地方各级人民政府和有关部门应当采取措施，发展城乡社区养老服务，鼓励、扶持专业服务机构及其他组织和个人，为居家的老年人提供生活照料、紧急救援、医疗护理、精神慰藉、心理咨询等多种形式的服务	35—4—37—1	D

续表

序号	政策名称	内容分析单元	编码	归类
251		对经济困难的老年人，地方各级人民政府应当逐步给予养老服务补贴	35—4—37—2	A
252		第三十八条 地方各级人民政府和有关部门，基层群众性自治组织，应当将养老服务设施纳入城乡社区配套设施建设规划，建立适应老年人需要的生活服务、文化体育活动、日间照料、疾病护理与康复等服务设施和网点，就近为老年人提供服务	35—4—38—1	M
253		发扬邻里互助的传统，提倡邻里间关心、帮助有困难的老年人	35—4—38—2	F
254	《中华人民共和国老年人权益保障法（2015年修正）》	第三十九条 各级人民政府应当根据经济发展水平和老年人服务需求，逐步增加对养老服务的投入	35—4—39—1	O
255		各级人民政府和有关部门在财政、税费、土地、融资等方面采取措施，鼓励、扶持企业事业单位、社会组织或者个人兴办、运营养老、老年人日间照料、老年文化体育活动等设施	35—4—39—2	N
256		第四十条 地方各级人民政府和有关部门应当按照老年人口比例及分布情况，将养老服务设施建设纳入城乡规划和土地利用总体规划，统筹安排养老服务设施建设用地及所需物资	35—4—40	M
257		第七章 国家为老年人参与社会发展创造条件	35—7—68	E
258	国务院办公厅转发卫生计生委《关于推进医疗卫生与养老服务相结合的指导意见》（国办发〔2015〕84号）	二、（一）基本原则：保障基本，统筹发展。把保障老年人基本健康养老需求放在首位，对有需求的失能、部分失能老年人，以机构为依托，做好康复护理服务，着力保障特殊困难老年人的健康养老服务需求；对多数老年人，以社区和居家健康养老服务为主，通过医养有机融合，确保人享有基本健康养老服务。推动普惠性、个性化服务协同发展，满足多层次、多样化的健康养老需求	36—2—1	B

续表

序号	政策名称	内容分析单元	编码	归类
259	国务院办公厅转发《关于推进医疗卫生与养老服务相结合的指导意见》（国办发〔2015〕84号）	（二）发展目标：到2017年，医养结合政策体系、标准规范和管理制度初步建立，符合需求的专业化医养结合人才培养制度基本形成，建成一批兼具医疗卫生和养老服务资质和能力的医疗卫生机构或养老机构（以下统称医养结合机构），逐步提升基层医疗卫生机构为居家老年人提供上门服务的能力，80%以上的医疗机构开设为老年人提供便利服务的绿色通道，50%以上的养老机构能够以不同形式为入住老年人提供医疗卫生服务，老年人健康养老服务可及性明显提升	36—2—2—1	H
260		到2020年，符合国情的医养结合体制机制和政策法规体系基本建立，医疗卫生和养老服务资源实现有序共享、覆盖城乡、规模适宜、功能合理、综合连续的医养结合服务网络基本形成，基层医疗机构为老年人提供上门服务的能力明显提升。所有医疗机构开设为老年人提供挂号、就医等便利服务的绿色通道，所有养老机构能够以不同形式为入住老年人提供医疗卫生服务，基本适应老年人健康养老服务需求	36—2—2—2	H
261		四、（十）重点任务：探索建立多层次长期照护保障体系。继续做好老年人照护服务工作	36—4—10—1	B
262		进一步开发包括长期商业护理保险在内的多种老年护理保险产品，鼓励有条件的地方探索建立长期护理保险制度，积极探索多元化的保险筹资模式，保障老年人长期护理服务需求。鼓励老年人投保长期护理保险产品	36—4—10—2	B
263		建立健全长期照护项目内涵、服务标准以及质量评价等行业规范和体制机制，探索建立从居家、社区到专业机构等比较健全的专业照护服务提供体系	36—4—10—3	G

续表

序号	政策名称	内容分析单元	编码	归类
264	国务院办公厅《关于加快发展生活性服务业 促进消费结构升级的指导意见》（国办发〔2015〕85号）	二、（三）以满足日益增长的养老服务需求为重点，完善服务设施，加强服务规范，精神慰藉，提升养老服务体系建设水平	37—2—3—1	M
265		鼓励养老服务与相关产业融合创新发展，推动基本生活照料、康复护理、文化服务、紧急救援、临终关怀等领域养老服务的发展	37—2—3—2	D
266		积极运用网络信息技术，发展紧急呼叫、健康咨询、物品代购等适合老年人的服务项目，创新居家养老服务模式，完善居家养老服务体系	37—2—3—3	L
267		加快推进养老护理员队伍建设，加强职业教育和从业人员培训	37—2—3—4	K
268		大力发展各类老年大学等教育机构发展，支持各类老年教育机构发展自身优势，促进教育结合。鼓励专业养老机构发展，培训和指导社区养老服务组织和人员	37—2—3—5	K
269		引导社会力量举办养老资本投资养老服务业。通过公建民营等方式鼓励社会资本进入养老服务业	37—2—3—6	N
270		鼓励探索创新，积极开发切合农村实际需求的养老服务方式	37—2—3—7	D
271	国家卫生计生委办公厅、民政部办公厅《关于印发〈医养结合重点任务分工方案〉的通知》（国卫办家庭函〔2016〕353号）	9. 鼓励有能力的医疗卫生机构和医护人员为社区、居家养老人员提供上门巡诊、家庭病床、社区护理、健康管理等基本服务	38—9—1	D
272		推进基层医疗卫生机构和医护人员为老年人提供连续性的健康管理服务和医疗服务关系，为老年人提供连续性的健康管理服务和医疗服务，与老年人家庭建立签约服务	38—9—2	D
273		10. 提高基层医疗机构为居家老年人提供上门服务的能力，规范为居家老年人提供的医疗服务项目。符合规定的医疗费用纳入医保支付范围	38—10	B
274		24. 继续做好老年人照护服务工作。进一步开发包括长期商业护理保险在内的多种老年护理保险产品，鼓励有条件的地方探索建立长期护理保险制度，积极探索多元保险筹资模式。鼓励老年人投保长期护理保险产品	38—24	B
275		25. 探索建立入住医养结合机构接受居家养护服务老年人合法权益保障工作	38—25	D
276		34. 做好入住医养结合机构和接受专业照护服务老年人及投保长护险的合法权益保障工作	38—34	I

215

续表

序号	政策名称	内容分析单元	编码	归类
277	人力资源社会保障部办公厅《关于开展长期护理保险制度试点的指导意见》（人社厅发〔2016〕80号）	二、(三) 探索建立以社会互助共济方式筹集资金，为长期失能人员的基本生活照料和与基本生活密切相关的医疗护理等所需费用提供资金或服务保障的社会保险制度	39—2—3	B
278		三、(五) 长期护理保险制度以长期处于失能状态的参保人群为保障对象，重点解决重度失能人员基本生活照料和与基本生活密切相关的医疗护理等费用	39—3—5	B
279		五、(十三) 充分运用费用支付政策对护理需求和服务供给资源配置的调节作用，引导保障对象优先利用居家和社区护理服务，鼓励机构服务向社区和家庭延伸	39—5—13—1	B
280		鼓励护理保障对象的亲属、邻居和社会志愿者提供护理服务	39—5—13—2	F
281		(十四) 鼓励探索老年护理补贴制度，保障特定贫困老年人长期护理需求	39—5—14	B
282	民政部、财政部《关于中央财政支持开展居家和社区养老服务改革试点工作的通知》（民函〔2016〕200号）	二、(一) 支持通过购买服务、公建民营、民办公助、股权合作等方式，鼓励社会力量管理运营居家和社区养老服务设施，培育和打造一批品牌化、连锁化、规模化的龙头社会组织或机构、企业，使社会力量成为提供居家和社区养老服务的主体	40—2—1	N
283		(二) 支持城乡敬老院、养老院等机构开展延伸服务，或为居家和社区养老服务设施提供技术支撑	40—2—2	M
284		(三) 支持探索多种模式的"互联网+"居家和社区养老服务模式和智能养老技术应用，促进供需双方对接，为老年人提供优质价廉、形式多样的服务	40—2—3	L
285		(六) 支持采取多种有效方式，积极推进医养结合，使老年人在居家和社区获得方便、快捷、适宜的医疗卫生服务	40—2—6	D

续表

序号	政策名称	内容分析单元	编码	归类
286	全国老龄办、国家发展改革委等25部门《关于推进老年宜居环境建设的指导意见》的通知》（全国老龄办发〔2016〕73号）	三、（三）7. 推进基层医疗卫生机构和医养结合、居家养老服务人员与社区、居家养老家庭建立签约服务关系。为老年人提供连续性的社区健康支持环境	41—3—3—7	D
287		（四）9. 鼓励综合利用城乡社区中存量房产、设施、土地服务老年人，优化老年人居家养老的社区支持环境。养老机构、日间照料中心、老年人就餐点、老年人活动中心等各类生活服务设施与社区相关配套设施集约建设、资源共享	41—3—4—9	M
288		11. 健全社区生活服务网络。扶持专业化居家养老服务组织，不断开发服务产品，提高服务质量	41—3—4—11	N
289		二、充分挖掘闲置社会资源，引导社会力量参与，将城镇中废弃的厂房、医院等事业单位和企业腾出的办公用房、乡镇区划调整后闲置的办公楼、以及转型中的党政机关和国有事业单位举办的各类培训中心、疗养院及其他具有教育培训或养休养功能的各类机构等，经过一定的程序，整合改造成养老服务设施	42—2—1	M
290	民政部、国家发改委等11部门《关于支持整合改造闲置社会资源发展养老服务的通知》（民发〔2016〕179号）	增加服务供给，提高老年人就近就便获得养老服务的可及性，为全面建成以居家为基础、社区为依托、机构为补充，医养结合的多层次养老服务体系提供物质保障	42—2—2	D
291		三、（三）改造利用现有闲置厂房、社区用房等兴办养老服务设施，符合《划拨用地目录》且连续经营一年以上的，五年内可不增收土地年租金或土地收益差价，已建成的在符合规划的前提下，任何问可不增收土地价款。日连续经营也可暂不作变更。在符合规划、不增收土地价款、不变更土地使用性质的前提下可增加养老服务设施建筑面积的，可不增收土地价款	42—3—3	M
292		（九）凡通过整合改造闲置社会资源建成的养老服务设施，符合相关政策条件的，均可依照有关规定享受养老服务建设补贴，运营补贴等资金支持和税费减免，水电气热费用优惠等政策扶持	42—3—9	N

217

续表

序号	政策名称	内容分析单元	编码	归类
293	《社区老年人日间照料中心服务基本要求》	6.2.1 助餐服务宜包括上门送餐、上门做饭等内容	43—6—2—1	D
294		6.2.2 提供上门送餐服务时宜及时、准确	43—6—2—2	D
295		6.2.3 提供上门做饭服务的人员宜经过专业培训	43—6—2—3	K
296	国务院办公厅《关于全面放开养老服务市场 提升养老服务质量的若干意见》（国办发〔2016〕91号）	一、（二）补齐短板，将养老资源向居家社区服务倾斜，向农村倾斜，向失能、半失能老年人倾斜	44—1—2—1	D
297		树立健康养老理念，注重管理创新、产品创新和品牌创新，积极运用新技术，培育发展新业态，促进老年产品用品丰富多样、养老服务方便可及	44—1—2—2	N
298		三、（六）推进居家社区养老服务全覆盖。开展老年人养老需求评估，加快建设社区综合服务信息平台，对接供求信息，提升居家养老服务覆盖率和服务水平	44—3—6—1	L
299		依托社区服务中心（站）、社区日间照料中心、卫生服务中心等资源，为老年人提供健康、文化、体育、法律援助等服务。鼓励老年人就近建设小型社区养老院，满足老年人就近养老需求，方便亲属照护探视	44—3—6—2	M
300		（七）鼓励专业社工工作者、社区工作者、志愿服务者加强对农村留守、独居老年人的关爱保护和心理疏导，咨询等服务、困难、鳏寡、独居老年人的关爱保护和心理疏导，咨询等服务	44—3—7	D
301		（八）加快推进老旧居住小区和老年人家庭的无障碍改造，重点做好居住区缘石坡道、公共出入口、走道、楼梯、电梯候厅及轿厢等设施和部位的无障碍改造，优先安排贫困、高龄、失能等老年人家庭改造，组织开展多层老旧住宅电梯加装。支持开发老年宜居住宅和代际亲情住宅	44—3—8	C

续表

序号	政策名称	内容分析单元	编码	归类
302	国务院办公厅《关于全面放开养老服务市场 提升养老服务质量的若干意见》（国办发〔2016〕91号）	四，（九）发展智慧养老服务新业态，支持适合老年人的智能化产品、健康监测可穿戴设备、健康养老移动应用软件（APP）等设计开发	44—4—9	L
303		（十一）促进老年产品用品升级	44—4—11	N
304		五，（十四）企事业单位、个人对城镇现有空闲的厂房、学校、社区用房等进行改造和利用，举办养老服务机构。经有关部门批准临时改变建筑使用功能从事非营利性养老服务且连续经营一年以上的，五年内土地使用性质可暂不作变更	44—5—14	O
305		（十五）推动普通高校和职业院校开发养老服务和老年教育课程，为社区、老年教育机构及养老服务机构等提供教学资源及服务	44—5—15	K
306		（十六）完善财政支持政策。各地要建立健全针对经济困难的高龄、失能老年人的补贴制度，统一设计、分类施补，提高补贴政策的精准度	44—5—16	B
307	全国老龄工作委员会办公室、最高人民法院等6部门《关于进一步加强老年法律维权工作的意见》（全国老龄办发〔2016〕102号）	三，（五）建立健全老年人法律援助服务网络，加强基层老年人法律援助工作站、联络点建设。加强"12348"法律服务热线建设，有条件的地方开设针对老年人的维权热线，实行电话和网上预约，上门服务等，方便老年人咨询和申请法律援助	45—3—5	M
308		（六）各级老龄工作机构要充分发挥综合协调职能，组织相关部门共同做好老年法律维权工作	45—3—6—1	J
309		会同有关部门做好入住医养服务机构和接受居家医养服务老年人的合法权益维护工作	45—3—6—2	M

续表

序号	政策名称	内容分析单元	编码	归类
310	国家发展改革委、财政部、民政部《关于印发〈养老服务体系建设中央预算内投资支持实施办法〉的通知》（发改社会〔2016〕2776号）	（一）1. 拟到2020年进一步健全完善以居家为基础、社区为依托、机构为补充，医养结合的养老服务体系	46—1—1	H
311		（二）1. 大力培育居家服务组织和机构，提高城乡居家和社区养老服务覆盖率，建立健全经济困难的高龄、失能老年人等补贴制度，加强基本养老服务保障	46—2—1	B
312		2. 农村社区日间照料覆盖率，具体是指在辖区内，至少有1个社区老年人日间照料中心（互助养老幸福院或居家养老服务机构）的村委会占村委会总数的比例	46—2—2	M
313	中国红十字会总会、民政部、全国老龄工作委员会办公室《关于红十字会参与养老服务工作的指导意见》（中红字〔2017〕1号）	二、（一）通过开展对老年人应急救护、养老照护知识与技能培训，提高家庭照护者、养老护理员、养老服务志愿者服务能力	47—2—1	D
314		（二）动员和培训红十字志愿者，创新服务平台，拓宽服务领域，深入家庭、社区和养老机构等开展针对老年人的红十字志愿服务活动	47—2—2	D
315		（四）参与开展对老年人的公益援助项目。积极开发对老年人的公益援助项目，要科学设计项目，加强项目管理，完善监督制度，项目要优先支持面临困难的孤寡、高龄、失能等老年人	47—2—4	D
316	民政部、国家发展改革委等13部门《关于加快推进养老服务业放管服改革的通知》（民发〔2017〕25号）	四、（一）14. 各地应当及时、主动公布当地养老机构和发展社区居家养老服务相关的供需信息，便于社会力量和公众了解、查询和利用	48—4—1—14	L
317		16. 强化政策宣传引导。对有意设立养老服务的自然人、法人或其他社会组织，各地要做好相关法律法规和政策措施的宣传解释，各地可制定统一的筹建指导书，方便申请人到相关部门办理相关行政许可手续	48—4—1—16	I
318		（二）19. 多渠道筹集资金，加强社区综合为老服务设施建设。现有居住（小）区未配套建有养老服务设施的，各地应通过置换、租赁、购置等方式提供	48—4—2—19	M

续表

序号	政策名称	内容分析单元	编码	归类
319	民政部、国家发展改革委等13部门《关于加快推进养老服务业放管服改革的通知》（民发〔2017〕25号）	20.加大优惠扶持力度。梳理政府购买社区居家养老服务内容，并列入政府购买服务指导性目录，培育和扶持合格供应商进入	48—4—2—20	A
320		22.鼓励发起设立采取股权投资等市场化方式独立运作的养老投资基金，吸引社会力量进入养老服务基础设施和居住服务领域	48—4—2—22	N
321	国家中医药局、全国老龄办等12部门《关于促进中医药健康养老服务发展的实施意见》（国中医药医政发〔2017〕2号）	一、（二）工作目标：到2020年，中医药健康养老服务政策体系、标准规范、管理制度基本建立，医疗机构、社会非医疗性中医养老保健机构（以下简称"中医养生保健机构"）与机构、社区和居家养老密切合作的中医药养老服务体系基本形成，中医药健康养老服务基本覆盖城乡社区	49—1—2—1	H
322		所有二级以上中医医院均与1所以上养老机构开展不同形式的合作，开设为老年人提供挂号、就医等便利服务的绿色通道，为机构、社区和居家养老提供技术支持	49—1—2—2	H
323		二、（五）二级以上中医医院应指导基层医疗卫生机构开展面向老年人的中医药健康管理、养生保健、康复、居家照护、健康教育等服务，应用中医药适宜技术，促进优质中医药资源向社区、家庭延伸辐射	49—2—5	D
324	国务院《关于印发"十三五"国家老龄事业发展和养老体系建设规划的通知》（国发〔2017〕13号）	第四章　第一节　大力发展居家社区养老服务。逐步建立支持家庭养老的政策体系，支持成年子女与老年父母共同生活，履行赡养义务和承担照料责任	50—4—1—1	C
325		支持城乡社区定期上门巡访独居、空巢老年人家庭，帮助老年人解决实际困难	50—4—1—2	D
326		支持城乡社区发挥供需对接、服务引导等作用，加强居家养老服务信息、引导社区日间照料中心等养老服务机构依托社区综合服务设施和社区公共服务信息平台，创新服务模式，为老年人提供精准化个性化专业化服务	50—4—1—3	L
327		鼓励老年人参加社区邻里互助养老	50—4—1—4	F

221

续表

序号	政策名称	内容分析单元	编码	归类
328		鼓励有条件的地方推动扶持残疾、失能、高龄等老年人家庭开展适应老年人生活特点和安全需要的家庭住宅装修、家具设施、辅助设备等建设、配备、改造工作，对其中的经济困难老年人家庭给予适当补助	50—4—1—5	C
329		大力推行政府购买服务，推动专业化居家社区养老机构发展	50—4—1—6	A
330	国务院《关于印发"十三五"国家老龄事业发展和养老体系建设规划的通知》（国发〔2017〕13号）	加强社区养老服务设施建设。统筹规划发展城乡社区养老服务设施，新建城区和新建居住（小）区按要求配套建设养老服务设施，老城区和已建成居住（小）区无养老服务设施或现有设施未达到规划要求的，通过购置、置换、租赁等方式建设。加强社区养老服务设施与社区综合服务设施的整合利用	50—4—1—7	M
331		专栏3　依托城乡社区公共服务综合信息平台，以失能、独居、空巢老年人为重点，整合建立居家社区养老服务信息平台，呼叫服务系统和应急救援服务机制，方便养老服务机构和社会组织向居家老年人提供助餐、助洁、助行、助医、助浴、日间照料等服务	50—4—1—专3—1	L
332		支持社区、养老服务机构、社会组织和企业利用物联网、移动互联网和云计算、大数据等信息技术，开发应用智能终端和居家社区养老服务智慧平台、信息系统、APP应用、微信公众号等，重点拓展远程提醒报警和控制、自动报警和处置、动态监测和记录等功能，规范数据接口，建设虚拟养老院	50—4—1—专3—2	L

续表

序号	政策名称	内容分析单元	编码	归类
333	民政部、财政部《关于做好第一批中央财政支持开展居家和社区养老服务改革试点工作的通知》(民发〔2017〕54号)	一、(五)推动形成以社会力量为主体的居家和社区养老服务多元供给格局	51—1—5	N
334		(六)探索建立居家和社区基本养老服务清单制度	51—1—6	D
335		(七)增加一批居家和社区养老服务设施	51—1—7	M
336		二、建立居家和社区养老服务信息平台	51—2—1	L
337		推进居家和社区养老服务与医疗卫生服务相结合	51—2—2	D
338		加强居家和社区养老服务人才队伍建设	51—2—3	K
339		探索农村居家和社区养老服务长效发展模式	51—2—4	D
340	国务院办公厅《关于制定和实施老年人照顾服务项目的意见》(国办发〔2017〕52号)	一、(二)坚持社会参与,全民行动,注重发挥家庭养老的基础作用,鼓励和引导社会力量开展专业化、多元化照顾服务	52—1—2—1	N
341		合理确定照顾服务的对象、内容和标准,兼顾不同年龄特点,重点关注高龄、失能、贫困、伤残、计划生育特殊家庭等特殊困难老年人的特殊需求	52—1—2—2	D
342		二、(二)发展居家养老服务,为居家养老服务企业发展提供政策支持。鼓励与老年人日常生活密切相关的各类服务业为老年人提供优先、便利、优惠服务	52—2—2—1	D
343		大力扶持专业服务机构并鼓励其他组织和个人为居家养老服务。鼓励和支持城乡社区组织和相关机构为失能老年人提供生活照料、医疗护理、精神慰藉等服务,临时或短期托养照顾服务	52—2—2—2	N
344		(十一)鼓励通过基本公共卫生服务项目,为老年人免费提供包括体检在内的健康管理服务,每年为65周岁及以上老年人免费建立电子健康档案	52—2—11	D

续表

序号	政策名称	内容分析单元	编码	归类
345	国务院办公厅《关于制定和实施老年人照顾服务项目的意见》(国办发〔2017〕52号)	(十三)鼓励有条件的医院为社区失能老年人设立家庭病床,建立巡诊制度	52—2—13	C
346		(十七)鼓励制定家庭养老支持政策,引导公民自觉履行赡养义务和承担照料老年人责任。倡导制定老年人参与社会发展支持政策,发挥老年人积极作用	52—2—17	C
347		二,子女或其他赡养人,扶养人应当经常看望或问候留守老年人,不得忽视、冷落老年人	53—2—1	C
348		支持家族成员和亲友对留守老年人给予生活照料和精神关爱,鼓励邻里乡亲为留守老年人提供关爱服务,避免让生活不能自理的老年人单独居住生活	53—2—2	C
349	民政部、公安部、司法部等9部门《关于加强农村留守老年人关爱服务工作的意见》(民发〔2017〕193号)	在尊重老年人意愿的前提下,赡养义务人可与亲属或其他人签订委托照顾协议,相关情况应向村民委员会报备	53—2—3	D
350		三,发挥村民委员会在农村留守老年人关爱服务中的权益保障作用。村民委员会要在县乡两级政府的统调和组等引导下,加强留守老年人关爱服务工作	53—3—1	J
351		协助做好辖区内留守老年人基本信息摸查;以电话问候、上门访问等方式,定期探访留守老年人,及时了解留守老年人生活情况,将存在安全风险和生活困难的留守老年人作为重点帮扶对象,村民委员会要及时通知并督促其子女和其他家庭成员予以照顾,同时报告乡镇人民政府	53—3—2	L
352		四,发挥为老组织和设施在农村留守老年人关爱服务中的独特作用	53—4	J

续表

序号	政策名称	内容分析单元	编码	归类
353	工业和信息化部办公厅、民政部办公厅、国家卫生健康委员会办公厅《关于开展第二批智慧健康养老应用试点示范的通知》（工信厅电子[2018]63号）	一、支持建设一批示范企业，包括能够提供成熟的智慧健康养老产品、服务、系统平台或整体解决方案的企业	54—1	N
354		二、支持建设一批示范街道（乡镇），包括应用多类智慧健康养老产品，利用信息化、智能化等技术手段，为辖区内居民提供智慧健康养老服务的街道或乡镇	54—2	N
355		三、支持建设一批示范基地，包括推广智慧健康养老产品和服务，形成产业集聚效应和示范带动作用的地级或县级行政区	54—3	M
356	《中华人民共和国老年人权益保障法（2018年修正）》	第一章 第五条 国家建立多层次的社会保障体系，逐步提高对老年人的保障水平。国家建立和完善以居家为基础、社区为依托、机构为支撑的社会养老服务体系。倡导全社会优待老年人	55—1—5	D
357		第二章 第十三条 老年人养老以居家为基础，家庭成员应当尊重、关心和照料老年人	55—2—13	C
358		第十四条 赡养人应当履行对老年人经济上供养、生活上照料和精神上慰藉的义务，照顾老年人的特殊需要	55—2—14—1	I
359		第十七条 国家建立健全家庭养老支持政策，鼓励家庭成员与老年人共同生活或者就近居住，为老年人随配偶或者赡养人迁往居住地提供便利条件，为家庭成员照料老年人提供帮助	55—2—17	C
360		第四章 第三十七条 地方各级人民政府和有关部门应当采取措施，发展城乡社区养老服务，鼓励、扶持专业服务机构及其他组织和个人，为居家的老年人提供生活照料、紧急救援、医疗护理、精神慰藉、心理咨询等多种形式的养老服务	55—4—37—1	N
361		对经济困难的老年人，地方各级人民政府应当逐步给予养老服务补贴	55—4—37—2	B

续表

序号	政策名称	内容分析单元	编码	归类
362	《中华人民共和国老年人权益保障法（2018年修正）》	第三十八条 地方各级人民政府有关部门、基层群众性自治组织，应当将养老服务设施纳入城乡社区配套设施建设规划，建立适应老年人需要的生活服务、文化体育活动、日间照料、疾病护理与康复等服务设施和网点，就近为老年人提供服务	55—4—38—1	M
363		发扬邻里互助的传统，提倡邻里间关心、帮助有困难的老年人	55—4—38—2	F
364		鼓励慈善组织、志愿者为老年人服务。倡导老年人互助服务	55—4—38—3	D
365		第三十九条 各级人民政府和有关部门在财政、税费、土地、融资等方面采取措施，鼓励、扶持企业事业单位、社会组织或者个人兴办、运营养老、老年人日间照料、老年文化体育活动等设施	55—4—39—2	O
366		第四十条 地方各级人民政府和有关部门应当按照老年人口比例及分布情况，将养老服务设施建设纳入城乡规划和土地利用总体规划，统筹安排养老服务设施建设用地及所需物资	55—4—40—1	M
367		第四十二条 国务院有关部门制定养老服务设施建设、养老服务职业等标准，建立健全养老机构分类管理和养老服务评估制度	55—4—42—1	F
368		各级人民政府应当规范养老服务收费项目和标准，加强监督和管理	55—4—42—2	F
369		第四十七条 国家建立健全养老服务人才培养、使用、评价和激励制度，依法规范用工，促进从业人员劳动报酬合理增长，发展专职、兼职和志愿者相结合的养老服务队伍	55—4—47—1	K
370		第六章 第六十五条 国家推动老年宜居社区建设，引导、支持老年宜居住宅的开发，推动和扶持老年人家庭无障碍设施的改造，为老年人创造无障碍居住环境	55—6—65	M

续表

序号	政策名称	内容分析单元	编码	归类
371	《中华人民共和国老年人权益保障法(2018年修正)》	第七章 第六十九条 国家为老年人参与社会发展创造条件	55—7—69	E
372		第七十二条 国家和社会采取措施,开展适合老年人的群众性文化、体育、娱乐活动,丰富老年人的精神文化生活	55—7—72	E
373	国家发展改革委、民政部、国家卫生健康委《关于印发养老服务专项行动实施方案(试行)的通知》(发改社会[2019]333号)	四、(一)建设内容:支持养老服务骨干网建设,发展集中管理运营的社区嵌入式、分布式、小型化、连锁化的养老服务设施和带护理型床位的日间照料中心,增加家庭服务功能模块,强化助餐、助洁、助行、助浴、助医等居家社区养老服务网络,增强养老服务网络的覆盖面和服务能力	56—4—1	M
374		(二)以专业化养老服务机构为核心,与养老服务骨干网组成"1+N"联合体,推行居家、社区和机构养老融合发展,强化技术指导,人员培训和对接转介,提升社区、城内养老服务整体水平	56—4—2—1	N
375		加强社区居家基础设施适老化改造	56—4—2—2	C
376		附件1 一、(二)1.依法简化社区居家养老服务开办申报程序,支持合作企业在合作区域内开展连锁化、专业化服务	56—[附]1—1—2—1	N
377		3.将养老机构提供的居家社区养老服务纳入补贴范围	56—[附]1—1—2—3	O
378		附件2 一、6.通过自营或者联合服务型企业,开展面向周边社区居民的居家社区养老服务	56—[附]2—1—6	N
379		附件3 第三章 第十条 增加家庭服务功能模块,强化助餐、助洁、助行、助浴、助医等服务能力,夯实居家社区养老服务网络,增强养老社区养老服务网络的覆盖面和服务能力	56—[附]3—3—10	C

续表

序号	政策名称	内容分析单元	编码	归类
380	国务院办公厅《关于推进养老服务发展的意见》（国办发〔2019〕5号）	一、（四）减轻养老服务税费负担。对在社区提供日间照料、康复护理、助餐助行等服务的养老服务机构给予税费减免扶持政策	57—1—4	O
381		（五）提升政府投入精准化水平。将养老服务纳入政府购买服务指导性目录，全面梳理现行财政支出安排的各类养老服务项目，以省为单位制定政府购买养老服务标准，重点购买生活照料、康复护理、机构运营，社会工作和人员培养等服务	57—1—5	A
382		（六）支持养老机构规模化、连锁化发展。非营利性养老机构可在其登记管理机关管辖区域内设立多个不具备法人资格的服务网点	57—1—6	O
383		二、（八）大力支持符合条件的市场化、规范化程度高的养老服务企业上市融资	57—2—8—1	N
384		更好发挥创业担保贷款政策作用，对从事养老服务行业并符合条件的个人和小微企业给予贷款支持，鼓励金融机构参照贷款基础利率，结合风险分担情况，合理确定贷款利率水平	57—2—8—2	O
385		（九）扩大养老服务产业相关企业债券发行规模	57—2—9	O
386		三、（十一）建立完善养老护理员职业技能等级认定和教育培训制度	57—3—11	K
387		（十二）大力推进养老服务业吸纳就业。在基层特别是街道（乡镇）、社区（村）开发一批为老服务岗位，优先吸纳就业困难人员、建档立卡贫困人口和高校毕业生就业	57—3—12	N
388		（十三）建立养老服务褒扬机制	57—3—13—1	I

续表

序号	政策名称	内容分析单元	编码	归类
389		研究设立全国养老服务工作先进集体和先进个人评比达标表彰项目	57—3—13—2	I
390		四、(十四)建立健全长期照护服务体系。研究建立长期照护服务项目、标准、质量评价等行业规范，完善居家、社区、机构相衔接的专业化长期照护服务体系	57—4—14—1	B
391		完善全国统一的老年人能力评估标准，机构综合评估、考虑失能、失智、残疾状况，评估结果作为领取老年人补贴、接受基本养老服务的依据	57—4—14—2	D
392	国务院办公厅《关于推进养老服务发展的意见》(国办发〔2019〕5号)	全面建立经济困难的高龄、失能老年人补贴制度，加强与残疾人两项补贴政策衔接，加快实施长期护理保险制度试点，推动形成符合国情的长期护理保险制度框架	57—4—14—3	B
393		五、(十七)加强老年人消费权益保护和养老服务领域非法集资法集资整治工作	57—4—17	F
394		(十八)有条件的地区可支持家庭医生出诊为老年人服务	57—5—18	C
395		(十九)推动居家、社区和机构养老融合发展	57—5—19	N
396		(二十一)实施"互联网+养老"行动	57—5—21	L
397		(二十二)完善老年人关爱服务体系	57—5—22—1	D
398		推广"养老服务顾问"模式，发挥供需对接、服务引导等作用	57—5—22—2	D
399		发挥老年人的专长和作用，鼓励其在自愿和量力而行的情况下，从事传播文化和科技知识、参与科技开发和应用，兴办社会公益事业等社会活动	57—5—22—3	E
400		六、(二十六)实施老年人居家适老化改造工程	57—6—26	C
401		(二十七)落实养老服务设施分区分级规划建设要求	57—6—27	M
402		(二十八)完善养老服务设施供地政策	57—6—28	M

续表

序号	政策名称	内容分析单元	编码	归类
403	国家发展改革委，民政部、国家卫生健康委《关于印发〈普惠养老城企联动专项行动实施方案（2019年修订版）〉的通知》（发改社会[2019]1422号）	四、（一）一是支持养老服务骨干网建设，夯实居家社区养老服务网络	58-4-1	N
404		（二）一是加强养老服务联合体机制建设。以专业化养老机构为核心，与养老服务骨干网构成"1+N"联合体，推行居家、社区和机构养老融合发展，强化技术指导，人员培训和对接转介，提升区域内养老服务整体水平	58-4-2-1	M
405		五是加强社区居家基础设施适老化改造	58-4-2-5	C
406		五、（三）中央预算内投资采用差别化补助的方式，按每张养老床位2万元的标准支持居家社区养老结合型和医养结合型机构建设，1万元的标准支持学习型和旅居型机构建设	58-5-3	O
407		一、（二）积极培育居家养老服务。养老机构、社区养老服务机构要为居家养老提供支撑，将专业服务延伸到家庭。为居家老年人提供生活照料、家务料理、精神慰藉等上门服务，进一步做实做强居家养老	59-1-2-1	C
408	民政部《关于进一步扩大养老服务供给 促进养老服务消费的实施意见》（民发[2019]88号）	全面建立居家探访制度，通过购买服务等方式，支持和引导基层组织、社会组织等重点建立面向独居、空巢、留守、失能、计划生育特殊家庭等特殊困难老年人开展探访与帮扶服务	59-1-2-2	A
409		探索设立"家庭照护床位"，完善相关服务、管理、技术等规范以及建设和运营政策，健全上门照护的服务标准与合同范本，让居家老年人享受连续、稳定、专业的养老服务。有条件的地方可通过购买服务等方式，开展失能老年人家庭照护者技能培训，普及居家护理知识，增强家庭照护能力	59-1-2-3	C
410		二、（五）鼓励支持企业研发生产可穿戴、便携式监测，居家养老监护等智能养老设备以及适合老年人的日用品、食品、保健品、服饰等产品用品	59-2-5	L
411		三、（八）推进居家和社区适老化改造	59-3-8	C

续表

序号	政策名称	内容分析单元	编码	归类
412		一、(二) 实施社区医养结合能力提升工程,社区卫生服务机构、乡镇卫生院或社区养老机构,敬老院等利用现有资源,内部改扩建一批社区(乡镇)医养结合服务设施,重点为社区(乡镇、下同)失能(含失智、下同)老年人提供集中或居家医养结合服务	60—1—2	M
413		(三) 实施智慧健康养老产业发展行动计划,支持研发医疗辅助、家庭照护、安防监控、情感陪护等智能服务机器人,大力发展健康管理、健康检测监测、健康服务,智能康复辅具等智慧健康养老产品和服务	60—1—3—1	N
414		完善居民电子健康档案并加强管理	60—1—3—2	C
415	国家卫生健康委等12部门《关于深入推进医养结合发展的若干意见》(国卫老龄发〔2019〕60号)	二、(六) 把医疗床位和家庭病床增加等情况纳入考核	60—2—6	G
416		三、(七) 对在社区提供日间照料、康复护理等服务的机构,符合条件的按规定给予税费减免、资金支持,水电气热价格优惠等扶持	60—3—7	O
417		(八) 各地要加大政府购买服务力度,支持符合条件的社会办医养结合机构承接当地公共卫生、基本医疗和基本养老服务	60—3—8	A
418		四、(十二) 研究出台上门医疗卫生服务的内容、标准、规范,完善上门医疗服务收费政策	60—4—12—1	F
419		提供上门服务的机构要投保责任险、医疗意外险、人身意外险等,防范应对执业风险和人身安全风险	60—4—12—2	O
420		家庭医生签约服务团队要为签约老年人提供基本医疗、公共卫生等基础性签约服务及个性化服务	60—4—12—3	D

续表

序号	政策名称	内容分析单元	编码	归类
421	国家卫生健康委等12部门《关于深入推进医养结合发展的若干意见》（国卫老龄发〔2019〕60号）	（十三）厘清医疗卫生服务和养老服务的支付边界，基本医疗保险基金只能用于支付符合基本医疗保险范围的疾病诊治、医疗护理、医疗康复等医疗卫生服务费用，不得用于支付生活照护等养老服务费用	60—4—13	B
422		五、（十四）将医养结合人才队伍建设分别纳入卫生健康和养老服务发展规划	60—5—14	K
423	国家卫生健康委等8部门《关于建立完善老年健康服务体系的指导意见》（国卫老龄发〔2019〕61号）	二、（三）开展社区和居家中医药健康服务，促进优质中医药资源向社区、家庭延伸	61—2—3—1	C
424		鼓励医疗卫生机构为居家失能老年人提供家庭病床、巡诊等上门医疗服务	61—2—3—2	D
425		（五）探索建立从居家、社区到专业机构的失能老年人长期照护服务模式	61—2—5—1	D
426		面向居家失能老年人照护者开展应急救护和照护技能培训，提高家庭照护者的照护能力和水平	61—2—5—2	C
427		（六）加强安宁疗护服务。积极开展社区和居家安宁疗护服务	61—2—6—1	D
428		探索建立机构、社区和居家安宁疗护相结合的工作机制，形成畅通合理的转诊制度	61—2—6—2	J
429	民政部办公厅《关于进一步做好农村留守老年人关爱服务工作的通知》（民办函〔2019〕31号）	一、精准聚焦重点对象。各地要把赡养人持续6个月以上离开户籍地县域范围从事务工、经商或其他生产经营活动，事实身边无赡养人或赡养人无能力赡养的农村老年人全部纳入关爱服务范围	62—1	D
430		二、健全完善巡访措施。各地要积极采取政府购买服务等方式，委托村委会成员、驻村干部、民政专员、亲朋邻里等开展定期巡访工作	62—2—1	A
431		一般对象应至少每月巡访一次，重点对象适当缩短巡访时间间隔，提高巡访频次	62—2—2	C

续表

序号	政策名称	内容分析单元	编码	归类
432	民政部办公厅《关于进一步做好贫困地区农村留守老年人关爱服务工作的通知》（民办发〔2019〕31号）	四、积极拓展关爱服务内容。各地要着眼贫困地区农村留守老年人的实际需求，探索有效管用的关爱服务模式，有针对性地提供生活照料、精神慰藉、安全监护、权益维护等基本服务	62-4-1	D
433		充分发挥敬老院、农村互助养老设施在农村养老服务体系中的重要作用，为农村留守老年人提供内容丰富、形式多样、符合需求的关爱服务	62-4-2	N
434		五、加快信息填报和应用。形成信息完整、动态更新的全国留守老年人基础数据库	62-5	L
435		六、切实加强组织保障。各级民政部门要切实发挥养老服务的统筹牵头作用，会同相关部门依法督促农村留守老年人的赡养人履行经济供养、生活照料、精神慰藉的义务，强化家庭赡养主责	62-6-1	J
436		完善政府购买养老服务制度，安排一定比例的地方留成使用的彩票公益金，支持农村留守老年人关爱服务工作	62-6-2	G
437		各地要建立健全工作考核、责任追究和奖惩机制，努力形成系统完备、科学规范、运行有效的工作格局	62-6-3	O
438	民政部办公厅《民政部彩票公益金福利项目2020年度资金使用管理指引》的通知》（民办函〔2019〕135号）	三、（一）实施老年人居家适老化改造工程，对纳入特困供养、残疾、失能、高龄老年人家庭，按照相关规范实施适老化改造	63-3-1	C
439		（二）通过政府购买服务等方式，支持培育居家和社区养老服务组织和机构，发展家庭养老床位	63-3-2	A

续表

序号	政策名称	内容分析单元	编码	归类
440		二、各地要按照"分类定标、差异服务"的要求，在确保特困人员基本生活标准不低于当地低保标准1.3倍的基础上，大力推进照料护理标准的制定和落实	64-2-1	F
441	民政部《关于加强分散供养特困人员照料服务的通知》（民发〔2019〕124号）	要按照委托照料服务协议，将分散供养特困人员照料护理费及时支付到照料服务人个人账户，或承担照料服务职责的供养特困服务机构、社会组织账户。扎实做好特困人员生活自理能力评估	64-2-2	D
442		三、县级人民政府民政部门要指导乡镇人民政府（街道办事处）为分散供养特困人员确定照料服务人，提供日常看护、生活照料等服务	64-3	D
443		四、对于生活能够自理特困人员，要重点协助其维护居所卫生，保持个人清洁，确保规律饮食；对于生活不能自理特困人员，要针对其具体情况，上门提供助用餐、饮水、用药、穿（脱）衣、洗漱、洗澡、如厕等服务	64-4	D
444		五、要优先为分散供养特困人员提供无偿或低偿照料的社区日间照料服务，积极引导和支持养老机构、社会工作服务机构、志愿者等为分散供养特困人员提供个性化、专业化服务。鼓励有条件的地方，通过政府购买服务等方式，为分散供养特困人员提供助餐、助洁等居家服务	64-5	A
445		六、要制定完善照料服务规范，建立以特困人员满意度调查、邻里评价等为主要方式的委托照料服务评价考核机制，定期对照料服务人开展评价考核	64-6	F
446	民政部《关于加快建立全国统一养老服务机构等级评定的指导意见》（民发〔2019〕137号）	加快建设居家社区机构相协调，医养康养相结合的养老服务体系	65-1	N

续表

序号	政策名称	内容分析单元	编码	归类
447	国家发展改革委、中央宣传部、教育部等23部门《关于促进消费扩容提质 加快形成强大国内市场的实施意见》(发改就业〔2020〕293号)	一、(一)尽快完善服务业标准体系，推动养老、家政、托育、文化和旅游、体育、健康等领域领域服务标准制修订与试点示范	66—1—1	F
448		四、(十四)大力发展"互联网+社会服务"消费模式。促进教育、医疗健康、养老、家政、托育、文化和旅游、体育等服务消费线上线下融合发展，拓展服务内容，扩大服务覆盖面	66—4—14—1	L
449		探索建立在线教育课程认证、家庭医生电子化签约等制度，支持发展社区居家"虚拟养老院"	66—4—14—2	L
450	民政部、国家发展改革委、财政部等9部门《关于加快实施老年人居家适老化改造工程的指导意见》(民发〔2020〕86号)	一、各地要创新工作机制，加强产业扶持，激发市场活力，引导居家适老化改造市场化改造，有效满足城乡老年人家庭开展居家适老化改造的居家适老化改造需求	67—1—1	N
451		实施老年人居家适老化改造，应坚持需求导向，政府重点支持保障特困老年人最迫切的居家适老化改造需求	67—1—2	A
452		顺应广大老年人居家养老的意愿与趋势，以满足其居家生活照料、起居行走、康复护理等需求为核心，改善居家生活照护条件，增强居家生活设施设备安全性、便利性和舒适性，提升居家养老服务品质	67—1—3	L
453		坚持市场驱动，强化政策保障，落实惠企利民政策，激发市场活力，提升供给品质，将老年人居家适老化改造需求与居家养老服务潜能引导释放出来，发展壮大养老服务、居家养老设施、老年用品等消费市场	67—1—4	O
454		二、民政部、住房和城乡建设部等依据现行政策法规和相关标准规范，围绕施工改造、老年用品配置等方面，制定老年人居家适老化改造推荐清单	67—2	F
455		四、各地要将居家适老化改造纳入养老服务体系建设统筹推进，对特殊困难老年人最急需的居家适老化改造项目通过财政补贴、社会捐赠等方式予以必要支持	67—4—1	O

续表

序号	政策名称	内容分析单元	编码	归类
456	民政部、国家发展改革、财政部等9部门《关于加快实施老年人居家适老化改造工程的指导意见》（民发〔2020〕86号）	将特殊困难老年人家庭居家适老化改造中符合条件的服务事项列入政府购买养老服务指导性目录，科学确定购买内容和购买费用，实施全过程预算绩效管理	67—4—2	A
457		探索建立家庭养老床位，支持养老服务机构参与居家适老化改造，并上门提供照料服务，实现机构养老与居家社区养老融合发展	67—4—3	C
458		符合条件的从事居家适老化改造工作的养老服务机构可享受相应税收优惠政策	67—4—4	O
459		将居家适老化改造与信息化、智能化居家社区养老服务相结合，加大养老智能终端设备的适老化设计与开发应用，加大高质量的老年用品和服务供给	67—4—5	L
460		五、民政部发挥养老服务部际联席会议牵头作用，将居家适老化改造作为养老服务"金民工程"工作的重要内容，加强统筹协调，督促落实和绩效评价，依托"金民工程"养老服务管理信息系统，做好老年人家庭居家适老化改造信息监测	67—5—1	L
461		住房和城乡建设部将养老服务设施建设纳入城镇老旧小区改造内容，指导有条件的地区结合城镇老旧小区改造同步开展居家适老化改造	67—5—2	M
462		银保监会支持商业保险机构开展与居家适老化改造工程相关的产品和服务创新，并依法加强对相关业务的监管	67—5—3	O
463		居家养老是绝大多数老年人的现实选择，实施居家适老化改造对于提升居家养老质量，释放新兴消费，培育经济动能具有重要意义。各地要高度重视，已开展居家适老化改造工程的要根据本意见充实完善实施方案，加强工作指导与督促检查；尚未开展此项工作的地区要紧密结合实际，抓紧编制本地区居家适老化改造实施方案，明确目标任务、资金安排和政策措施	67—5—4	J

续表

序号	政策名称	内容分析单元	编码	归类
464	工业和信息化部办公厅、民政部办公厅、国家卫生健康委员会办公厅《关于开展智慧健康养老应用试点示范的通知》(工信部联电子函[2020]301号)	一、一是支持建设一批示范企业，包括能够提供成熟的智慧健康养老产品、服务、系统平台或整体解决方案的企业	68—1—1	N
465		二是支持建设一批示范街道（乡镇），包括应用多类智慧健康养老产品，利用信息化、智能化等技术手段，为辖区内居民提供智慧健康养老服务的街道或乡镇	68—1—2	L
466		三是支持建设一批示范基地，包括推广智慧健康养老产品和服务，形成产业集聚效应和示范带动作用的地级或县级行政区	68—1—3	N
467	《养老机构管理办法》(中华人民共和国民政部令第49号)	第二十四条 鼓励养老机构运营社区养老服务设施，或者上门为居家老年人提供助餐、助浴、助洁等服务	69—3—24	N
468	民政部办公厅《关于印发《养老院院长培训大纲(试行)》和《老年社会工作者培训大纲(试行)》的通知》(民办发[2020]32号)	附件2 六、(一) 3. 培训内容：在社区和居家开展老年社会工作服务的制度流程、服务内容及注意事项	70—附—6—1—3—1	K
469		知识要点：了解社区和居家场景中，社会工作服务需建立的制度，熟悉社会工作服务流程、内容、掌握服务注意事项	70—附—6—1—3—2	K
470	国务院办公厅印发《关于切实解决老年人运用智能技术困难实施方案的通知》(国办发[2020]45号)	一、(二) 线上服务更加突出人性化，充分考虑老年人习惯，便利老年人使用；线下渠道进一步优化流程，简化手续，不断改善老年人服务体验，与线上服务融合发展，有效发挥兜底保障作用	71—1—2—1	L
471		围绕老年人出行、就医等高频事项和服务场景，抓紧解决目前最突出、最紧迫的问题，切实保障老年人基本服务需要；在此基础上，逐步总结积累经验，不断提升智能化服务水平，完善服务保障措施，建立长效机制，有效解决老年人面临的"数字鸿沟"问题	71—1—2—2	D

续表

序号	政策名称	内容分析单元	编码	归类
472	国务院办公厅印发《关于切实解决老年人运用智能技术困难实施方案的通知》（国办发〔2020〕45号）	二、（一）2. 保障居家老年人基本服务需要。组织、引导、便利城乡社区组织、机构和各类社会力量进社区，进家庭，建设改造一批社区便民消费服务中心、老年服务站等设施，为居家老年人特别是高龄、空巢、失能、留守等重点群体，提供生活用品代购、餐饮外卖、代收代缴、挂号取药、上门巡诊、精神慰藉等服务，满足基本生活需求	71—2—1—2	D
473		（三）9. 搭建社区、家庭健康服务平台，由家庭签约医生、家人和有关市场主体等共同帮助老年人求得指导、咨询指导、健康监测，药品配送等服务，满足居家老年人的健康需求。推进"互联网+医疗健康"，提供老年人常见病、慢性病复诊以及随访管理等服务	71—2—3—9	D
474		（四）11. 提升手机银行产品的易用性和安全性，便利老年人进行网上购物、订餐、家政、生活缴费等日常消费	71—2—4—11	L
475		（六）14. 依托全国一体化政务服务平台，进一步推进政务数据共享，优化政务服务，实现社会保险待遇资格认证，津贴补贴领取等老年人高频服务事项便捷办理，让老年人办事少跑腿	71—2—6—14	L
476	住房和城乡建设部、国家发展改革委、民政部等6部门《关于推动物业服务企业发展居家社区养老服务的意见》（建房〔2020〕92号）	一、补齐居家社区养老服务设施短板。盘活小区既有公共房屋和设施，住宅小区公共服务设施达标，加强居家社区养老服务设施布点和综合利用，保障新建居住小区养老服务设施配建，推进居家社区适老化改造	72—1	M
477		二、推行"物业服务+养老服务"居家社区养老模式。养老服务专业化收实行单独核算，支持养老服务品牌化连锁经营，组建专业化养老服务队伍	72—2	N
478		三、丰富居家社区养老服务内容。支持参与提供医养结合服务，发展社区助老志愿服务，促进养老产业联动发展，支持开展老年人营养服务和健康促进	72—3	D
479		四、积极推进智慧居家社区养老服务。建设居家社区养老服务信息平台，配置智慧养老服务设施，丰富智慧养老服务形式，创新智慧养老产品供给	72—4	L
480		五、完善智慧监管和激励扶持措施。加强养老服务监管，规范养老服务收费行为，拓宽养老服务融资渠道，建立协同推进机制	72—5	G

续表

序号	政策名称	内容分析单元	编码	归类
481		一、到 2025 年，在全国建成 5000 个示范性城乡老年友好型社区，到 2035 年，全国城乡实现老年友好型社区全覆盖	73—1	H
482		二、(一) 改善老年人的居住环境。支持对老年人住房的空间布局、地面、扶手、厨房设备，如厨房设备，紧急呼叫设备、维修和配备，降低老年人生活风险	73—2—1—1	C
483	国家卫生健康委、全国老龄办《关于开展全国老年友好型社区创建工作的通知》(国卫老龄发〔2020〕23号)	定期开展独居、空巢、留守、失能 (含失智)、重残、计划生育特殊家庭老年人家庭安全检查，对老化或损坏的设施及时进行改造维修，排除用水、用电用明气等设施安全隐患	73—2—1—2	D
484		(二) 方便老年人的日常出行。加强老年人住宅公共设施无障碍改造，重点对坡道、电梯、扶手等进行改造，保障老年人出行安全	73—2—2	C
485		(三) 提升为老年人服务的质量。利用社区卫生服务中心 (站)、乡镇卫生院等定期为老年人提供生活方式和健康状况评估，体格检查，辅助检查和健康指导等健康管理服务，为患病老年人提供基本医疗、康复护理、长期照护、安宁疗护等服务	73—2—3—1	D
486		广泛开展以老年人识骗、防骗为主要内容的宣传教育活动	73—2—3—2	G
487		建立定期巡访独居、空巢、留守、失能 (含失智)、重残、计划生育特殊家庭老年人等的工作机制	73—2—3—3	D
488		(四) 扩大老年人的社会参与。引导和组织老年人参与社区建设和管理活动，参与社区公益慈善、教科文卫事业，支持社区老年人广泛开展自助、互助和志愿活动，充分发挥老年人的积极作用	73—2—4	E

239

续表

序号	政策名称	内容分析单元	编码	归类
489	国家卫生健康委、全国老龄办《关于开展示范性老年友好型社区创建工作的通知》（国卫老龄发〔2020〕23号）	（五）丰富老年人的精神文化生活。鼓励社区自设老年教育学习点或与老年大学、教育机构和社区组织等合作在社区设立老年教育学习点，方便老年人就近学习	73—2—5	E
490		（六）提高为老服务的科技化水平	73—2—6	L
491		五、（一）加强组织领导。各地要充分认识全国示范性老年友好型社区创建工作的重要意义，把创建工作作为实施积极应对人口老龄化国家战略的一项具体举措，纳入本地经济社会发展规划及当地党委、政府的重点工作任务，健全工作机制、强化部门协同，加大投入保障	73—5—1	J
492		（二）加强统筹协调。各级卫生健康委（老龄办）负责创建工作的具体组织和协调，要建立全跨部门的协调机制，及时解决工作中遇到的困难和问题，研究制定相关配套政策措施，共同推进创建任务的全面落实	73—5—2	L
493		（三）加强指导检查。建立动态调整机制，对于创建后工作质量下降、老年人满意度不高的社区将撤销命名	73—5—3	G
494		（四）加强宣传推广。倡导"积极老龄观、健康老龄化、幸福老年人"的理念	73—5—4	I
495	国家发展改革委、民政部、国家卫生健康委《关于印发〈"十四五"积极应对人口老龄化工程和托育建设实施方案〉的通知》（发改社会〔2021〕895号）	二、（二）提升养老、托育服务水平，逐步构建居家社区机构相协调、医养康养相结合的养老服务体系，托育服务体系，不断发展和完善普惠托育服务体系	74—2—2	N
496		二、（一）1.养老服务体系。一是建设连锁化、标准化的社区居家养老服务网络，标准化社区居家养老服务、提供失能照护以及助餐助洁助医助行等服务	74—3—1—1	D
497		（二）各地要科学规划公办养老、托育服务设施建设的用地、面积、功能和装备结构	74—3—2—1	M
498		依照《老年人照料设施建筑设计标准》（JGJ450—2018）、《老年养护院建设标准》（建标144—2010）合理确定项目建设内容和建设规模	74—3—2—2	M

续表

序号	政策名称	内容分析单元	编码	归类
499	国家发展改革委、民政部、国家卫生健康委《关于印发〈"十四五"积极应对人口老龄化工程和托育建设实施方案〉的通知》(发改社会〔2021〕895号)	四、(一) 1. 社区居家养老服务网络建设项目。支持多个公办社区养老服务机构组网建设运营,单个机构建设(含新建、改扩建)床位不少于30张护理型床位,床均面积控制在30~40平方米,投资按每床位12万元测算,不足12万元的按实际计算	74—4—1—1	O
500		(二) 1. 支持养老服务骨干网建设,夯实社区居家养老服务网络。发展集中管理运营的社区嵌入式、分布式、小型化的养老服务设施和带护理型床位的日间照料中心,支持连锁化、综合化、品牌化运营,增加家庭服务功能模块,强化助餐助浴助洁助医助行等服务能力,增强养老服务网络的覆盖面和服务能力	74—4—2—1	N
501		六、(一) 对于基本养老服务,明确受益范围和基础标准,体现政府责任;对于非基本公共养老服务,提出发展目标,加大对社会力量的支持,谋划一批普惠养老和普惠托育服务项目	74—6—1—1	D
502		引导社会力量提供适老化技术和产品,推广老年人居家适老化改造	74—6—1—2	C

附录 2

养老服务地方性法规目录

序号	地区	地方性法规	发布部门	发布日期	实施日期
1	天津	天津市养老服务促进条例	天津市人大（含常委会）	2014.12.23	2015.02.01
2	浙江	浙江省社会养老服务促进条例	浙江省人大（含常委会）	2015.01.25	2015.03.01
3	青岛	青岛市养老服务促进条例	青岛市人大（含常委会）	2015.04.01	2015.05.01
4	江苏	江苏省养老服务条例	江苏省人大（含常委会）	2015.12.04	2016.03.01
5	成都	成都市养老服务促进条例	成都市人大（含常委会）	2016.06.06	2016.08.01
6	宁夏	宁夏回族自治区养老服务促进条例	宁夏回族自治区人大（含常委会）	2016.11.30	2017.01.01
7	威海	威海市居民养老服务保障条例	威海市人大（含常委会）	2017.01.22	2017.03.01
8	成都	成都市养老服务促进条例（2018修正）	成都市人大（含常委会）	2018.10.11	2018.10.11
9	广东	广东省养老服务条例	广东省人大（含常委会）	2018.11.29	2019.01.01
10	青岛	青岛市养老服务促进条例（2018修正）	青岛市人大（含常委会）	2018.11.30	2018.11.30

续表

序号	地区	地方性法规	发布部门	发布日期	实施日期
11	德州	德州市养老服务条例	德州市人大（含常委会）	2019.10.08	2020.01.01
12	南京	南京市养老服务条例	南京市人大（含常委会）	2020.01.16	2020.07.01
13	威海	威海市居民养老服务保障条例（2020）	威海市人大（含常委会）	2020.01.17	2020.01.17
14	山东	山东省养老服务条例	山东省人大（含常委会）	2020.03.26	2020.05.01
15	西安	西安市养老服务促进条例	西安市人大（含常委会）	2020.03.26	2020.05.01
16	甘肃	甘肃省养老服务条例	甘肃省人大（含常委会）	2020.04.01	2020.07.01
17	无锡	无锡市养老机构条例（2020修正）	无锡市人大（含常委会）	2020.08.11	2020.08.11
18	鄂尔多斯	鄂尔多斯市养老服务条例	鄂尔多斯市人大（含常委会）	2020.10.20	2021.01.01
19	深圳	深圳经济特区养老服务条例（2020修订）	深圳市人大（含常委会）	2020.11.05	2021.03.01
20	天津	天津市养老服务促进条例（2020修订）	天津市人大（含常委会）	2020.12.01	2021.01.01
21	晋城	晋城市养老服务条例	晋城市人大（含常委会）	2020.12.03	2021.05.01
22	连云港	连云港市养老服务促进条例	连云港市人大（含常委会）	2020.12.10	2021.02.01
23	上海	上海市养老服务条例	上海市人大（含常委会）	2020.12.30	2021.03.20
24	楚雄	云南省楚雄彝族自治州养老服务条例	楚雄彝族自治州人大（含常委会）	2021.04.26	2021.05.01
25	河北	河北省养老服务条例	河北省人大（含常委会）	2021.05.28	2021.07.01

续表

序号	地区	地方性法规	发布部门	发布日期	实施日期
26	广州	广州市养老服务条例	广州市人大（含常委会）	2021.06.04	2021.10.01
27	贵州	贵州省养老服务条例	贵州省人大（含常委会）	2021.07.29	2021.10.01
28	黄冈	黄冈市养老服务促进条例	黄冈市人大（含常委会）	2021.08.25	2021.11.01
29	浙江	浙江省社会养老服务条例（2021）	浙江省人大（含常委会）	2021.09.30	2021.09.30
30	内蒙古	内蒙古自治区养老服务条例	内蒙古自治区人大（含常委会）	2021.11.16	2022.01.01
31	江西	江西省养老服务条例	江西省人大（含常委会）	2021.11.19	2022.01.01
32	曲靖	曲靖市养老服务促进条例	曲靖市人大（含常委会）	2021.11.26	2022.01.01
33	临沂	临沂市养老服务条例	临沂市人大（含常委会）	2021.12.03	2022.05.01
34	盐城	盐城市养老服务条例	盐城市人大（含常委会）	2021.12.09	2022.01.01
35	昆明	昆明市养老服务促进条例	昆明市人大（含常委会）	2021.12.09	2022.01.01
36	马鞍山	马鞍山市养老服务促进条例	马鞍山市人大（含常委会）	2021.12.27	2022.05.01

序号	地区	地方性法规	发布部门（含常委会）	发布日期	实施日期
1	北京	北京市居家养老服务条例	北京市人大（含常委会）	2015.01.29	2015.05.01
2	苏州	苏州市居家养老服务条例	苏州市人大（含常委会）	2015.10.12	2016.01.01
3	乌鲁木齐	乌鲁木齐市居家养老服务条例	乌鲁木齐市人大（含常委会）	2016.10.19	2017.01.01
4	合肥	合肥市居家养老服务条例	合肥市人大（含常委会）	2016.11.28	2017.01.01
5	河北	河北省居家养老服务条例	河北省人大（含常委会）	2016.12.02	2017.01.01
6	宁波	宁波市居家养老服务条例	宁波市人大（含常委会）	2018.04.28	2018.10.01
7	铜陵	铜陵市居家养老服务促进条例	铜陵市人大（含常委会）	2019.06.10	2019.10.01
8	沈阳	沈阳市居家养老服务条例	沈阳市人大（含常委会）	2019.08.20	2019.10.01
9	南昌	南昌市居家养老服务条例	南昌市人大（含常委会）	2019.12.10	2020.01.01
10	芜湖	芜湖市居家养老服务条例	芜湖市人大（含常委会）	2019.12.19	2020.03.01
11	杭州	杭州市居家养老服务条例	杭州市人大（含常委会）	2020.04.08	2020.10.01
12	长沙	长沙市居家养老服务条例	长沙市人大（含常委会）	2021.06.04	2022.01.01
13	扬州	扬州市居家养老服务条例	扬州市人大（含常委会）	2021.06.08	2021.09.01
14	舟山	舟山市居家养老服务促进条例	舟山市人大（含常委会）	2021.08.25	2022.01.01
15	衢州	衢州市居家养老服务条例	衢州市人大（含常委会）	2021.10.11	2022.01.01
16	绍兴	绍兴市居家养老服务条例	绍兴市人大（含常委会）	2021.10.12	2021.12.01
17	福州	福州市居家养老服务条例	福州市人大（含常委会）	2021.11.02	2022.01.01

附录 3

地方层面居家养老规范性文件整理

序号	标题	发布部门	发布日期	实施日期
1	上海市物价局、上海市民政局《关于居家养老服务收费问题的通知》	上海市民政局	2001.03.27	2001.03.27
2	上海市民政局《关于进一步推进深化居家养老服务工作的通知》	上海市民政局	2004.04.20	2004.04.20
3	辽宁省民政厅《关于规范居家养老服务经费管理和使用的通知》	辽宁省民政厅	2005.11.07	2005.11.07
4	宁波市人民政府办公厅《关于推进居家养老服务工作的若干意见》	宁波市人民政府	2006.01.25	2006.01.25
5	广州市退休职工管理委员会、广州市财政局、广州市民政局《关于印发〈广州市社会化管理特殊人员居家养老暂行办法〉的通知》	广州市民政局	2006.03.03	2006.03.03
6	成都市民政局《关于开展成都市城乡老年人居家养老状况普查统计工作的通知》	成都市民政局	2007.06.06	2007.06.06
7	广州市劳动和社会保障局《关于广州市社会化管理特殊人员参加居家养老暂行办法的补充通知》	广州市劳动和社会保障局	2007.06.29	2007.07.01

续表

序号	标题	发布部门	发布日期	实施日期
8	北京市海淀区人民政府《关于开展居家养老服务工作的意见》	北京市海淀区人民政府	2008	2008
9	大连市民政局、大连市财政局《关于印发〈大连市完善居家养老服务工作实施意见〉的通知》	大连市财政局	2008.07.29	2008.07.29
10	杭州市人民政府《关于推进居家养老服务工作的若干意见》	杭州市人民政府	2008.12.26	2008.12.26
11	广州市民政局、广州市财政局、广州市卫生局、广州市劳动和社会保障局《关于印发〈广州市社区居家养老服务实施办法〉的通知》	广州市劳动和社会保障局	2008.12.31	2008.12.31
12	吉林省民政厅《关于推进社区居家养老服务工作的实施意见》	吉林省民政厅	2009	2009
13	日照市人民政府办公室《关于加快发展居家养老服务的意见》	日照市人民政府	2009.05.13	2009.05.13
14	上海市民政局《〈关于进一步规范本市社区居家养老服务工作〉的通知》	上海市民政局	2009.06.09	2009.07.01
15	山东省财政厅《关于印发〈实施"彩霞"工程推进家老服务省级财政专项彩票公益金管理使用（暂行）办法〉的通知》	山东省财政厅	2009.07.13	2009.07.13
16	厦门市人民政府办公厅转发《市民政局〈关于厦门市居家养老服务试点工作指导意见〉的通知》	厦门市人民政府	2009.11.19	2009.11.19
17	北京市人民政府办公厅转发《市民政局、市残联〈关于北京市市民居家养老（助残）服务（"九养"）办法〉的通知》	北京市人民政府	2009.11.12	2010.01.01
18	北京市民政局《关于贯彻落实〈北京市市民居家养老（助残）服务（"九养"）办法〉的意见》	北京市民政局	2009.11.24	2009.11.24

续表

序号	标题	发布部门	发布日期	实施日期
19	无锡市民政局《关于印发〈无锡市为特定老年人家庭购买家养老信息服务办法〉(暂行)的通知》	无锡市民政局	2010.07.30	2010.01.01
20	北京市朝阳区人民政府转发《区民政局〈关于贯彻落实北京市市民居家养老(助残)服务("九养")办法实施意见〉的通知》	北京市朝阳区人民政府	2010.01.06	2010.01.06
21	北京市平谷区人民政府办公室《关于贯彻落实〈北京市市民居家养老(助残)服务("九养")办法〉的意见的通知》	北京市平谷区人民政府	2010.02.02	2010.02.02
22	深圳市民政局《关于印发〈深圳市居家养老消费券定点服务机构管理暂行办法〉和〈深圳市居家养老消费券管理暂行规定〉的通知》	深圳市民政局	2010.02.08	2010.02.08
23	北京市顺义区人民政府办公室转发《区民政局〈关于顺义区居家养老(助残)服务工作实施意见〉的通知》	北京市顺义区人民政府	2010.04.30	2010.04.30
24	北京市通州区人民政府办公室印发《关于落实〈北京市市民居家养老(助残)服务("九养")办法〉(试行)实施方案的通知》	北京市通州区人民政府	2010.04.30	2010.04.30
25	大连市民政局、大连市财政局《关于完善我市养老机构和居家养老资金补贴政策的通知》	大连市财政局	2010.07.30	2010.07.30
26	河北省民政厅《关于支持监督管理居家养老呼叫服务网络的指导意见》	河北省民政厅	2010.09.09	2010.09.09
27	河北省民政厅、中国联合网络通信有限公司河北省分公司《关于建设全省社区信息综合服务平台及居家养老"一键通""呼叫服务网络〉的通知》	河北省民政厅	2010.10.15	2010.10.15
28	大连市民政局、大连市财政局《〈关于明确我市养老机构和居家养老资金补贴政策操作实施细则〉的通知》	大连市民政局	2010.10.28	2010.10.28

续表

序号	标题	发布部门	发布日期	实施日期
29	福建省人民政府办公厅《关于加强市县社会福利中心、乡镇敬老院和居家养老服务中心（站）建设管理的意见》	福建省人民政府	2011.01.17	2011.01.17
30	北京市民政局，市商务委员会、市公安局等《关于印发〈北京市居家养老（助残）服务单位管理规定（暂行）〉的通知》	北京市老龄工作委员会	2011.03.28	2011.04.28
31	天津市人民政府办公厅《关于进一步发展我市居家养老服务的意见》	天津市人民政府	2011.04.29	2011.04.29
32	天津市民政局《关于印发〈关于做好我市80岁以上困难老年人居家养老服务政府补贴工作的实施意见〉的通知》	天津市民政局	2011.09.19	2011.09.19
33	福州市人民政府办公厅转发福建省人民政府办公厅《〈关于加强市县社会福利中心、乡镇敬老院和居家养老服务中心（站）建设管理的意见〉的通知》	福州市人民政府	2011.10.12	2011.10.12
34	杭州市民政局《关于印发〈杭州市社区（村）居家养老服务需求评估表〉的通知》	杭州市民政局	2011.10.22	2011.10.22
35	黑龙江省民政厅《关于加强居家养老服务工作的通知》	黑龙江省民政厅	2012.02.21	2012.02.21
36	新乡市人民政府办公室《关于印发〈新乡市居家养老服务管理办法（暂行）〉的通知》	新乡市人民政府	2012.05.22	2012.05.22
37	石家庄市人民政府办公厅《关于加快居家养老服务中心建设的实施意见》	石家庄市人民政府	2012.08.04	2012.08.04
38	广州市民政局，广州市财政局，广州市人力资源和社会保障局等《关于印发〈广州市社区居家养老服务实施办法（2012修订）〉的通知》	广州市残疾人联合会	2012.09.17	2012.09.01

249

续表

序号	标题	发布部门	发布日期	实施日期
39	威海市民政局《关于印发〈威海市社区居家养老服务平台项目实施方案〉的通知》	威海市民政局	2012.10.08	2012.10.08
40	广州市民政局、广州市财政局《印发〈广州市居家养老服务机构评估和资助测试行办法〉的通知》	广州市财政局	2012.11.08	2012.11.15
41	无锡市人民政府办公室转发《市民政局〈关于无锡市市区居家养老服务补贴办法〉的通知》	无锡市人民政府	2012.10.31	2012.12.01
42	湖北省人民政府办公厅《关于加快发展城乡社区居家养老服务的意见》	湖北省人民政府	2012.12.29	2012.12.29
43	佛山市人民政府办公室《关于〈逐步扩大我市居家养老服务对象范围和调整服务标准〉的通知》	佛山市人民政府	2012.12.05	2013.01.01
44	银川市民政局《关于对居家养老服务建设工作考核验收的通知》	银川市民政局	2013.01.08	2013.01.08
45	成都市人民政府办公厅转发《市民政局〈关于全市居家养老服务综合信息平台建设试行意见〉的通知》	成都市人民政府	2013.01.24	2013.01.24
46	上海市浦东新区民政局《关于印发〈浦东新区关于居家养老服务及补贴的操作办法〉的通知》	上海市浦东新区民政局	2013.03.26	2013.03.26
47	广东省民政厅《关于印发〈广东省居家养老服务规范化指引〉的通知》	广东省民政厅	2013.04.02	2013.04.02
48	黄冈市人民政府办公室《关于加快发展城乡社区居家养老服务的意见》	黄冈市人民政府	2013.07.25	2013.07.25
49	南平市人民政府办公室《关于建立居家养老服务公共财政投入机制的意见》	南平市人民政府	2013.07.12	2013.08.01

续表

序号	标题	发布部门	发布日期	实施日期
50	银川市民政局《关于〈加强社区居家养老服务规范化建设工作〉的通知》	银川市民政局	2013.09.22	2013.09.22
51	湘潭市人民政府办公室《关于印发〈湘潭市城区政府购买居家养老服务试行办法〉的通知》	湘潭市人民政府	2013.09.16	2013.10.01
52	南京市人民政府《关于印发〈南京市社区居家养老服务实施办法〉的通知》	南京市人民政府	2013.10.15	2013.12.01
53	苏州市人民政府办公室《关于印发〈苏州市居家养老服务体系建设实施意见〉的通知》	苏州市人民政府	2013.09.18	2013.12.01
54	上海市民政局《关于〈出具"社区居家养老服务来沪从业人员灵活就业证明"操作办法〉的通知》	上海市民政局	2013.12.12	2013.12.12
55	四川省财政厅、四川省民政厅《关于印发〈四川省政府购买居家养老服务实施办法〉的通知》	四川省民政厅	2014.07.30	2014.07.30
56	上海市浦东新区民政局《关于贯彻本市居家养老服务相关政策的实施细则》	上海市浦东新区民政局	2014.04.15	2014.01.01
57	上海市民政局、上海市财政局《关于调整本市社区居家养老服务相关政策的通知》	上海市财政局	2014.03.11	2014.01.01
58	宜昌市人民政府《关于加快发展城区社区居家养老服务的实施意见》	宜昌市人民政府	2013.11.05	2014.01.01
59	上海市民政局《关于印发〈关于调整本市社区居家养老服务相关政策实施意见〉的通知》	上海市民政局	2014.03.19	2014.03.19
60	宁波市质量技术监督局《关于印发〈宁波市居家养老服务机构等级评定办法〉的通知》	宁波市质量技术监督局	2014.03.25	2014.03.26

续表

序号	标题	发布部门	发布日期	实施日期
61	《合肥市居家养老服务规范》	合肥市民政局	2014.04.08	2014.04.08
62	上海市浦东新区民政局《关于进一步做好居家养老服务和养老评估工作的通知》	上海市浦东新区民政局	2014.04.09	2014.04.09
63	合肥市民政局《关于印发〈合肥市居家养老服务标准服务流程及服务收费参考意见〉的通知》	合肥市民政局	2014.04.15	2014.04.15
64	鸡西市人民政府办公室《印发〈鸡西市居家养老服务工作实施细则（试行）〉的通知》	鸡西市人民政府	2014.06.30	2014.06.30
65	克拉玛依市人民政府《关于加强智能化居家养老服务工作的指导意见》	克拉玛依市人民政府	2014.07.18	2014.07.18
66	杭州市人民政府办公厅《关于印发深化农村居家养老服务实施办法的通知》	杭州市人民政府	2014.06.20	2014.07.20
67	宁波市民政局《关于居家养老服务机构办理民办非企业单位登记有关问题的通知》	宁波市民政局	2014.07.23	2014.07.23
68	北京市民政局、北京市老龄工作委员会办公室《关于依托养老照料中心开展社区居家养老服务的指导意见》	北京市老龄工作委员会	2015.04.11	2015.04.11
69	随州市人民政府办公室《关于加快居家养老信息服务平台建设的实施意见》	随州市人民政府	2015.05.08	2015.05.08
70	宁波市民政局、宁波市财政局《关于印发〈宁波市居家养老服务机构建设和运营资金补助办法〉的通知》	宁波市财政局	2015.05.25	2015.05.25
71	长沙市民政局、长沙市财政局《关于印发〈长沙市老年人日间照料中心和居家养老服务中心项目建设和资金管理实施细则〉的通知》	长沙市财政局	2015.06.17	2015.06.17

续表

序号	标题	发布部门	发布日期	实施日期
72	北京市民政局、北京市财政局、北京市老龄工作委员会办公室《关于支持养老照料中心和养老机构完善机构养老服务功能的通知》	北京市老龄工作委员会	2015.06.29	2015.06.29
73	东营市民政局、东营市财政局《关于政府购买社区居家养老服务工作的实施意见》	东营市财政局	2015.06.25	2015.07.01
74	湘潭市民政局、湘潭市财政局《关于印发〈湘潭市社区居家养老服务机构补贴资金实施办法（试行）〉的通知》	湘潭市财政局	2015.12.10	2015.08.01
75	万宁市人民政府办公室《关于印发〈万宁市城市社区居家养老服务工作实施意见〉的通知》	万宁市人民政府	2015.08.10	2015.08.10
76	合肥市民政局、合肥市财政局《关于印发〈合肥市政府购买居家养老服务资金管理暂行办法〉的通知》	合肥市民政局	2015.08.26	2015.08.26
77	重庆市商业委员会、重庆市财政局《关于做好2015年居家养老家政服务网点和规范企业创建工作的通知》	重庆市财政局	2015.09.18	2015.09.18
78	北京市民政局、北京市老龄工作委员会办公室《关于经济困难的高龄和失能老年人居家养老服务工作中有关事项的通知》	北京市老龄工作委员会	2015.12.30	2015.12.30
79	北京市民政局、北京市卫生和计划生育委员会、北京市老龄工作委员会办公室《关于印发〈经济困难的高龄和失能老年人居家养老服务试点区老年人能力评估办法〉的通知》	北京市老龄工作委员会	2015.12.31	2015.12.31
80	苏州市政府《关于苏州市居家养老服务政策的补充意见》	苏州市人民政府	2015.11.30	2016.01.01
81	西安市老龄工作委员会办公室、西安市民政局、西安市财政局《关于印发〈西安市社区居家养老服务建设和运营补助管理办法〉的通知》	西安市财政局	2015.09.18	2016.01.01

续表

序号	标题	发布部门	发布日期	实施日期
82	内蒙古自治区人民政府办公厅《关于印发〈居家养老服务管理办法〉的通知》	内蒙古自治区人民政府	2015.12.14	2016.02.01
83	北京市老龄工作委员会《关于印发〈北京市支持居家养老服务发展十条政策〉的通知》	北京市老龄工作委员会	2016.05.03	2016.05.03
84	北京市民政局、北京市老龄工作委员会办公室《关于印发〈北京市居家养老服务补贴停发、追回管理办法〉的通知》	北京市老龄工作委员会	2016.08.30	2016.08.30
85	苏州市政府办公室印发《关于贯彻落实〈苏州市居家养老服务条例〉实施意见》的通知	苏州市人民政府	2016.09.29	2016.09.29
86	北京市人民政府《关于贯彻落实〈北京市居家养老服务条例〉的实施意见的通知》	北京市人民政府	2016.10.29	2016.10.29
87	北京市人民政府办公厅印发《关于贯彻落实〈北京市居家养老服务条例〉的实施意见的通知》	北京市人民政府	2016.10.29	2016.10.29
88	厦门市人民政府办公厅《关于进一步做好社区居家养老服务工作的通知》	厦门市人民政府	2016.11.07	2016.11.07
89	广州市人民政府办公厅《关于印发〈广州市社区居家养老服务管理办法〉的通知》	广州市人民政府	2016.12.09	2016.12.09
90	阿拉善盟行政公署办公厅《关于印发〈阿拉善盟推进居家养老服务实施办法〉的通知》	阿拉善盟行政公署	2016.12.29	2017.01.01
91	南宁市人民政府《关于印发〈南宁市政府购买居家养老服务实施意见〉的通知》	南宁市人民政府	2016.12.01	2017.01.01
92	无锡市人民政府《关于进一步做好居家养老服务工作的意见》	无锡市人民政府	2017.01.05	2017.01.05

续表

序号	标题	发布部门	发布日期	实施日期
93	杭州市民政局《关于进一步提升我市居家养老服务照料中心建设和服务水平的指导意见》	杭州市民政局	2016.12.30	2017.02.04
94	福建省民政厅《关于印发〈政府购买居家养老服务承接机构准入退出管理办法〉的通知》	福建省民政厅	2017.03.22	2017.03.22
95	福建省民政厅《关于印发〈福建省社区居家养老服务照料中心星级评定暂行办法〉的通知》	福建省民政厅	2017.03.31	2017.03.31
96	合肥市民政局、合肥市财政局《关于印发〈合肥市政府购买居家养老服务实施方案〉的通知》	合肥市财政局	2017.04.12	2017.04.12
97	福建省民政厅《关于印发〈福建省社区居家养老服务承接机构服务质量评估试行办法〉的通知》	福建省民政厅	2017.04.01	2017.05.01
98	六安市人民政府办公室《关于进一步做好社区居家养老服务工作的通知》	六安市人民政府	2017.05.04	2017.05.04
99	合肥市民政局、合肥市规划局、合肥市城乡建设委员会等《关于印发〈合肥市新建住宅小区配建社区居家养老服务用房和设施的建设、移交与管理办法〉的通知》	合肥市国土资源局	2017.04.24	2017.06.01
100	南京市民政局、南京市卫生计生委、南京市财政局《关于开展社区居家养老综合护理中心建设试点的意见》	南京市财政局	2017.06.14	2017.06.14
101	银川市民政局、银川市老龄工作委员会《关于申报2017年居家养老服务经费等有关事项的通知》	银川市老龄工作委员会	2017.07.03	2017.07.03

续表

序号	标题	发布部门	发布日期	实施日期
102	上海市民政局《关于下拨 2017 年下半年市级福利彩票公益金资助社区居家养老服务项目basic老金经费的通知》	上海市民政局	2017.08.01	2017.08.01
103	合肥市人民政府《关于贯彻落实〈合肥市居家养老服务条例〉的实施意见》	合肥市人民政府	2017.10.19	2017.10.19
104	广州市天河区人民政府办公室《关于印发广州市天河区社区居家养老服务管理办法的通知》	广州市天河区人民政府	2017.11.19	2017.11.19
105	长沙市人民政府办公厅《关于印发〈支持居家养老服务发展若干政策（试行）〉的通知》	长沙市人民政府	2017.12.10	2017.12.10
106	北京市民政局、北京市财政局《北京市老龄工作委员会办公室〈关于建立居家养老巡视探访服务制度的指导意见》	北京市老龄工作委员会	2017.12.15	2017.12.15
107	乌海市人民政府办公厅《关于印发〈乌海市居家养老服务管理办法〉的通知》	乌海市人民政府	2017.12.22	2017.12.22
108	池州市人民政府办公室《关于池州市低收入老年人居家养老服务补贴和经济困难能失能失智老年人护理补贴的实施意见》	池州市人民政府	2018.08.18	2018.01.01
109	鞍山市民政局《关于印发〈鞍山市居家养老服务规范〉通知》	鞍山市民政局	2017.12.14	2018.01.01
110	武汉市人民政府《关于印发〈武汉市推进"互联网＋居家养老"新模式实施方案〉的通知》	武汉市人民政府	2018.01.16	2018.01.16
111	巢湖市人民政府《关于进一步贯彻落实〈合肥市居家养老服务条例〉的实施意见》	巢湖市人民政府	2018.01.20	2018.01.20
112	徐州市政府《关于印发〈徐州市市区社区综合服务中心和居家养老服务用房建设管理办法〉的通知》	徐州市人民政府	2017.12.08	2018.01.20

续表

序号	标题	发布部门	发布日期	实施日期
113	淄博市人民政府办公厅《关于支持社区居家养老服务的意见》	淄博市人民政府	2018.03.12	2018.03.12
114	枣庄市人民政府办公室《关于支持社区居家养老服务的若干意见》	枣庄市人民政府	2018.04.19	2018.04.19
115	三亚市人民政府《关于推进社区居家养老服务工作实施意见》的通知》	三亚市人民政府	2018.04.24	2018.04.24
116	合肥市财政局，合肥市民政局《关于印发〈合肥市政府购买居家养老服务资金管理暂行办法〉的通知》	合肥市民政局	2018.05.11	2018.05.11
117	长春市民政局，长春市财政局《关于规范政府购买居家养老服务工作的通知》	长春市民政局	2018.05.18	2018.05.18
118	合肥市财政局，合肥市民政局《关于印发〈合肥市政府购买居家养老服务资金管理暂行办法〉的通知》	合肥市民政局	2018.05.22	2018.05.22
119	杭州市民政局，杭州市市场监督管理局，杭州市卫生和计划生育委员会《关于进一步推进示范型居家养老服务设施建设的通知》	杭州市卫生和计划生育委员会	2018.05.25	2018.06.30
120	日照市人民政府办公室《关于加快推进社区居家养老服务的实施意见》	日照市人民政府	2018.08.01	2018.08.01
121	池州市人民政府《关于印发〈池州市加快发展社区居家养老服务的实施办法（试行）〉的通知》	池州市人民政府	2018.08.20	2018.08.20
122	淄博市人民政府办公厅《关于支持社区居家养老服务的意见》	淄博市人民政府	2018.08.23	2018.08.23
123	长春市民政局《关于下发〈长春市农村居家养老邻里志愿服务项目实施方案〉的通知》	长春市民政局	2018.09.29	2018.09.29

续表

序号	标题	发布部门	发布日期	实施日期
124	宁波市人民政府《关于贯彻落实〈宁波市居家养老服务条例〉的实施意见》	宁波市人民政府	2018.09.29	2018.10.01
125	长春市民政局《关于创造宽松环境支持社区居家养老服务发展的通知》	长春市民政局	2018.10.18	2018.10.18
126	徐州市政府办公室《关于印发〈徐州市创新开展农村居家养老服务工作意见〉的通知》	徐州市人民政府	2018.10.18	2018.10.18
127	长春市民政局、长春市住房保障和房地产管理局、长春市国土资源局等《关于印发〈长春市新建住宅小区配建社区居家养老服务用房建设、移交与管理的办法〉的通知》	长春市城乡建设委员会	2018.10.24	2018.10.24
128	沈阳市民政局、沈阳市财政局《关于印发〈沈阳市社区居家养老服务设施扶持资金管理办法〉的通知》	沈阳市财政局	2018.10.24	2018.10.24
129	无锡市民政局、无锡市财政局《关于印发〈无锡市市区居家养老援助服务实施办法〉的通知》	无锡市财政局	2018.11.15	2018.11.15
130	广州市民政局《关于印发〈广州市社区居家养老服务评估指引（试行）〉的通知》	广州市民政局	2018.11.06	2018.12.01
131	宁波市民政局、宁波市财政局《关于印发〈宁波市居家养老服务补助实施办法〉的通知》	宁波市卫生和计划生育委员会（原宁波市卫生局）	2018.12.10	2019.01.10
132	宁波市民政局《关于印发〈宁波市居家养老服务行政处罚裁量权细化量化参考标准（试行）〉的通知》	宁波市民政局	2018.12.29	2019.02.01
133	咸宁市人民政府办公室《关于推进智慧居家养老工作的指导意见》	咸宁市人民政府	2019.02.15	2019.02.15

续表

序号	标题	发布部门	发布日期	实施日期
134	东莞市人民政府办公室《关于印发〈东莞市居家养老服务管理办法〉的通知》	东莞市人民政府	2019.02.20	2019.02.20
135	沈阳市民政局《关于印发〈沈阳市区域性居家养老服务中心和社区居家养老服务站星级评定办法〉的通知》	沈阳市民政局	2019.03.27	2019.03.27
136	广州市民政局《关于印发〈广州市支持社会力量参与社区居家养老服务试行办法〉的通知》	广州市民政局	2019.05.16	2019.06.01
137	南宁市人民政府《南宁市政府购买居家养老服务的实施意见》的通知》	南宁市人民政府	2019.07.08	2019.07.08
138	常州市人民政府办公室《关于进一步推进社区居家养老服务发展的实施意见》	常州市人民政府	2019.07.30	2019.07.30
139	淮南市城乡建设局、淮南市住房保障和房产管理局《关于印发〈淮南市新建住宅小区配建社区居家养老服务用房和设施的建设、移交与管理办法〉的通知》	淮南市住房保障和房产管理局	2019.07.29	2019.08.01
140	南宁市人民政府《南宁市新建住宅小区配套社区居家养老服务用房管理办法（试行）》的通知》	南宁市人民政府	2019.09.25	2019.09.25
141	宁波市民政局、中共宁波市委老干部局、宁波市教育局《关于推动老年教育进街道（镇乡）区域性居家养老服务中心的实施意见》	宁波市财政局	2019.10.11	2019.10.11
142	长春市民政局《关于印发〈长春市居家养老服务机构等级评定方案〉的通知》	长春市民政局	2019.10.31	2019.10.31

259

续表

序号	标题	发布部门	发布日期	实施日期
143	铜陵市人民政府办公室《关于贯彻落实〈铜陵市居家养老服务体系建设促进条例〉的实施意见》	铜陵市人民政府	2019.10.31	2019.11.01
144	沈阳市教育局《关于进一步完善社区居家养老援助服务实施意见（第0071号）的协办意见》	沈阳市教育局	2020.03.23	2020.03.23
145	常州市人民政府办公室《关于印发〈常州市居家养老援助服务实施意见〉的通知》	常州市人民政府	2020.05.11	2020.05.11
146	芜湖市人民政府办公室《关于贯彻落实〈芜湖市居家养老服务条例〉的实施意见》	芜湖市人民政府	2020.05.26	2020.05.26
147	台州市人民政府办公室《关于印发〈台州市新建住宅小区配套社区居家养老服务用房管理办法（试用）〉的通知》	台州市人民政府	2020.06.04	2020.07.04
148	广州市人民政府办公厅《关于印发〈广州市社区居家养老服务管理办法〉的通知（2020）》	广州市人民政府	2020.08.28	2020.08.28
149	无锡市民政局《关于印发〈无锡市居家养老服务机构等级评定办法（试行）〉的通知》	无锡市民政局	2020.09.11	2020.09.11
150	呼和浩特市人民政府办公室《关于印发〈政府购买居家养老服务实施办法〉的通知》	呼和浩特市人民政府	2020.09.15	2020.09.15
151	杭州市民政局、杭州市规划和自然资源局、杭州市城乡建设委员会《关于印发〈杭州市居家养老服务用房配建实施办法〉的通知》	杭州市城乡建设委员会	2020.11.10	2020.12.10
152	沈阳市民政局《关于进一步提升我市居家养老服务质量建设的建议（第0066号）的答复》	沈阳市民政局	2021.04.08	2021.04.08

续表

序号	标题	发布部门	发布日期	实施日期
153	厦门市民政局，厦门市财政局，厦门市卫生健康委员会《关于印发〈厦门市养老服务机构拓展居家养老服务试点工作方案〉的通知》	厦门市卫生健康委员会	2021.07.02	2021.07.02
154	无锡市民政局《关于印发〈无锡市居家养老服务机构等级评定办法（试行）〉的通知（2021）》	无锡市民政局	2021.09.18	2021.10.20
155	福州市民政局，福州市财政局《关于印发〈福州市政府购买居家养老上门服务实施办法〉的通知》	福州市财政局	2021.11.09	2021.11.09

致　谢

　　求学生涯最后一个毕业季结束已一年有余，在以博士学位论文为基础的本书即将付梓之际，我不禁回想当时决心攻读博士学位的初衷。

　　19 年前，"非典"之年的高考结束后，我选择报考了社会保障专业，自此与社保结缘。硕士研究生毕业至今 14 年，我一直在民政部门从事老年人福利和养老服务标准研制、政策研究等工作。可以说，作为"社保人"，我践行着"围绕国家发展与百姓生计做学问"的职责使命，对老年人福利和养老服务领域理论政策学习和研究的步伐从未停止。而工作中的困惑和作为山东学子对攻读博士学位的夙愿，驱动我进一步精进专业，探寻社会保障制度和实践背后的文化根源、理论支撑和普适规律。

　　"大国自有大国之道"。我们在构建和发展社会保障制度体系的路上，既有绵延数千年的中华文明，可以汲取前人智慧，又有可资借鉴的别国之辙，可以避免失败教训。7 年前，国际社会保障协会在第 32 届全球大会上，将"社会保障杰出成就奖"授予我国政府，对作为人口大国的中国在短时间内创造了社保基本全覆盖的奇迹给予高度评价。何其有幸，我们既是社保制度建设卓越成就的受益者，也是社保制度不断完善的见证者和研究者。虽然日益严峻的老龄化形势对社保制度和公共服务提出了考验，为我们研究如何满足数量庞大的老年人需求、妥善解决人口老龄化带来的社会问题提出了挑战，但多元的老年人需求、多样的组织和业态发展，以及差异化的地方探索，也为政策研究和制定提供了丰富的素材和样本。

　　本书之所以以居家养老为研究对象，正是因为居家养老是我国绝大多数老年人的选择，它符合传统文化价值的偏好，是能够被普遍认同的养老方式。通过多元多层的政策支持，解决好居家养老问题，将解决98%以上老年人的养老问题。所以分析我国养老服务政策体系对居家养老的支持程度，寻找问题所在，提出完善建议，通过更加坚实有力的政策支持使更多老年人获得需求满足，是政策研究的必由之路，也应当是我国养老服务业发展的方向。

今日回望，我深深地觉得攻读博士学位是个人成长路上重要的修身之旅，改身之过，迁身之善；也是我加深理论认知和思考，为工作寻求新思路的探索之旅。其间，得以有机会赴韩国交流、赴德国访学，更丰富了我对不同国家、不同社会环境、不同保障体制下大众生活状态的认知。于我而言，这都是宝贵的机会和沉淀，也使我攻读博士学位的初心方得始终。

平心而论，对此书仍有不少自感不满之处，包括理论探讨有待进一步深入、访谈调查有待进一步丰富等，这都是我今后工作和研究中要重点补足的地方。从博士学位论文选题到形成初稿，再到修改为此书定稿的过程中，诸多师友对我提供过帮助和指导。没有他们的付出，就没有本书的形成，在此向他们致以最真挚的谢意。

最感谢恩师郑功成教授。导师是博学而胸怀大爱、正直而肩负社会的学者，仰之弥高，钻之弥坚。他对公平、正义、共享理念的坚守，对社保民生的关切，对困难群体的关爱，对我的专业学习，乃至看待和处理工作与生活问题的思路都大有裨益。自硕士求学期间，导师就常教导我要"为国计立心，为民生立命"，并以他深厚的学术积淀、广阔的研究视野和丰富的研究资源，为我撑起能够大步向前的学术世界。作为本书初稿的博士学位论文凝聚了老师的心血，在此表示深深的感激之情。

感谢中国人民大学仇雨临教授、杨立雄教授、乔庆梅副教授、李莹副教授等多位老师，母校丰富的学术资源和强大的师资力量是我学术道路上最有力的支撑。感谢中国社科院王延中研究员，南京大学童星教授，中山大学岳经纶教授，西安交通大学张思锋教授，西北大学席恒教授，浙江大学何文炯教授，中央党校青连斌教授，北京师范大学谢琼教授，华中科技大学丁建定教授，首都经济贸易大学吕学静教授，济南大学高灵芝教授、陈岱云教授，中国人民大学张航空副教授，老龄科研中心原主任张恺悌老师、苗文胜老师在我博士研读和本书撰写过程中给予的支持和帮助。感谢郑门的师兄弟姐妹们和博士同班同学，互助友爱的同门情谊和同窗友谊让我的求学生活更加温暖、有趣，各种形式的专题探讨进一步丰富了我的知识结构和研究视角。

赴德国汉堡大学访学的时光是我求学过程中具有特殊意义的部分。感谢社会经济学院 Birgit Pfau-Effinger 教授及其研究团队对我访学申请的接纳，并在我访学期间给予从社会照顾理论到调研实践等多方面的指导。

感谢民政部原"老残处"的领导和同事们。他们亦师亦友，帮助我顺利完成了从学校人到社会人的转变，并一直像家人一样关心着我的成长进步。感谢民政系统和养老机构的同人，尤其是安徽省民政厅张振粤处长、广州市民政局严福长副处长、北京市西城区老龄办李君研主任、北京市海淀曜阳老年公寓郝媛媛院长等，他们对养老政策落实和实践问题的真知灼见是本书成稿素材的重要来源。

我的父母平凡而伟大。勤劳、善良、坚韧的他们讷于言而敏于行，给我们兄妹三人自由而积极的成长氛围，润物无声地滋养着我们，并在我们有需要时竭尽所能地奉献所有。而兄妹则陪伴我平安跨过博士论文撰写过程中和一地鸡毛的生活中多次几近崩溃的时刻。血浓于水的亲情永远充满朴素而坚韧的力量。

感谢我的爱人包容我的焦躁和坏脾气；感谢公婆和姑姐，作为坚固的大后方无私地常年帮忙照顾着我的一双女儿，为我攻读博士学位提供了强大的支撑；感谢我的两位小公主，她们是我心中最柔软的存在，陪伴她们成长给了我不断成为更好的自己的动力。

感谢中国社会出版社编辑为本书出版所做的耐心、细致的工作，既给出了诸多专业修改建议，也给予我精神鼓励和安慰。本书付梓的背后，还有出版社有关领导无形的支持和关心，在此一并表示感谢！

这是我此生的第一本书，于我个人而言，既是对博士研究生求学成果的一种交代，也是对自己长期探索养老服务发展规律的一个总结。受限于认知，论文中的观点和论述难免有不到之处，也欢迎广大师友、同人不吝赐教，提出完善建议。我深知，这远远不是终点，而是开启一段新旅程的起点。在积极应对人口老龄化，全面建设社会主义现代化国家的新征程上，仍然有众多有待深入研究的新课题，需要我不忘初心，保持敏锐、保持斗志、保持定力，持续践行致力于保障老年人福祉的使命。

最后，感谢当年自己有勇气选择在职攻读博士学位这条艰难的路；庆幸自己在社会年龄的恐慌、角色变换的夹缝中喘息挺过；祝福自己永远年轻，永远热泪盈眶，永远勇于面对和选择更为艰难的路，拥抱生活，做个幸福的人。

任　娜

2023 年 8 月

于北京中国强胡同